La Recherche-Intervention Dans les Entreprises et les Organisations

A volume in
Research in Management Consulting
Anthony F. Buono, *Series Editor*

La Recherche-Intervention Dans les Entreprises et les Organisations

De la conception à la publication

Dirigé par

Anthony F. Buono
Bentley University

Henri Savall
ISEOR et Université Jean Moulin Lyon 3

Laurent Cappelletti
Conservatoire National des Arts et Métiers (Le CNAM)

IAP

INFORMATION AGE PUBLISHING, INC.
Charlotte, NC • www.infoagepub.com

Library of Congress Cataloging-in-Publication Data

A CIP record for this book is available from the Library of Congress
http://www.loc.gov

ISBN: 978-1-64113-209-1 (Paperback)
978-1-64113-210-7 (Hardcover)
978-1-64113-211-4 (ebook)

Printed in the United States of America

SOMMAIRE

PARTIE II

PUBLIER UNE RECHERCHE-INTERVENTION ET LA DIFFUSER: DÉCRYPTAGE ET EXEMPLES

INTRODUCTION

Anthony F. Buono

Cet ouvrage s'inscrit dans la continuité de la relation entre la série *Research in Management Consulting* (RMC) et les chercheurs-intervenants de l'Institut de Socio-Économie des Entreprises et Organisations (ISEOR) de Lyon-Écully, en France et étend ce partenariat à nos récents travaux avec la Fondation Nationale pour l'Enseignement de la Gestion dans les Entreprises (FNEGE) et de chercheurs-intervenants proches de l'ISEOR. Fondée en 1968, la FNEGE se consacre à combler le fossé entre l'enseignement et la pratique du management et de la gestion en France. Dans le cadre des multiples activités de la Fondation, allant de séminaires et d'une formation avancée pour les doctorants français à des programmes conjoints avec des organisations internationales, la FNEGE s'est associée à des chercheurs-intervenants de l'ISEOR et de trois autres équipes réputées de recherche-intervention du CNAM, de l'Université Montpellier 3 et de l'EM Strasbourg pour proposer une série d'ateliers sur le développement d'une recherche-intervention de qualité. Cet ouvrage est l'un des résultats de ce partenariat.

Comme nous l'avons noté dans les précédents volumes de la collection RMC, pour ceux qui ne sont pas familiers avec les travaux de l'ISEOR et

La Recherche-Intervention Dans les Entreprises et les Organisations, pages ix–xiii

de la méthode socio-économique, voici un court rappel de ses principes. La méthode socio-économique est un modèle intégré d'intervention qui agrège les dimensions qualitative, quantitative et financière de la vie organisationnelle. Issue des travaux fondamentaux d'Henri Savall sur l'intervention organisationnelle et de sa collaboration de long terme avec Véronique Zardet (Savall, 1974, 1975 ; Savall & Zardet, 1987, 2004), la méthode socio-économique est une approche de consultance scientifique qui met l'accent sur les dysfonctionnements et les coûts cachés qui existent dans les organisations, «cachés» dans le sens où ils ne sont pas saisis par les systèmes comptables traditionnels et les analyses financières classiques. Grâce à une intervention ciblée qui touche l'ensemble de l'organisation–ce que l'équipe de l'ISEOR appelle l'approche HORIVERT (combinant intervention horizontale et verticale)—l'objectif sous-jacent est d'améliorer la performance socio-économique des organisations en attaquant le «virus TFW» (Taylor-Fayol-Weber). Selon Savall, Zardet et leurs collègues, ce virus, qui est un vestige persistant des premiers travaux de Frederick Taylor, Henri Fayol et Max Weber, a profondément contaminé la gestion des organisations au point où ces dernières sont très en-deçà de leur propre potentiel. Les dysfonctionnements résultant de ce virus créent des coûts cachés qui conduisent à la non-création de potentiel, et détruisent des gisements conséquents de valeur ajoutée d'une entreprise.

Bien que cette brève description reflète l'essence de l'approche socio-économique en matière d'intervention, expliciter cette approche d'une manière qui soit acceptable pour des auditoires universitaires et accessible au monde des praticiens reste un défi. Comme le souligne le premier chapitre de Savall dans cet ouvrage, la recherche-intervention rapproche le chercheur et le praticien, leur permettant d'explorer les réalités de la vie organisationnelle de manière à collecter des informations qui ne sont pas enregistrées dans les bases de données des entreprises. Cela leur permet de découvrir ces informations intimes pour améliorer leur prise de décision. Grâce au dialogue qui en résulte, l'intervenant-chercheur est capable de découvrir des situations qui ne sont pas facilement ou directement accessibles à la plupart des membres de l'organisation, aux intervenants externes ou même aux chercheurs plus traditionnels qui «traversent» souvent une organisation sans y mener des observations longitudinales robustes. Cette tendance à une recherche trop fugace a été critiquée car elle correspond simplement à « flâner » dans la pratique (Dingwall, 1997) et est assimilée à une attitude contemplative passive de recherche (Ramage, 1995). Comme le souligne Savall, contrairement aux approches traditionnelles de la recherche, l'intervenant-chercheur «observe directement des phénomènes qu›aucune base de données organisationnelles ne prend en compte».

RECHERCHE-INTERVENTION: DE LA CONCEPTUALISATION À LA PUBLICATION

Comme suggéré auparavant, alors qu'une recherche-intervention de qualité aide concrètement à découvrir de précieuses informations sur la dynamique et la performance organisationnelles, développer et diffuser cette idée est au cœur des débats portant sur la rigueur et la pertinence scientifique (Kieser & Leiner, 2009). Bien que nous ayons été témoins d'appels multiples en faveur de «connaissances exploitables», cet idéal reste malheureusement, encore, un concept souvent insaisissable (Aldag, 2012; Bartunek et Egri, 2012; Nielsen, Buono et Poulfelt, 2017), car des critiques soutiennent que la recherche universitaire est loin d'être pertinente pour le monde des praticiens, ou bien que la recherche qui s'avèrerait précieuse pour les praticiens serait éloignée de la rigueur attendue dans la vie universitaire. Cet ouvrage est destiné à combler ce fossé.

Après la discussion d'ouverture de Savall sur la méthodologie qualimétrique (intégration des données qualitatives, quantitatives et financières dans la recherche-intervention) et la nature de la recherche-intervention, Véronique Zardet examine les différents outils et approches de la recherche-intervention, en s'appuyant sur les travaux de l'ISEOR. Jean-Michel Plane se penche, ensuite, sur le rôle du chercheur-intervenant dans la production de connaissances, en s'appuyant sur une intervention dans un département de production de technologies de l'information d'une grande compagnie d'assurance pour illustrer les dynamiques sous-jacentes.

Les cinq chapitres suivants examinent les façons dont la recherche-intervention peut être initiée dans un large éventail de contextes. Florence Noguera examine les principes et les pratiques de la recherche-intervention dans le domaine de la gestion des ressources humaines, suivie par l'analyse de Laurent Cappelletti des dynamiques sous-jacentes au processus de négociation de la recherche-intervention et considère qu'une telle démarche constitue de la consultance scientifique. Comme le suggère Cappelletti, dans le paradigme de la recherche-intervention, l'organisation cliente n'est pas seulement un client traditionnel mais aussi un «terrain d'observation scientifique» (TOS). Thierry Nobre et Isabelle Barth poursuivent cette réflexion dans deux contextes différents. Nobre explore comment les chercheurs, sans le soutien d'un laboratoire de recherche bien structuré, peuvent néanmoins engager des organisations clientes dans un processus de recherche-intervention, examinant la nécessité de bien gérer alors la relation très subtile entre recherche, connaissance et publication. Barth, quant à elle, oriente sa réflexion vers une direction endogène, en étudiant les défis que constitue le fait d'engager une recherche-intervention au sein de sa propre organisation dès lors considérée comme un TOS. Enfin, Marc Bonnet conclut cette partie en illustrant comment la recherche-intervention peut servir à combattre l'illettrisme sur le lieu de travail et contribuer ainsi aux connaissances sur la question en présentant notamment deux chapitres d'un ouvrage publié avec le concours du Ministère français de l'emploi.

La partie suivante de l'ouvrage contient neuf chapitres qui examinent et illustrent le processus de publication d'une recherche-intervention. Mon chapitre introductif de cette partie donne un aperçu des défis, subtilités et nuances associés à la publication de la recherche-intervention, des façons de conceptualiser la nature itérative de la pratique et fabriquer des connaissances exploitables, des différents défis associés aux premières et dernières étapes de la recherche, et des rouages du processus de publication et de révision. Les huit chapitres suivants fournissent des exemples spécifiques de publication d'articles de revues fondés sur des recherches-interventions révisés par des pairs.

Au chapitre 10, Henri Savall partage son expérience en matière de recherche-intervention, au travers d'un article co-écrit paru dans le journal *Organizational Research Methods* (ORM). L'article de l'ORM était basé sur une analyse de contenu des commentaires/évaluations d'articles de recherche-intervention, qu'il utilise pour illustrer le débat sur la rigueur dans la recherche en gestion et les principaux critères de qualité qui émergent du processus d'évaluation par les pairs. Dans les sept chapitres suivants, les contributeurs partagent leurs expériences, illustrant comment la recherche-intervention a été utilisée dans leur travail avec les entreprises et les organisations et comment ce travail a, finalement, été publié dans des revues académiques réputées et classées : Véronique Zardet (dans *Gérer et Comprendre*), Jean-Michel Plane (dans *Journal of Business Ethics*), Florence Noguera (dans la *Revue de Gestion des Ressources Humaines*), Laurent Cappelletti (dans *Management Accounting Quaterly*), Thierry Nobre (dans *Comptabilité, Contrôle, Audit*), Marc Bonnet (dans *Society and Business Review*) et Isabelle Barth (dans la *Revue Internationale de Psychosociologie et de Gestion des Comportements Organisationnels*).

En conclusion, mes coéditeurs Henri Savall et Laurent Cappelletti partagent et réfléchissent aux différentes questions et commentaires soulevés par les participants aux ateliers organisés par la FNEGE au cours des deux dernières années.

Outre Henri Savall, Laurent Cappelletti et les co-auteurs de l'ouvrage, je voudrais, encore une fois, remercier personnellement mes collègues de l'ISEOR et de la FNEGE pour leur soutien et leur contribution à l'un des principaux objectifs de la série RMC : une tentative de saisir la théorie et la pratique dans les interventions organisationnelles, d'une manière qui soit adaptée et accessible à la fois aux universitaires et aux praticiens. Tout au long de ma rédaction de la série RMC, mon objectif constant a été de mieux comprendre le potentiel et les pièges du conseil en management et du processus de consultation, en essayant de donner un aperçu de la dynamique et des processus associés à une intervention complexe dans les organisations et partager ces connaissances avec un large éventail d'universitaires et de praticiens. Ce volume est dédié au public avide de telles connaissances.

BIBLIOGRAPHIE

Aldag, R. J. (2012). Bump it with a trumpet: On the value of our research to management education. *Academy of Management Learning & Education, 11*(2), 285–292.

Bartunek, J. M. & Egri, C. P. (2012): Introduction: Can academic research be managerially actionable? What are the requirements for determining this? *Academy of Management Learning & Education, 11*(2), 244–246.

Dingwall, R. (1997). Accounts, interviews and observations. In G. Miller & R. Dingwall (Eds.), *Context and method in qualitative research* (pp. 51–65). London, England: SAGE.

Kieser, A., & Leiner, L. (2009). Why the rigor–relevance gap in management research is unbridgeable. *Journal of Management Studies, 46*(3), 516–533.

Nielsen, R., Buono, A. F., & Poulfelt, F. (2017). *At the knowledge interface: Developing co-created research competency.* Paper presented at the Academy of Management annual meeting, August, Atlanta, GA.

Ramage, M. (1995). *Hanging around doesn't mean sitting on the fence.* Cooperative Systems Engineering Group. Computing Department, Lancaster University. Technical Report: CSEG/13.

Savall (1974, 1975, 1981, 2010). *Enrichir le travail humain dans les entreprises et les organisations.* Paris: Dunod. 3° édition Paris: Economica, 1989. Translated in English: *Work and people: An economic evaluation of job enrichment.* New York, NY: Oxford University Press. 2nd edition, Charlotte, NC: Information Age, 2010.

Savall, H., & Zardet, V. (1987, 2016). *Maîtriser les coûts et les performances cachés, Le contrat d'activité périodiquement négociable.* Prix Harvard l'Expansion de Management Stratégique. Economica, 6ème édition 2016. Translated in English: *Mastering Hidden Costs and Socio-Economic Performances.* Charlotte, NC: Information Age, 2008.

Savall, H., & Zardet, V. (2004). *Recherche en sciences de gestion : approche qualimétrique, observer l'objet complexe.* Préface David Boje (États-Unis). Paris: Economica. Translated in English: *The Qualimetrics Approach; Observing the Complex Object.* Charlotte, NC: Information Age, 2011.

PARTIE I

ÉPISTÉMOLOGIE, MÉTHODOLOGIE ET NÉGOCIATION DE LA RECHERCHE-INTERVENTION

CHAPITRE 1

LA RECHERCHE-INTERVENTION D'ORDRE QUALIMÉTRIQUE

Épistémologie Intégrée et Constructivisme Générique

Henri Savall

Le travail de recherche s'appuie sur *l'observation scientifique.* Les progrès de la science ont suivi l'évolution des progrès réalisés dans les méthodes et les instruments d'une observation rigoureuse et précise des objets étudiés. L'histoire des sciences de la vie et de la nature rend compte de l'importance accordée par les chercheurs à l'observation scientifique. Il semblerait que dans les sciences humaines et sociales, auxquelles appartiennent l'économie et la gestion, on n'ait pas accordé la même importance à l'observation rigoureuse des faits et des phénomènes étudiés. En effet, l'interprétation, souvent fondée sur la spéculation intellectuelle éloignée des phénomènes observables, est hypertrophiée dans la pratique la plus répandue du travail scientifique dans ces disciplines.

La Recherche-Intervention Dans les Entreprises et les Organisations, pages 17–41

L'IMPORTANCE DE L'OBSERVATION SCIENTIFIQUE EN SCIENCES DE GESTION

La recherche-intervention constitue une épistémologie et une méthodologie de recherche fondées sur l'*intensification* du travail d'observation scientifique par le chercheur. Elle vise à élever le niveau de scientificité des recherches en sciences humaines et sociales et de gestion. Le travail scientifique en gestion consiste ainsi à décrire, expliquer et prescrire ou prédire, selon le cas, les phénomènes étudiés.

Quelles est donc la *matière première* utilisée dans le travail scientifique?

- Les *documents écrits* par les acteurs dans les organisations? Encore faut-il pouvoir y accéder car ils ne sont pas publics.
- Ce que disent les acteurs, au cours de leur activité, qui influence les pratiques de gestion (*discours oral*)? Encore faut-il le recueillir, puisqu'il est *volatile.*
- Ce que font les acteurs au cours de leur activité (*actes observables*)? Encore faut-il s'approcher pour les observer.

Si l'on admet que les sciences de gestion se proposent d'étudier les *pratiques* des acteurs en lien avec la performance des organisations, on pourra considérer que le concept de pratique recouvre l'ensemble de ces trois objets observables: les documents écrits, l'expression orale ainsi que les actes.

Ce concept de pratique correspond à un objet qui est principalement *incorporel*, ce qui pose d'emblée un problème de méthode d'observation au chercheur en sciences de gestion. Une méthodologie rigoureuse de recherche implique donc (a) que le chercheur *accède en proximité* aux *acteurs-témoins* des pratiques de gestion, (b) que ces témoins des pratiques acceptent de s'exprimer en présence du chercheur, (c) que celui-ci matérialise avec beaucoup de rigueur ce qu'il entend lorsque les acteurs s'expriment, (d) que le chercheur élabore des techniques d'investigation qui permettent de limiter les *biais* de subjectivité introduits par la relation, toujours spécifique, entre le chercheur et les acteurs. Les travaux de recherche fondés exclusivement sur les *bases de données* ou sur les *questionnaires ignorent* ces questions épistémologiques fondamentales et sensibles. En effet, l'utilisation des bases de données, si l'on en juge d'après la littérature académique en gestion, n'est généralement pas soumise à un examen critique préalable de la *qualité de la matière première* utilisée par le chercheur, à savoir la fiabilité des données, leur consistance, leur authenticité voire leur sincérité. La lecture de plusieurs milliers d'articles parus dans des revues académiques de haut niveau permet de témoigner de ce que cette question est très rarement soulevée par les auteurs de ces articles dans une analyse critique de leur propre méthodologie, ni sanctionnée par les rapporteurs. La pratique des enquêtes par questionnaire présente les mêmes limites et faiblesses épistémologiques.

La *recherche-intervention* s'efforce de répondre à ces limites, quoiqu'avec beaucoup de modestie, car l'éradication des biais s'est avérée impossible. Toutefois, la prise de conscience par le chercheur-intervenant de ces biais ainsi que la *combinaison* de différents protocoles de recherche permettent de les limiter et l'incitent à beaucoup de *prudence* et *modestie* dans l'analyse des résultats et leur interprétation. La recherche-intervention permet aux chercheurs de *s'approcher* réellement des acteurs, de les *faire parler*, de recueillir par écrit leur expression sur des faits et des phénomènes non documentés dans l'entreprise et de leur *faire valider* le résultat écrit de leur expression. Au moyen de son dialogue avec les acteurs, le chercheur recueille des *documents* « inédits » non directement ni facilement accessibles à la plupart des acteurs de l'entreprise ou à des tiers et, moins encore, aux chercheurs de passage ou lointains. Par sa présence, même ponctuelle, mais le plus souvent réitérée au sein de l'organisation, le chercheur *observe directement des phénomènes* dont aucune base de données ni questionnaire ne rend compte.

La recherche-intervention, pratiquée de façon *cumulative et en équipe*, permet de créer des bases de données inédites, grâce à l'*interaction* du chercheur avec les acteurs des organisations détenteurs de précieuses

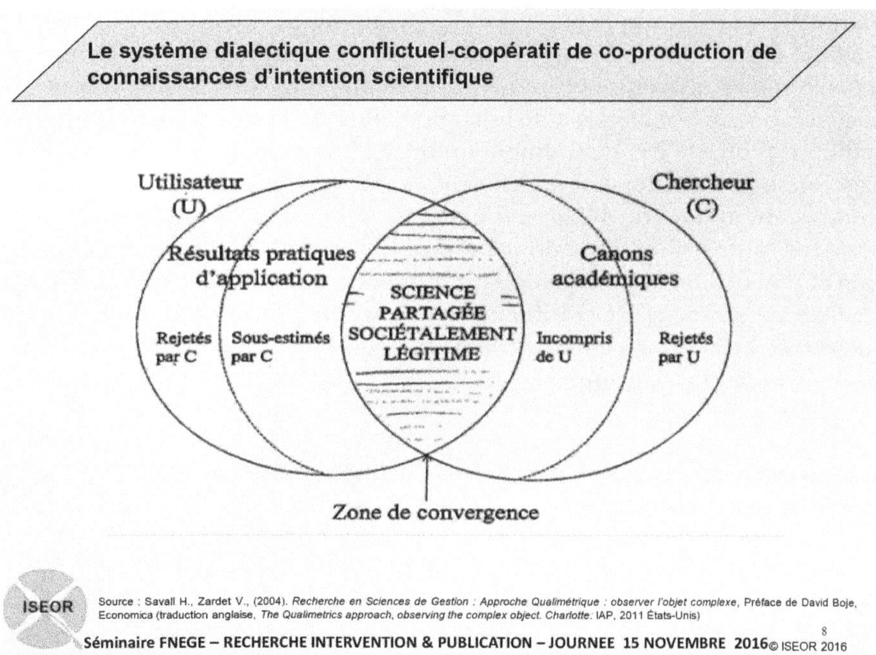

Figure 1.1

informations, extrêmement utiles pour la recherche scientifique. Les phénomènes qui intéressent le chercheur se trouvent, en grande partie, enfouis dans la *mémoire* des acteurs des organisations. Ils ne peuvent pas être recueillis par des procédés autres que l'interaction constructive entre le chercheur et les acteurs, au cours d'un processus de *coproduction de connaissances.*

La notion de *donnée* se trouve *en aval* de la recherche-intervention, celle-ci permet *d'extraire des informations* inaccessibles par de simples moyens de *collecte* de «données»—qui ne sont jamais données—mais que le chercheur doit mériter et obtenir, au moyen de son travail scientifique interactif. Les informations qui intéressent le chercheur se trouvent à l'état «gazeux», c'est-à-dire très instable et difficile à travailler, dans la *pensée* et la mémoire des *acteurs-témoins* des faits et phénomènes à étudier. La prise de notes par le chercheur donne de la *matérialité* et de la visibilité à ces informations «cachées», cela augmente leur degré d'authenticité et de signifiance et leur donne de la stabilité, dans la suite du processus de recherche. L'écriture par le chercheur de ce que les acteurs n'ont écrit nulle part, permet de créer un matériau de recherche de grande *valeur.* Lorsque les *bases de données* sont construites à partir de matériaux d'une telle qualité, elles acquièrent elle-même un niveau de qualité supérieure aux bases de données généralement utilisées. Arkhipoff (1985), mathématicien et administrateur de l'Institut National de la Statistique et des Études Économiques (INSEE), a montré la fragilité des soi-disant données traitées par les statisticiens qui aboutissent à des résultats quantifiés et sont – imprudemment ?- diffusés dans toute la société. Il écrit «Le passage de la comptabilité de l'entreprise à celle de la nation est loin d'être aussi simple qu'on se l'imagine quelquefois. Ce passage implique à la fois un gauchissement de la signification des données microéconomiques de départ et l'existence d'une zone d'indétermination, source d'imprécision. Il y a donc un problème de précision comptable certain et une distinction à faire entre la rigueur comptable et la précision des chiffres comptabilisés. Ces difficultés ne sont pas propres à la comptabilité nationale, mais se présentent déjà dans la problématique de la consolidation des comptes de groupe».

Historique du concept de recherche-intervention d'ordre qualimétrique

Après une dizaine d'années de recherche en macroéconomie, sur la théorie des crises et du sous-emploi (Savall, 1973, 1975, 2011), j'étais arrivé à la conclusion que l'approche macroéconomique ne permettait pas de rendre compte du processus de création de valeur. En 1972, l'équipe de Malinvaud (Carré, Dubois & Malinvaud), étudiant minutieusement la croissance française sur 30 années, a démontré que, *grosso modo,* la moitié de la création de valeur calculée selon les modèles économétriques ne s'expliquait pas par la variation des quantités de capital et des quantités de travail, en vertu de la formule classique Y = f (K * L), où la valeur de la production Y est fonction de la quantité de capital et de la quantité de travail. Il y a donc un *résidu* inexpliqué de 50 % de la valeur produite. L'économiste américain Solow (1956), entre autres, avait également détecté un écart considérable dans une publication antérieure.

J'en tirai deux déductions. D'abord, qu'une variable essentielle manquait à cette traditionnelle formule, d'ailleurs admise sous des formes diverses par les économistes classiques, les marxistes, les néoclassiques et les keynésiens. Ensuite que les instruments de mesure tels que la comptabilité nationale, assise sur les comptabilités d'entreprise, ne permettent pas de détecter et de mesurer cette variable inconnue.

Critique reconstructive de la comptabilité nationale et de la comptabilité d'entreprise

Ayant cru comprendre que le progrès scientifique avait été accompagné, au cours de l'histoire, par les progrès des instruments de mesure, je résolus de percer le mystère du résidu de 50 % de la valeur inexpliquée. Mon hypothèse de travail, d'un point de vue épistémologique et méthodologique, fut de changer de niveau et de position d'observation, en pénétrant au sein des organisations pour y observer les processus ainsi que les phénomènes qui accompagnent la création de valeur. En effet, la comptabilité nationale ne repose-t-elle pas sur les résultats des comptabilités des organisations privées et publiques? Il fallait donc admettre que le modèle de comptabilité tant nationale que d'entreprise était incomplet et qu'une démonstration scientifique rigoureuse exigeait que l'on découvre d'autres variables permettant d'expliquer la création de valeur. C'est ainsi que je créai la méthodologie de la *recherche-intervention d'ordre qualimétrique,* afin de mieux étudier les phénomènes et de mieux mesurer la création de valeur au sein des organisations. Cela permettrait de créer une base de données plus pertinente que les modèles économétriques qui sont impropres à mesurer la finesse des phénomènes complexes qui engendrent la création de valeur économique. Il convenait aussi de qualifier le résidu correspondant à des variables non mesurées. C'est ainsi que je proposai le *concept de coûts–performances cachés.* L'idée était simple, l'observateur, chercheur ou acteur, perçoit certains éléments—*visibles*—et n'en perçoit pas d'autres, qui se trouvent *cachés.* La recherche étant un processus de découverte de connaissances nouvelles, j'orientai nos travaux vers l'exploration, l'identification et l'utilisation de ces *coûts performances cachés,* jusque-là ignorés par la littérature des sciences économiques et de gestion (Savall, 1975, 1979; Perroux, 1979, Boje & Rosile, 2003).

Deux sources au niveau des sciences des organisations: Recherche-action et approche socio-technique

Conscient de la limite irréfragable des méthodes d'observation *approximative et distante* utilisée dans l'approche macroscopique de la théorie économique et de *l'impasse théorique* dans laquelle nous confine la fonction de production -qui privilégie les quantités de capital et de travail- je cherchai dans une discipline voisine une méthodologie privilégiant l'observation rapprochée. La *sociologie du travail* offrait des perspectives, à partir de l'approche critique de Georges Friedmann, relayée par Jean-Daniel Reynaud, Michel Crozier, Alain Touraine ainsi que leurs disciples de l'école lyonnaise de sociologie, tels que Philippe Bernoux ou Jean Ruffier. Ces chercheurs allaient sur le *terrain d'observation scientifique*, au sein des organisations, puis élaboraient des théories descriptives et explicatives des situations observées (cf. aussi Schein, 1994 ; Weick, 1999).

Dans la même perspective, *l'école socio-technique* développait, depuis la seconde guerre mondiale, une approche méthodologique intéressante, la *recherche-action* dont l'objet était la transformation des situations de travail. Les expériences et les publications étaient conduites selon une approche des systèmes ouverts (Emery & Trist, 1965) et principalement alimentées par les travaux de l'Institut Tavistock de Londres ainsi que de nombreuses expérimentations dans les pays scandinaves. La dimension *ontologique* de la recherche était clairement explicitée: l'amélioration des situations de travail. L'approche socio-technique présentait toutefois une lacune considérable, à savoir une conception caricaturale de la *performance économique*, considérée comme une *contrainte* et non comme une des dimensions essentielles de la raison d'être des situations de travail étudiées. Cela constituait un *obstacle épistémologique* important au développement de l'approche socio-technique et de la recherche-action.

Sur le caractère utile de la recherche scientifique en management pour les praticiens, des publications récentes remarquables marquent une nouvelle tendance ontologique (Van de Ven & Johnson, 2006). Les chercheurs de l'école de la recherche-action se trouvent, en quelque sorte au milieu du gué, ayant opportunément choisi l'observation rapprochée pour étudier les phénomènes liés aux situations de travail. Cependant, ils restent encore attachés au *paradigme de la neutralité du chercheur*, supposée être une condition *sine qua non* de la scientificité. À partir de ces deux approches pertinentes: la recherche-action comme méthodologie et l'approche socio-technique comme théorie, je décidai de les enrichir l'une et l'autre, en *intégrant* deux éléments essentiels. D'une part, les choix de méthodes d'investigation et d'instruments d'analyse du *chercheur* ainsi que sa rigueur constituent un composant essentiel de la construction théorique. D'autre part, la dimension économique est un élément essentiel inhérent aux situations de travail et au fonctionnement des organisations, constitutif de leur *existence* et de leurs performances à court, moyen et long termes. La recherche-intervention est donc née de la recherche-action, en approfondissant la question de *l'impossible neutralité du chercheur*, celui-ci assumant pleinement sa *non* neutralité et ses conséquences sur les limites de scientificité de sa recherche. Cette méthodologie relève donc d'une approche que je qualifiai de *constructivisme générique*. Celle-ci se situe entre le positivisme et le constructivisme, essayant de dépasser la relative superficialité du premier et la particularité du deuxième qui est né, en psychologie cognitive (Piaget, 1988) des recherches sur la construction de la connaissance individuelle. Le constructivisme générique répond aux besoins de la recherche en sciences de gestion, dont le périmètre principal d'élaboration et de transmission de la connaissance n'est pas l'individu mais l'équipe ou l'organisation (Savall & Zardet, 2003).

Trois piliers de l'épistémologie de la recherche-intervention d'ordre qualimétrique: Le constructivisme générique

La pratique de la recherche-intervention par les chercheurs de l'ISEOR (Institut de Socio-Economie des Entreprises et des Organisations) dans de nombreuses organisations (près de 2000), appliquée à une grande variété d'objets de recherche, a fait émerger et nous a permis de construire trois principes qui caractérisent l'épistémologie de ce type de recherche. L'*interactivité cognitive* désigne le fait que la construction de la connaissance *collective* résulte d'un processus d'interaction entre deux ou plusieurs acteurs, chacun étant porteur d'une bribe de connaissances contribue, grâce à des *itérations* successives, à construire une connaissance partagée par les acteurs d'une équipe ou d'une organisation. Cela justifie la nécessité d'un partenariat entre le chercheur et le terrain d'observation scientifique. La *contingence générique* désigne le fait que toute situation est contingente mais qu'une analyse approfondie révèle un composant générique que l'on retrouve dans d'autres situations, de même qu'on retrouve le même atome dans différentes molécules. Le principe de contingence générique que nous avons énoncé est d'ailleurs sous-jacent aux conditions d'additivité des termes d'une somme: ainsi poser [1 + 1 = 2] présuppose que les deux termes sont homogènes. L'*intersubjectivité contradictoire* désigne le processus interactif qui permet à deux ou plusieurs acteurs, partant de points de vue subjectifs différents, de construire, au moyen d'itérations au cours du temps, une représentation commune acceptable. Étant donné l'*impossible objectivité*, notamment en sciences humaines et sociales, cette représentation conventionnelle, à défaut d'être «objective», permet de construire une plateforme de connaissances d'intention scientifique, utilisable dans un espace d'acteurs donné et pour un certain temps. Notre concept de *constructivisme générique* englobe ces trois principes. Il permet, par réplications successives de recherches-interventions dans des situations toujours spécifiques, de dégager des connaissances génériques transposables à d'autres situations (cf. Kwesiga & Pattie, 2006, sur l'importance épistémologique de la réplication). Comment sait-on qu'une connaissance est générique et pas seulement locale ou spécifique ? Si les utilisateurs l'utilisent on dira que cela a une certaine valeur. La connaissance est une convention jusqu'à ce qu'il y ait une innovation reconnue par les deux communautés, celles des chercheurs et celle des praticiens. Compte tenu du *courant dominant* positiviste, quantitatif et logico-déductif, lorsque nous pratiquons la recherche-intervention, il se trouve que nous avons la charge de la preuve de la scientificité. Or cette dernière est robuste, étant donné la traçabilité méthodologique et les fondements épistémologiques qui sont des atouts de la recherche-intervention.

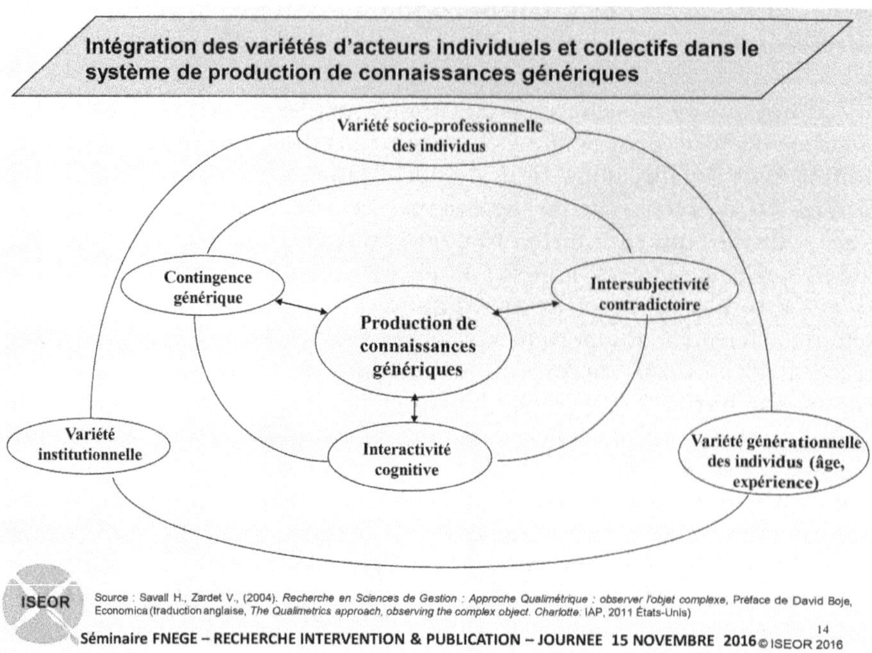

Figure 1.2

Un exemple de produit de la recherche-intervention d'ordre qualimétrique: La théorie socio-économique des organisations

La théorie socio-économique des organisations s'est appuyée sur l'approche socio-technique, en s'efforçant de compléter et approfondir l'approche critique de l'organisation du travail et en proposant de nouveaux concepts et modèles de gestion intégrant des variables sociales et des variables économiques des organisations. La construction de la théorie socio-économique impliquait un grand nombre d'expérimentations successives, rendues possibles par la méthode de recherche-intervention d'ordre qualimétrique ainsi qu'une certaine stabilité méthodologique (Savall, 1974; Savall & Zardet, 1987, 2008).

Représentation des objets étudiés et construction de la connaissance: apports de la qualimétrie

La recherche scientifique est une activité visant à produire de nouvelles connaissances sur des objets identifiés ou à créer des connaissances sur des problématiques nouvelles ou mal étudiées. Toutefois le mot recherche se prête à une *confusion sémantique*. Dans l'univers des chercheurs, la *publication* est assimilée à la recherche, alors que celle-ci est un *processus* dont un des *produits* peut être une publication académique. La recherche désigne donc un processus de production qui constitue un *apprentissage* de connaissances nouvelles par le chercheur d'intention scientifique. L'intelligence artificielle propose trois notions intéressantes: la *base de connaissance* constituée d'une *base de faits* et d'une *base de règles*. En effet la connaissance consiste, le plus souvent, à établir un lien entre différents éléments constitutifs de l'objet matériel ou incorporel étudié par le chercheur ou évoqué par les acteurs. L'énoncé simple «si A alors B» est utile pour représenter une *structure de connaissance* scientifique. Ainsi, la règle bien connue: *si* l'on porte l'eau pure à 100° Celsius de température, et si la pression atmosphérique est de 760 mm de mercure *alors* l'eau *liquide* se transforme en vapeur *gazeuse*.

Le travail scientifique consiste donc à déterminer les éléments d'une structure de connaissance ainsi que les *liaisons* entre ces éléments. La rigueur épistémologique nous invite à dépasser une approche *trop analytique* de la connaissance, c'est-à-dire une structure de connaissance confinée à un petit nombre d'éléments et de liaisons. Le progrès scientifique consiste désormais à étendre ce champ étriqué de connaissance dans une vision plus *holistique* plus pertinente. L'énoncé de la connaissance consiste à fournir une *représentation* d'un fait ou d'un phénomène repéré dans un univers environnant. Une représentation holistique de l'objet étudié

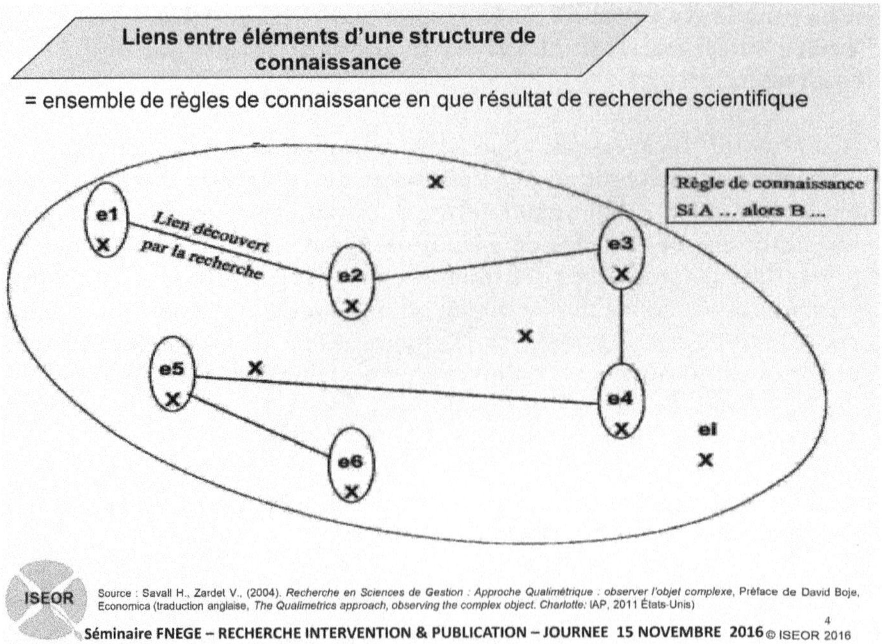

Figure 1.3

exige un continuum d'informations qualitatives (mots-clés), quantitatives (nombres-clés) et financières (nombres en unités monétaires). Nous avons qualifié de *qualimétrique* cette conception de la représentation d'intention scientifique. Or, une tradition déplorable tend à séparer: les nombres et les lettres, les doués en mathématiques et doués en lettres, les recherches qualitatives et les recherches quantitatives (Savall, 1986a, 1986b; Gephart, 1988, 2004; Hammersley, 1992 ; Seale, 1999; Rynes, 2004; Savall, Bonnet & Péron, 2004; Savall, Bonnet, Zardet & Péron, 2007; Zardet & Krief, 2013). La qualimétrie consiste à réunir ces éléments artificiellement séparés, selon le principe qu'*un mot-clé a besoin d'un nombre pour faire sens et qu'un nombre a besoin d'un mot-clé pour faire sens.* Même un énoncé mathématique utilise une combinaison de mots, de lettres, de signes et de nombres. La recherche-intervention d'ordre qualimétrique utilise systématiquement la *représentation qualimétrique* pour formuler les informations recueillies ainsi que les résultats obtenus par le processus d'investigation. L'approche qualimétrique offre un éventail très riche d'éléments qualitatifs, quantitatifs et financiers qui permet de mieux représenter les objets observés ainsi que les énoncés théoriques produits par la recherche.

Cette approche qualimétrique de la recherche-intervention constitue un progrès dans la formulation des représentations d'intention scientifique.

Elle facilite aussi le dialogue entre les chercheurs de disciplines connexes ainsi qu'entre le chercheur et les acteurs au cours du processus de recherche-intervention. En effet, certains, chercheurs ou acteurs, sont plus sensibles à l'énoncé littéraire ou plus à l'aise dans la mesure numérique. La représentation d'un objet par une *combinaison d'idées-clés et de nombres-clés* permet de tenir compte des nuances et des subtilités qu'impose une représentation acceptable de la *complexité* des faits et des phénomènes étudiés. Il convient de signaler l'*obstacle* linguistique dû à la *polysémie* des mots utilisés tant par les chercheurs que par les acteurs. En effet, les uns et les autres se saisissent des mots comme de *jouets* et les utilisent dans leur registre lexical et leur propre stratégie de communication. Cela appelle des mesures de précaution dans la communication entre chercheurs et acteurs. Ainsi le mot *expérimental* désigne, dans l'univers actuel des économistes ou de la modélisation en gestion, une simulation sur ordinateur *in vitro* sans observation rigoureuse des situations étudiées. Alors que la méthodologie expérimentale, reposant sur les travaux de Claude Bernard, évoque et se réfère à des situations réelles étudiées *in vivo,* dans des organisations vivantes peuplées d'acteurs en chair et en os. Le «réel» étant composé, au sens aristotélicien, de phénomènes physiques et de phénomènes virtuels.

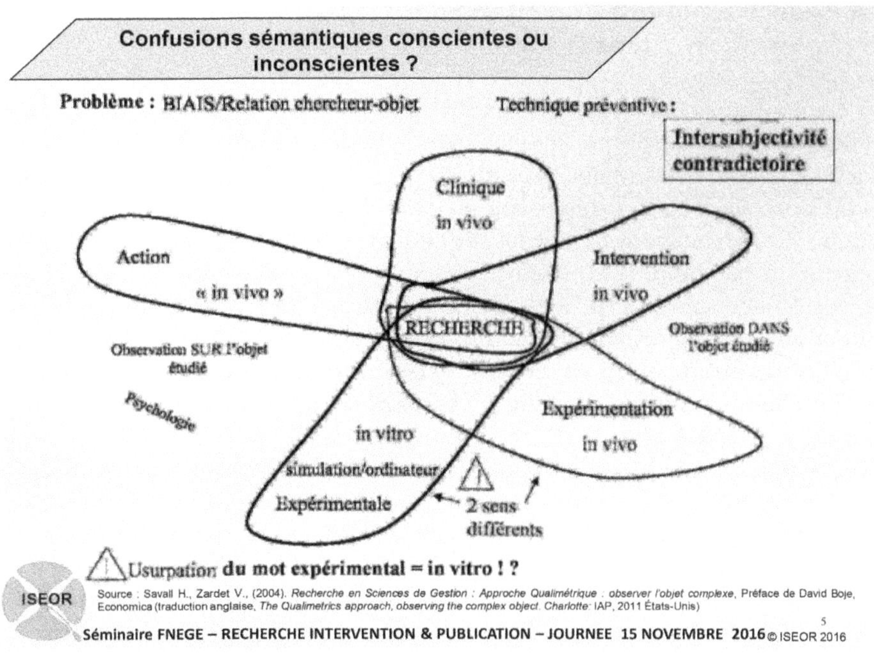

Figure 1.4

Les résultats de recherche dépendent aussi du *regard* que porte le chercheur sur l'objet étudié et qui peut être relativement superficiel, consistant à effleurer cet objet sans vouloir l'affecter. Dans ce cas l'approche *contemplative* du chercheur est privilégiée. Il peut au contraire approfondir la connaissance de l'objet matériel ou incorporel en le pénétrant, en le transformant (sous condition d'éthique scientifique) pour en mieux connaître les propriétés. Celles-ci se révèlent grâce à l'intervention du chercheur. Le courant *positiviste* exacerbe la *neutralité* du chercheur comme une panacée synonyme de scientificité. La recherche-intervention d'ordre qualimétrique, au contraire, transforme délibérément certaines caractéristiques de l'objet étudié pour mieux en révéler les propriétés. Les *sciences de la vie et de la nature* n'ont pas procédé autrement. Le physicien a transformé les matières étudiées, de même que le chimiste ou le biologiste. Ces disciplines pratiquent en quelque sorte ce que nous appelons la recherche-intervention (Savall & Fière, 2014 ; Moisdon, 1984, 2014). Il n'est pas acceptable, sans discussion, que les sciences humaines et sociales soient considérées de *nature différente* de celle des sciences de la vie et la nature, surtout si l'on considère la biologie humaine c'est-à-dire la médecine. Cette différence est une *pétition de principe*, elle n'a donc jamais été démontrée.

La qualité de la relation chercheur/terrain d'observation scientifique

La qualité de la relation entre le chercheur et les acteurs du terrain d'observation scientifique est un facteur-clé de la qualité de la recherche. La génération de connaissances d'intention scientifique résulte d'un va-et-vient entre le terrain d'observation scientifique et le laboratoire du chercheur, d'une alternance entre les séquences d'observation *in situ*, et de distanciation par rapport au terrain qui permet une phase de réflexion avec le recul nécessaire. Ce processus implique un retour périodique du chercheur au sein de l'organisation, afin d'organiser des *itérations successives* qui améliorent progressivement la qualité des informations qu'ils collectent. La recherche-intervention ne peut se satisfaire d'un séjour ponctuel du chercheur auprès des acteurs d'une organisation. Elle implique une certaine *longitudinalité,* nécessaire à l'application des trois principes qui fondent la *qualité épistémologique* des informations traitées par le chercheur d'intention scientifique: l'interactivité cognitive, l'intersubjectivité contradictoire et la contingence générique (Savall & Zardet, 1996, 2004, 2011).

La pratique de la recherche-intervention a révélé l'importance de la *légitimité du chercheur,* au sein de la ou des organisations qui constituent le champ de la recherche, ce qui permet sa *proximité* avec les acteurs *coproducteurs* de la connaissance. Il importe donc que le chercheur -intervenant conclut un *contrat* avec l'organisation d'accueil (Savall, 1979 ; Savall & Zardet, 2013 ; Benghozi, 1990). Ce *contrat de recherche intervention* détermine les conditions de la collaboration et de la présence du chercheur au sein de l'organisation (cf. chapitre 2). Il peut être soit à titre onéreux et produire une rémunération pour le chercheur et/ou son laboratoire, soit à titre gracieux (cf. chapitres 5 et 6). Dans ce cas, le coût pour l'entreprise n'est pas nul, car la valeur du temps passé par les acteurs de l'entreprise à collaborer avec le chercheur est toujours prise en charge par l'entreprise et fait partie du coût de production de la recherche. Le contrat résulte d'une discussion d'égal à égal entre le chercheur et le dirigeant de l'organisation. La relation entre le terrain d'observation scientifique et le chercheur se situe dans un cadre de *transparence.* Sa présence sur le terrain d'observation scientifique n'est ni clandestine ni discrète, elle a été contractualisée.

Un outil essentiel du travail scientifique: le concept d'hypothèse

Une *idée-clé* élaborée par le chercheur peut avoir *deux statuts,* selon l'état d'avancement de la recherche. Elle peut, d'abord, constituer une *hypothèse,* c'est un outil de *motricité* dans le processus de travail scientifique, un énoncé à démontrer qui tire la dynamique de la recherche. Lorsque la démonstration sera achevée, l'idée-clé a un statut de résultat, d'énoncé scientifique correspondant à l'un des objectifs de la recherche. Le concept d'hypothèse a été accaparé par les chercheurs du courant *positiviste* et les tenants de l'approche *logico-déductive.* Certains poussent même les chercheurs autres que positivistes dans leurs retranchements, en les forçant à utiliser le mot *proposition* à la place du mot hypothèse, ce dernier serait donc réservé au courant positiviste et ses succédanés... Or, la recherche-intervention d'ordre qualimétrique considère que l'hypothèse est un outil incontournable pour construire un énoncé scientifique. Il suffit de considérer que l'hypothèse n'est pas figée, qu'elle est évolutive et qu'elle est datée, c'est-à-dire que sa formulation est liée à une certaine phase du déroulement de la recherche. En effet, la dynamique de la recherche fait découvrir aux chercheurs des informations qui peuvent le conduire soit à pré-valider une hypothèse et continuer sa démonstration, soit à l'invalider puis l'abandonner soit à reformuler l'hypothèse initiale. Ainsi l'hypothèse accompagne le processus d'apprentissage et de génération de connaissance du chercheur. Au début de la dernière étape de la recherche, l'hypothèse « finale » sera probablement différente de l'hypothèse initiale, car elle se sera enrichie par les résultats intermédiaires accumulés au cours du processus de génération de connaissance, au gré des découvertes du chercheur.

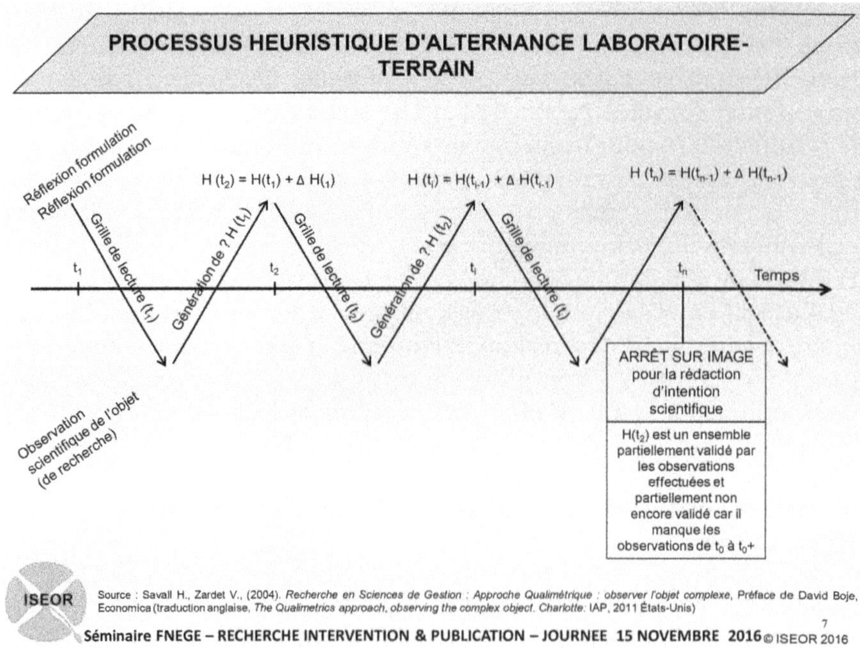

Figure 1.5

Modestie du chercheur et respect de ses prédécesseurs: l'analyse de la littérature académique

Le chercheur-intervenant n'ignore pas que d'autres chercheurs ont traité le même objet que lui ou des objets proches. La connaissance académique exprimée par d'autres auteurs dans des ouvrages ou des articles de revues permet de positionner les découvertes du chercheur par rapport à celles de ses prédécesseurs. La difficulté, d'un point de vue de rigueur épistémologique, réside dans le fait que la traçabilité des méthodologies suivies par les auteurs est limitée, voire inexistante dans certains articles de revues pourtant bien classées. En effet, le chercheur sait par quelle méthodologie et procédés il a obtenu ses résultats de recherche, tandis qu'il n'a pas le même degré de connaissance sur la méthode qui a conduit un auteur tiers à l'énoncé trouvé dans la littérature.

Étant donné que la recherche-intervention privilégie l'observation scientifique, le chercheur-intervenant est invité à dessiner le *noyau dur* de sa recherche, issu du travail de terrain et à le *segmenter en thèmes* et sous thèmes. Cela constitue une nomenclature qui, tel un filet de pêche, permet d'aller chercher dans la littérature académique les matériaux qui permettront de *positionner* ses propres résultats de recherche par rapport à ceux d'autres chercheurs. Autour du noyau dur se construit une «*périphérie thématique» de bibliographie extérieure* qui consiste à recenser les matériaux *pertinents* extraits de la littérature. Ainsi, c'est le chercheur qui, ayant découvert des observations intéressantes sur l'objet qu'il a choisi d'étudier va, périodiquement tenir compte de ce que d'autres chercheurs ont écrit sur les thématiques de sa recherche. La connaissance acquise par le chercheur, ainsi privilégiée dans le phasage de la recherche, évite les risques d'exégèse et de scholastique, en mettant en valeur les résultats de recherches acquis par observation directe de l'objet étudié. Les physiciens, les chimistes et les biologistes ne procèdent pas autrement. L'enjeu de cette option est la qualité du *progrès scientifique en gestion,* car les sciences ont intensifié leurs progrès lorsqu'elles ont amélioré leurs méthodes et instruments d'*expérimentation.* Par exemple, dans le baromètre de la FNEGE (Fondation nationale pour l'enseignement de la gestion des entreprises) (Lamarque & Dubois, 2015 & 2017), le premier thème, parmi les besoins de recherche exprimés par les entreprises, est la relation au client. Cette problématique a été peu étudiée par l'ensemble de la communauté des chercheurs en sciences de gestion en France. Il y a donc deux univers partiellement disjoints, celui des problématiques identifiées par les entreprises et les organisations et celui des problématiques dans lesquelles se sont investis spontanément

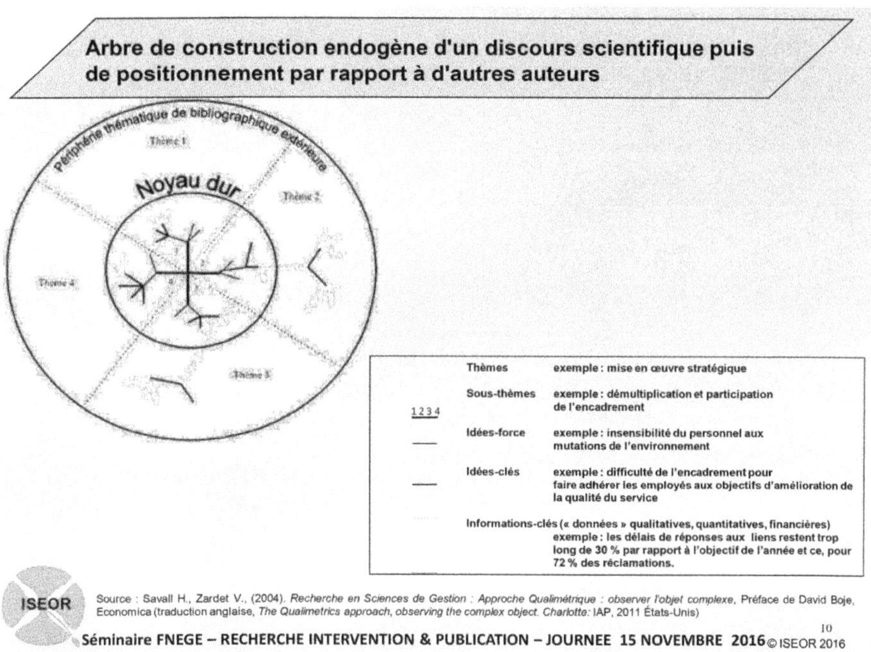

Figure 1.6

les chercheurs. L'*outil périphérie thématique* permet de positionner les résultats du chercheur, par un rapprochement avec la littérature et d'identifier tantôt des *proximités* tantôt des écarts ou des contradictions, puis d'élaborer une discussion scientifique et signaler, en toute modestie, les limites et les perspectives de la recherche.

Importance de l'analyse de contenu d'ordre qualimétrique dans la recherche-intervention

L'abondance d'informations recueillies par le chercheur que permet la recherche-intervention a conduit à enrichir et perfectionner la *méthode d'analyse de contenu*, bien connue des chercheurs (Neuendorf, 2002). Elle consiste, à partir d'informations qualitatives, *verbatim* ou idées-clés exprimées par des acteurs ou découvertes dans des documents, à *induire des idées-clés* de *synthèse* puis des idées-forces de plus en plus génériques et de les classifier dans une nomenclature élaborée par le chercheur. Dans une deuxième étape, des *nombres-clés* recueillis ou élaborés par le chercheur seront associés aux idées-clés génériques, dans une optique qualimétrique permettant une *représentation* satisfaisante de l'objet étudié.

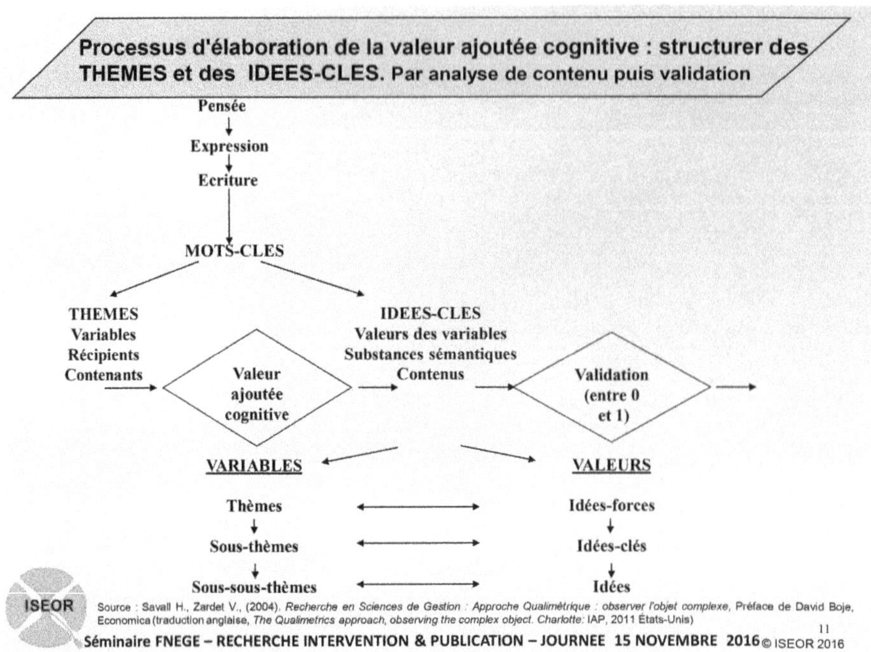

Figure 1.7

L'approfondissement de la méthode d'analyse de contenu nous a conduit à classifier les mots-clés, -unités de base des informations qualitatives-, en deux catégories. La première comprend des *thèmes* et correspond à la notion de *variable* dans l'univers quantitatif. La deuxième consiste en *idées* qui correspondent à la notion de *valeur* de la variable dans l'approche quantitative.

Les résultats de la recherche, constitués de *règles de connaissance*, sont synthétisés sous forme d'*arborescence* de thèmes dans lesquels sont rangées des idées-forces, les thèmes sont décomposés en sous-thèmes dans lesquels sont rangés des idées-clés et des *verbatim*. Une telle représentation arborescente de l'objet étudié peut être faite, au début de la recherche avec des idées-clés qui ont le statut d'hypothèses et correspondent à des *espérances de règles de connaissance* si la démonstration aboutit. L'arborescence sera refaite au terme de la recherche, elle représentera alors une ou des *règles de connaissance validées*. L'écart entre le début et la fin de la recherche constitue une valeur ajoutée qui contribue au progrès scientifique.

Analogie entre la recherche intervention en sciences de gestion et la recherche en sciences médicales

De nombreuses recherches-interventions ont été réalisées dans des organisations du secteur de la santé par les chercheurs de l'ISEOR. C'est au contact des professionnels de la santé que l'analogie a émergé de notre coopération avec la recherche en biologie humaine. Les progrès de la science médicale sont utiles pour expliquer et justifier l'intérêt scientifique de la recherche-intervention. En sciences de gestion, il n'y a pas encore de consensus, alors qu'en biologie les protocoles de recherche sont bien établis, rigoureux et pratiqués par un très grand nombre de chercheurs (Thiébaut, 2010) La dimension *transformative* de la recherche-intervention consiste à modifier l'état de l'objet étudié pour faire des observations. L'analyse des variations de cet état permet d'extraire la connaissance de certaines *propriétés* de l'objet étudié. Ces propriétés ne sont pas accessibles à l'observateur de passage, à des modes d'observation superficiels, que l'on peut qualifier de *contemplatifs*. Le physicien, le chimiste ou le biologiste savent bien qu'ils découvriront les caractéristiques essentielles de l'objet étudié en le manipulant, en utilisant des instruments d'observation élaborés, en injectant des substances réactives afin de dépasser une connaissance banale et mériter ainsi le qualificatif de recherche scientifique porteuse de *progrès durable pour l'humanité*. Nous avons pensé que la notion de science anthropocentrée permet une certaine analogie entre les sciences humaines et sociales (auxquelles appartiennent l'économie et la gestion) et cette autre science respectueuse de l'humain, la science médicale (Savall & Fière, 2014).

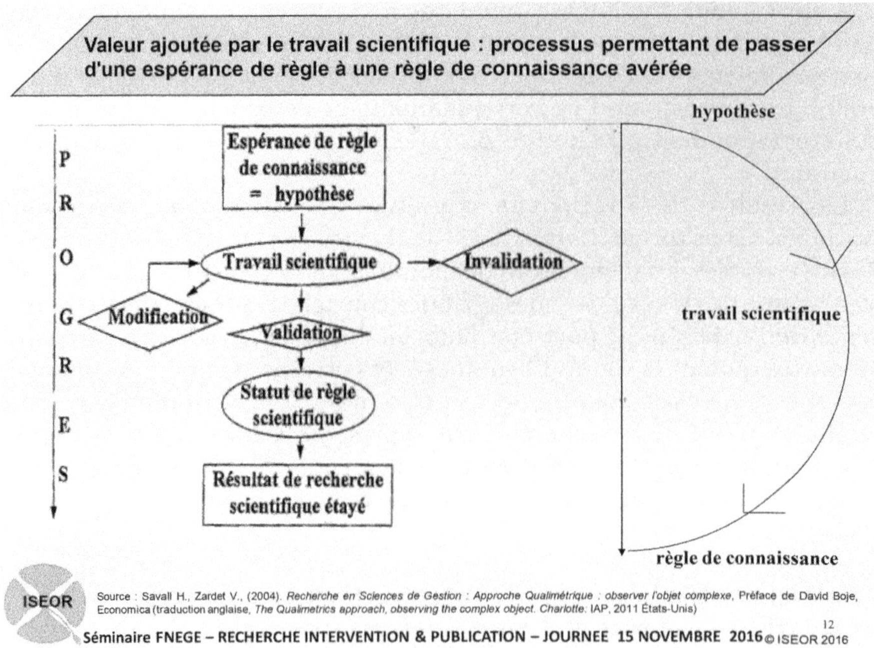

Figure 1.8

La *longévité* est un autre point commun. En effet le cadre de référence des recherches en biologie humaine ou science médicale est la longévité du patient, ce qui permet de définir, d'un point de vue *ontologique* que l'orientation essentielle des recherches en sciences médicales consiste à accroître la durée de vie de l'être humain, dans des conditions de vie *déontologiquement* acceptables, en termes d'autonomie et de dignité. Ainsi, le marqueur de la pertinence des recherches en biologie humaine est la *survie-développement* de l'individu, c'est-à-dire sa capacité à prolonger sa durée de vie dans des conditions éthiquement acceptables, en termes d'autonomie physiologique et de dignité sociale. Par analogie, l'orientation essentielle des sciences de gestion peut être définie comme l'allongement de la durée de vie des organisations et de leurs performances sociales (*dignité*) et économiques (*autonomie de ressources*).

L'hypothèse de travail qui a inspiré les travaux de l'ISEOR est que la recherche-intervention *transformative* et qualimétrique présente des analogies avec la recherche médicale. Nous sommes donc partis de 30 recherches-interventions dans le secteur de la santé et des entretiens avec des chercheurs médicaux. La recherche transformative consiste à définir les conditions d'existence et de réalisation d'un état préférable qui ne sera jamais considéré comme un optimum absolu mais comme une sorte d'optimum relatif réalisable « ici et maintenant », avec une grande modestie de chercheur scientifique. L'approche transformative de la recherche-intervention consiste donc à créer des connaissances nouvelles permettant aux entreprises et organisations, communautés humaines singulières, d'être gérées pour aller vers un mieux être durable. Comme la recherche médicale, la recherche-intervention en sciences de gestion se pratique avec une double finalité systématique: prodiguer des soins pour améliorer l'état de santé de l'entreprise ou organisation et, simultanément, découvrir de nouvelles pathologies ou variantes de pathologies connues, valider l'efficacité, l'efficience et la pertinence des méthodes, outils et pratiques de gestion, eu égard aux performances durables attendues par les acteurs de l'organisation, ainsi que par les chercheurs qui les accompagnent.

Plus de 42 années de recherche-intervention transformative ont permis d'établir que c'est dans le va-et-vient entre le laboratoire et le terrain d'observation scientifique (TOS) que se produit la création de *connaissances innovantes*, qui sont tantôt exploratoires, tantôt confirmatoires, selon l'état d'avancement de la connaissance d'intention scientifique de l'objet étudié. L'interaction avec le *terrain d'observation scientifique* (TOS) est essentielle car l'acteur est détenteur et porteur, plus ou moins conscient, d'informations et de connaissances utiles au chercheur, d'où l'importance et l'efficacité de la coopération entre acteurs et chercheurs dans l'entreprise ou organisation, considérée comme un terrain d'observation scientifique. Dans cette perspective de rigueur épistémologique, le processus de recherche d'intention scientifique consiste dans une coopération active, consciente et délibérée, un système de *co-construction de la connaissance.*

L'avantage du chercheur en sciences de gestion (ou plus généralement en sciences humaines et sociales) est que l'objet étudié est vivant, actif et conscient, que c'est en réalité un *sujet–objet* dont la coopération est précieuse pour l'efficacité du travail scientifique. Par contraste, le physicien et le chimiste ont affaire à des objets plus inertes, et semble-t-il inconscients, ce qui explique probablement le succès de l'approche positiviste, montée en puissance au cours de la seconde moitié du XIXe siècle, époque des grands progrès historiques dans les *sciences de la vie et la nature.* Le fait d'avoir décrété, sans analyse rigoureuse, que les sciences humaines et sociales sont de nature différente des sciences de la vie et la nature explique probablement le retard relatif des sciences sociales (dont les sciences économiques et de gestion), par rapport aux progrès reconnus dans les autres sciences. Les sciences de la biologie humaine (médecine), elles aussi conditionnées par les limites de l'expérimentation, se trouvent à mi-chemin entre ces deux catégories de sciences que l'histoire a exagérément différenciées. Le *risque pour les sciences sociales* est donc de perdre le caractère scientifique dont la condition première est l'*observation*, de *résister à l'innovation théorique*, de perpétrer le transfert de théories et de concepts sans *esprit critique* suffisant de l'apprenant et de l'applicateur, de faire la part trop grande à l'exégèse des théories existantes du «mainstream», avec le risque de dégénérescence de théories d'intention scientifique vers l'idéologie, faute d'avoir cultivé l'*innovation théorique et conceptuelle.*

Le postulat, bien entendu non démontré, de la différence fondamentale de nature entre les sciences sociales et les sciences de la vie et de la nature, autorise des méthodologies de recherche académiquement reconnues et entretenues, qui sont parfois superficielles et qui, à tout le moins, ne développent pas le réflexe et l'effort d'observation rigoureuse et approfondie de l'objet étudié.

La validation des connaissances élaborées se fait par expérimentation (validation interne) puis réplication (validation externe). Dans le programme de recherches de l'ISEOR (Savall 1975, 1979, Savall & Zardet, 1987, 2008 ; Savall, Zardet & Harbi, 2004), l'identification des dysfonctionnements et des coûts–performances cachés a été réalisée par l'observation rigoureuse, approfondie, longitudinale, de 1854 entreprises et organisations de 42 pays, 72 secteurs d'activité différents et 110 000 personnes impliquées dans des actions de changement organisationnel, partenaires de la recherche. Ce programme réalisé avec près de 600 chercheurs et jeunes chercheurs a permis d'identifier que malgré les différences de pays, de secteurs d'activité, de taille et de statut juridique d'entreprises et d'organisations (à but lucratif, associative ou du secteur public), celles-ci révèlent et subissent de façon récurrente des *pathologies* similaires qui menacent en permanence leur capacité de survie-développement ainsi que les emplois des acteurs concernés.

Une clé importante de la recherche-intervention consiste à déterminer trois niveaux d'hypothèses de natures différentes et complémentaires: descriptive, explicative et prescriptive.

- la notion d'*hypothèse descriptive* fait sens et montre la modestie du chercheur dans la description d'un objet, car un autre chercheur pourrait en fournir une autre description.
- l'hypothèse *explicative:* consiste à énoncer des explications et des interprétations aux phénomènes, ce qui est généralement apprécié dans la communauté des chercheurs.
- l'hypothèse *prescriptive:* constitue le niveau le plus élevé dans cette épistémologie, elle comporte des recommandations auxquelles aboutit le travail scientifique. Selon certains chercheurs, paradoxalement, ce type d'hypothèse ne ferait pas partie de la recherche.

L'*hypothèse centrale* qui énonce l'essentiel de la démonstration que souhaite faire le chercheur se déclinera en une arborescence d'hypothèses descriptives, explicatives et prescriptives. Ainsi le chercheur en gestion va prescrire comment on pourrait modifier la situation observée dans un projet de changement. Ensuite, dans la recherche médicale: les acteurs-patients acceptent-ils de prendre le médicament ? Comment va-t-on en évaluer les effets? Une recherche peut s'arrêter au stade du *diagnostic*, ou du *projet* sans expérimentation, ou de la *mise en œuvre*, ou encore aller jusqu'à l'évaluation qualitative, quantitative et financière des résultats de l'expérimentation (cf. Figure 1.9). Ce qui est demandé dans cette épistémologie, c'est de faire une approche complète horizontale au niveau d'une ou plusieurs des quatre étapes, en allant plus ou moins loin, en fonction du temps disponible et du contexte organisationnel.

L'*ambition du projet scientifique* dépend de l'état des connaissances sur l'objet étudié. Ainsi une recherche sur un objet peu étudié, peut se contenter d'élaborer une contribution scientifique seulement au stade de ce que nous appelons ici le diagnostic. Ainsi en médecine la découverte d'une nouvelle pathologie ou d'une variante très significative d'une pathologie existante peut constituer une contribution essentielle par la simple analyse descriptive des caractéristiques de la pathologie. Dans ce cas, modestement, l'analyse explicative relèvera d'un nouveau programme de recherches, d'ailleurs réalisé par un grand nombre de chercheurs. Le fer de lance de l'analyse explicative sera d'ailleurs constitué par l'analyse prescriptive qui consistera à définir un protocole de soins pour améliorer

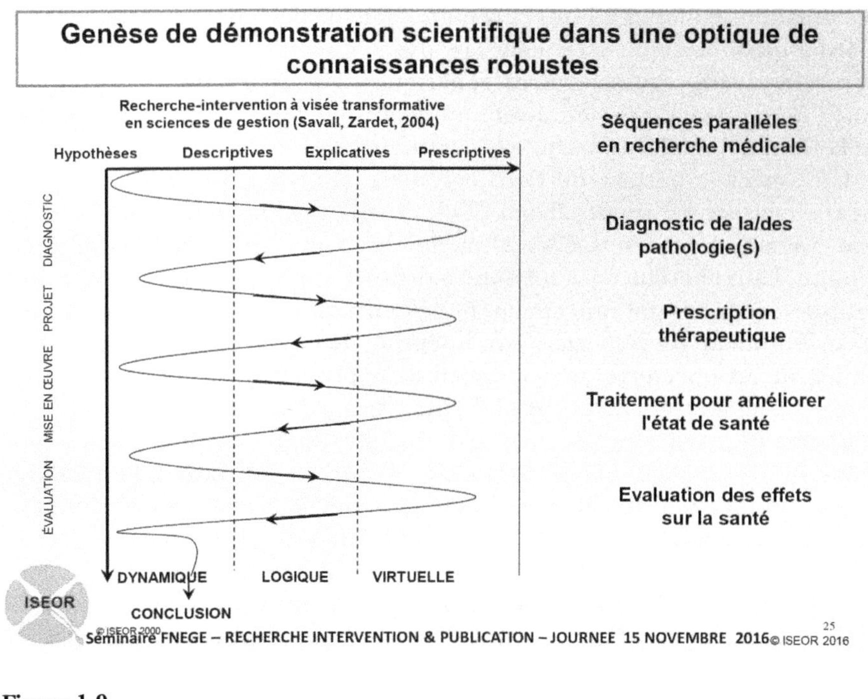

Figure 1.9

l'état de santé du patient. Il est surprenant que certains universitaires en sciences de gestion, en France ou dans d'autres pays, dénient le caractère scientifique de la prescription, indispensable à toute expérimentation, considérant, sans discussion, que ladite recherche doit s'arrêter à l'analyse explicative ou interprétative. Ce point de vue, selon nous désuet et nocif, constitue un véritable *obstacle au progrès* des sciences de gestion, tandis que les besoins des entreprises et organisations en matière de modèles, principes, concepts, méthodes et pratiques innovantes sont considérables et ne coïncident pas avec la majeure partie des recherches académiques, comme le montre le baromètre de la FNEGE.

La réplication de recherches appliquées conduit à la recherche fondamentale

L'analogie porte aussi sur la question de la validité des énoncés théoriques. En sciences humaines et sociales, économiques et de gestion, on confond souvent le fondamental et l'abstrait, l'abstraction étant considérée comme le signal de la connaissance fondamentale. Au contraire, en sciences médicales et dans la recherche-intervention en gestion, la recherche fondamentale suit le plus souvent une démarche inductive à partir des situations concrètes. Dans l'épistémologie de la recherche-intervention d'ordre qualimétrique, c'est dans la liaison concret/abstrait que l'on teste la robustesse des connaissances génériques. La recherche et la connaissance fondamentale se définissent alors en fonction du grand nombre et de la variété d'applications qu'elles permettent.

Un aspect important de l'analogie avec la recherche médicale, c'est qu'elle consiste à faire des diagnostics, des prescriptions, un traitement et une évaluation des effets. C'est la même démarche qu'en recherche-intervention. La recherche consiste donc à décrire, expliquer, prédire. L'une et l'autre recherches ont une démarche scientifique commune, d'un côté sur le corps humain en respectant son intégrité, de l'autre le corps social dont l'intégrité est à préserver ou à construire. Le progrès scientifique en médecine a été discontinu: on est passé d'Hippocrate, dans l'Antiquité, à Pasteur et Claude Bernard. Une parenthèse d'obscurantisme s'est produite, notamment au Moyen Age, entre Hippocrate et Claude Bernard (1865, 1947), longue période pendant laquelle la médecine était enseignée par l'exégèse de textes... Hippocrate avait énoncé dès l'Antiquité qu'il faut faire parler le malade pour faire un diagnostic, de même qu'on fait parler des acteurs dans la recherche-intervention d'ordre qualimétrique. On redécouvre la méthode expérimentale au 19ème siècle. Le traitement des pathologies fait partie intégrante de la science médicale. C'est par les pathologies que l'on définit la physiologie. La bonne santé se définit en creux à partir des pathologies. C'est la *recherche appliquée* qui *conduit* à la *recherche fondamentale*, selon une démarche *inductive*. L'instrumentation médicale et la publication source de dialogue ont permis des progrès considérables. Les réseaux de recherche sont dynamiques et nombreux (Landrivon & Delahaye, 1995). Leurs échanges permettent de créer des consensus provisoires sur des théories et sur des méthodes. L'étude descriptive est très importante, on part toujours d'un diagnostic, même pour introduire une solution qui a réussi sur un grand nombre de cas, de même que dans la recherche-intervention appliquée à la théorie socio-économique.

BIBLIOGRAPHIE

Arkhipoff, O. (1985). *Un, deux, trois, beaucoup ou comment l'imprécision vient aux comptables.* Économies et sociétés. Sciences de gestion, XIX (6).

Benghozi, P.J. (1990). La négociation d'une recherche: une étape clé dans la méthodologie d'intervention. *Economies et Sociétés: Revue Sciences de gestion, 15.*

Bernard, C. (1855, 1860, 1947). *Principes de médecine expérimentale.* Paris: PUF.

Boje, D.M. & Rosile, G-A. (2003). Comparison of socio-economic and other transorganizational development methods. *Journal of Organizational Change Management, 16(1),* 10–20.

Boje, D.M. (2004, 2011). Qualimetrics contributions to research methodology. Preface to Savall, H. & Zardet, V. *Recherche en sciences de gestion: approche qualimétrique, observer l'objet complexe.* Paris: Economica. Translate in English: *The qualimetrics approach: observing the complex object.* Charlotte, NC: Information Age.

Buono, A. & Savall, H. (Eds) (2007). *Socio-economic intervention in organizations: The intervener-researcher and the SEAM approach to organizational analysis.* Charlotte, NC: Information Age.

Buono, A. & Savall, H. (Eds) (2015). *The socio-economic approach to management revisited. The evolving nature of SEAM in the 21st century.* Charlotte, NC: Information Age.

Carré, J.J., Dubois & Malinvaud, E. (1972). *Analyse causale de la croissance française.* Paris: Seuil.

Emery, E. F. & Trist, E.L. (1960, 1969). *Socio-Technical Systems.* Penguin.

Gephart, R. (1988). *Ethnostatistics: qualitative foundations for qualitative research.* Newbury Park, CA: SAGE.

Gephart, R. (2004). Qualitative research and the Academy of Management Journal. *Academy of Management Journal, 47,* 454–462.

Girin, J. (1982). Le dit et le non dit. *Economies et Sociétés,* Revue Sciences de gestion, 3.

Hammersley, M. (1992). Deconstructing the qualitative-quantitative divide. In J. Brannen (Ed.), *Mixing methods: qualitative and quantitative research* (pp. 127–143). Aldershot, England: Avebury.

Kwesiga, E. & Pattie, M. (2005). Is management Science Built on a Shaky Foundation? The Case for Intersubjective Certifiability. *Revue Sciences de gestion-Management sciences-Ciencias de gestión, 50.*

Lamarque, E. & Dubois, P-L. (2014, 2017). Baromètre FNEGE: les attentes des entreprises en matière de recherche en management. Paris: FNEGE.

Landrivon, G. & Delahaye, F. (1995). *La recherche clinique: de l'idée à la publication.* Paris: Masson.

Moisdon, J.C. (1984). Recherche en gestion et intervention. *Revue Française de Gestion,* 47–48.

Moisdon, J.C. (2014). Note de la rédaction (à propos de l'article Savall & Fière). *Journal de Gestion et d'Économie médicales, 32 (5–6),* 353.

Neuendorf, K.A. (2002). *The content analysis guidebook.* Thousand Oaks, CA: SAGE.

Perroux, F., (1970) Les conceptualisations implicitement normatives et les limites de la modélisation en économie. *Economies et Sociétés,* revue de l'ISMEA, *IV, 12*

Perroux, F. (1979). L'entreprise, l'équilibre rénové et les «coûts cachés». Préface de l'ouvrage de H. Savall, *Reconstruire l'entreprise, analyse socio-économique des conditions de travail.* Paris: Dunod. 2° édition 2014.

Piaget, J. (1988). *L'épistémologie génétique.* Paris, PUF.

Riveline, C. (1984). Pour une ethnographie des organisations. École des Mines de Paris.

Rynes, S. (2004). Qualitative research and the Academy of Management Journal (editor's note). *Academy of Management Journal, 47*(4), 454.

Savall (1974, 1975, 1981, 2010). *Enrichir le travail humain dans les entreprises et les organisations.* Paris: Dunod. 3° édition Paris: Economica, 1989. Translated in English: *Work and people ; an economic evaluation of job enrichment.* New York, NY: Oxford University Press. 2nd edition, Charlotte, NC: Information Age, 2010.

Savall, H. (1979). *Reconstruire l'entreprise, analyse socio-économique des conditions de travail.* Dunod. Nouvelle édition: Savall, H. & Zardet, V. *Reconstruire l'entreprise: les fondements du management socio-économique.*

Savall, H., (1986a). Contrôle de qualité des informations qualitatives, quantitatives et financières extraites des acteurs au sein des organisations. In: FNEGE, ISEOR, CNRS. *Qualité des informations scientifiques en gestion, Méthodologies fondamentales en gestion.*

Savall, H. (1986b). Un regard sur la recherche en sciences de gestion en France dans les années 80. In *La recherche en sciences économiques et en gestion.* Paris: Éditions du CNRS.

Savall, H. (2003). An updated presentation of Socio-Economic Management Model. *Journal of Organizational Change Management, 16*(1), 33–48.

Savall, H., Bonnet, M., & Péron, M. (Eds.) (2004). *Crossing frontiers in qualitative and quantitative research methods.* Proceedings of the AOM-RMD/ ISEOR International Conference. Lyon, France: ISEOR.

Savall, H., Bonnet, M., Zardet, V., & Péron, M. (Eds.). (2007). *Innovative research methods to create valid and operational knowledge.* Proceedings of the AOM-RMD/ISEOR International Conference. Lyon, France: ISEOR.

Savall, H. & Fière, D. (2007, 2014). Étude comparative de méthodologies de recherche en médecine et en gestion. Cas de la recherche-intervention socio-économique d'ordre qualimétrique. *Journal de gestion et d'économie médicale, 32*(5), 354–370.

Savall, H., Zardet, V. (1987, 2016). *Maîtriser les coûts et les performances cachés, Le contrat d'activité périodiquement négociable.* Prix Harvard l'Expansion de Management

Stratégique. Economica, 6ème édition 2016. Translated in English: *Mastering Hidden Costs and Socio-Economic Performances.* Charlotte, États-Unis: Information Age, 2008.

Savall, H., Zardet, V., (1996). La dimension cognitive de la recherche-intervention: la production de connaissances par interactivité cognitive. *Revue Internationale de Systémique.*

Savall, H., Zardet, V. (2003). The contribution of dialectic synthesis to positivist and qualitative methods towards enhanced scientific quality in management research. *EURAM Congress,* Milan.

Savall, H., Zardet, V. (2004). *Recherche en sciences de gestion: approche qualimétrique, observer l'objet complexe.* Préface David Boje (États-Unis). Paris: Economica. Translated in English: *The Qualimetrics Approach; Observing the Complex Object.* Charlotte (États-Unis): Information Age, 2011.

Savall, H., & Zardet, V. (2013). How to negotiate explicit scientific consultancy contracts with companies? Advantages and constraints for both: companies & researchers. *Academy of Management Conference,* Orlando.

Savall, H., Zardet, V. & Harbi, N. (2004). Analyse transversale de diagnostics socio-économiques: Approche qualimétrique appliquée à des données qualitatives. In *Crossing frontiers in qualitative and quantitative research methods.* Proceedings of the AOM-RMD/ ISEOR International Conference. Lyon, France: ISEOR.

Schein, H.F. (1994). *Listening from the Field.* Boulder, CO, Westview Press.

Seale, C. (1999). *The Quality of Quantitative Research.* London: SAGE.

Solow, R. M. (1956). A Contribution to the Theory of Economic Growth. *The quarterly journal of economics, 70*(1), 65–94.

Thiébaut-Bertrand, A. (2010). Contribution à l'analyse de reconfiguration d'activité permettant de préserver et d'améliorer le rapport qualité des prestations/maîtrise des coûts à l'hôpital. Cas de la transfusion sanguine dans les hôpitaux publics. *Thèse de doctorat en sciences de gestion,* Université de Grenoble Joseph Fourier, 347p.

Van de Ven, A., & Johnson, P. (2006). Knowledge for Theory and Practice. *Academy of Management Review, 1*(4), 802–821.

Weick, K. (1989). Theory Construction as Disciplined Imagination. *Academy of Management Review, 14,* 551–561.

Zardet, V. & Krief, N. (2013). Analyse de données qualitative et recherche-intervention. *Recherches en sciences de gestion-Management sciences-Ciencias de gestión, 95.*

CHAPITRE 2

MÉTHODOLOGIE DE CONDUITE D'UNE RECHERCHE-INTERVENTION... JUSQU'À PUBLIER

Cas de la Recherche-intervention socio-économique

Véronique Zardet

L'objectif du chapitre est de présenter et d'analyser les spécificités de la recherche-intervention comme méthode de recherche scientifique, clairement différente des pratiques de conseil et de recherche-action (Savall, Zardet, Péron & Bonnet, 2012) puis d'examiner ses atouts et ses limites, tant pour les entreprises que pour les chercheurs. Son contenu est fondé sur l'expérience personnelle de l'auteur, pendant plus de 35 ans, de pratique de recherche-intervention au sein de l'équipe de l'ISEOR (Institut de Socio-Economie des Entreprises et des Organisations). Cette dernière

La Recherche-Intervention Dans les Entreprises et les Organisations, pages 43–60

a été créée en 1975 à Lyon, en France, pour appliquer le concept de recherche-intervention, générer des connaissances scientifiques en management et, simultanément, aider les entreprises à conduire leurs processus de changement, à améliorer leurs performances et résoudre leurs problématiques majeures (Buono & Savall, 2007, 2015). À ce jour plus de 600 chercheurs ont participé aux travaux de cette équipe, plus de 150 thèses ont été soutenues et plusieurs milliers de rapports de recherche, de communications et d'articles publiés. Cette conception de la recherche constitue une innovation, tant en France que dans le monde, dans la discipline du management. Sa reconnaissance dans l'univers académique a progressé remarquablement au cours de la dernière décennie.

Après avoir examiné les spécificités de la négociation d'un contrat de recherche-intervention avec une entreprise qui font partie intégrante de son appareil méthodologique (cf. chapitres 5 et 6), nous examinons les caractéristiques de la recherche-intervention, dénommée aussi « consultance scientifique» ; puis nous explicitons le lien entre l'activité de recherche-intervention et la publication. Nous concluons sur les exigences de la recherche-intervention, en explicitant le modèle économique d'une telle pratique, qui ouvre de nouveaux horizons, à l'heure où les budgets de recherche publique sont de plus en plus contraints.

LA NÉGOCIATION DU CONTRAT: UNE PHASE-CLÉ MÉTHODOLOGIQUE POUR LA RÉUSSITE DE LA RECHERCHE-INTERVENTION

À l'image d'un consultant, un intervenant-chercheur a différentes modalités pour entrer en contact avec une entreprise: parfois la prospection, le plus souvent la recommandation de la part de clients actuels ou anciens ou encore, dans le cas de l'ISEOR, des appels spontanés de la part d'entreprises. Après le contact initial, la négociation du contrat de recherche-intervention est un long processus qui constitue un facteur-clé de *succès* de l'intervention elle-même.

Comment définir la réussite d'une recherche-intervention ? Nous proposons de considérer qu'une recherche-intervention s'évalue selon deux critères simultanés de réussite (Savall, 1979, 1986 ; Moisdon, 1984 ; Savall & Zardet, 1996, 2004 ; Plane, 2000 ; David, 2000). Il s'agit atteindre d'une part les objectifs visés par l'entreprise en termes d'amélioration, explicités durant le processus de négociation ; d'autre part, les objectifs visés par le chercheur, consistant en première approche à transformer l'entreprise afin de produire des connaissances nouvelles. Les trois principales spécificités du processus de *négociation* d'une recherche-intervention sont: un processus d'itérations successives, une phase d'écoute des interlocuteurs de l'entreprise puis la négociation d'un cahier des charges méthodologique.

Un processus d'itérations successives

Au moins trois à quatre rencontres sont nécessaires d'abord avec l'introducteur, puis avec le décideur-payeur pour entamer un véritable dialogue qui permettra d'aboutir à un accord sur le déroulement d'une recherche-intervention, concrétisé par la rédaction et la signature d'un cahier des charges méthodologique. Le processus de négociation dure fréquemment quatre à six mois, quelle que soit la taille de l'entreprise et six à douze mois dans les organisations complexes. La qualité de la négociation est un facteur de succès de la recherche-intervention, car c'est à ce moment que le contenu et les méthodes de la recherche-intervention sont précisément définies en concertation ainsi que se trouve testée la volonté effective de changement, de la part des principaux dirigeants de l'organisation visée. *A contrario*, il arrive, certes rarement, qu'une négociation trop rapide conduise à un échec, c'est-à-dire un refus de signer de la part de l'entreprise ou à une interruption après le démarrage de la recherche-intervention.

Une phase d'écoute essentielle

Les négociations d'une recherche-intervention, telle que nous les pratiquons, démarrent par un entretien d'écoute d'une à deux heures, durant lequel l'intervenant-chercheur écoute *l'introducteur* qui a contacté préalablement l'équipe de recherches, avant toute discussion sur une offre de services, une méthode de recherche-intervention ou encore un budget. Étrangement, certains dirigeants s'expriment très ouvertement et spontanément, dès ce premier contact, fournissant des informations et des opinions aux chercheurs qu'ils n'avaient probablement jamais exprimés jusqu'alors. Ce rendez-vous d'écoute, outre le fait que les dirigeants expriment leurs problèmes à une tierce partie «inconnue», permet aussi de révéler des attentes et des défis qui deviendront plus tard les objectifs de la recherche-intervention. Fréquemment, tous les problèmes évoqués sont des défis, des objectifs stratégiques et des buts pour l'entreprise, exprimés dans le *langage naturel* de l'interlocuteur. Ainsi, le dirigeant d'une petite entreprise de construction nous expliqua, durant ce premier entretien, qu'il était dans une situation économique très précaire avec ses associés, et que l'associé président n'assumait pas pleinement ses responsabilités. L'objectif de la recherche-intervention était donc, pour lui, de consolider le rôle managérial de son encadrement et de redéfinir les rôles de ses associés dans le fonctionnement de l'entreprise.

Quinze jours environ après cet entretien d'écoute, l'intervenant-chercheur revient vers le décideur pour lui proposer un projet de recherche-intervention et produire un *effet-miroir*. Ce projet est formulé sous forme d'un triptyque de produits-objectifs, méthodes et prestations (cf. tableau 2.1). Les objectifs sont formulés en partant des problèmes exprimés par le dirigeant durant le premier entretien d'écoute, en lui fournissant le miroir de sa propre expression. Le dialogue porte sur le contenu de la recherche-intervention envisagée, sans qu'aucune indication de prix ne soit donnée à ce stade et ce, quelle que soit la pression exercée par l'interlocuteur de l'entreprise à ce sujet. En effet, il est essentiel qu'un véritable échange approfondi ait lieu sur les objectifs et le déroulement possible de la recherche-intervention, «dépollué» d'éventuelles considérations budgétaires à ce stade de la relation.

Puis un troisième, voire parfois un quatrième et un cinquième entretiens sont nécessaires pour aboutir à un accord sur une mission de recherche-intervention validée par les deux parties, adaptée aux spécificités de l'entreprise, ainsi que sur un budget. Si ce dernier est trop élevé par rapport aux exigences de l'entreprise, des itérations complémentaires permettent de redéfinir les contours de la mission voire son périmètre jusqu'à aboutir à un accord satisfaisant. C'est dire l'importance des interactions et des échanges réitérés avec différentes personnes de l'entreprise depuis l'introducteur jusqu'au *décideur-payeur*, ainsi que le temps nécessaire qu'il convient de dédier à cette phase-clé pour la réussite de la recherche.

La négociation du cahier des charges méthodologiques

La phase de négociation vise à reconstruire un projet de recherche-intervention qui permette de définir et se mettre d'accord entre l'entreprise et l'équipe d'intervenants-chercheurs, sur les objectifs de la recherche, la méthodologie conçue pour satisfaire ces objectifs et les activités ou prestations concrètes que l'équipe d'intervenants-chercheurs mettra en œuvre pendant le programme de recherche-intervention. On comprend donc que cette négociation, réalisée au moyen du processus itératif ci-dessus présenté, porte sur un cahier des charges méthodologique précis, proposé par les intervenants-chercheurs, à partir des objectifs explicités par l'entreprise et reformulés conjointement avec l'équipe d'intervenants chercheurs. L'enjeu est de se mettre d'accord, préalablement au démarrage de la recherche, sur les modalités de travail, les périmètres de l'entreprise concernée par cette recherche-intervention, les acteurs-clés qui seront interviewés et impliqués dans les différentes étapes de travail, ainsi que les modalités concrètes de retour à l'entreprise aux différentes étapes de la recherche-intervention. Les caractéristiques de la recherche-intervention sont donc établies sur mesure pour chaque entreprise ou organisation, mais néanmoins fondées sur des principes méthodologiques propres à l'équipe de recherche.

La forme matérielle utilisée pour formaliser ce cahier des charges est celle d'un triptyque qui synthétise la *production* du chercheur: *produits*-objectifs/*produits*-méthodes/*produits*-prestations (Savall & Zardet, 2004).

Le contenu de chaque recherche-intervention est donc adapté à chaque situation concrète, mais il inclut toujours des éléments scientifiquement «non négociables» qu'il convient d'expliciter précisément et de justifier auprès des partenaires futurs de la recherche-intervention. En cas de refus, la négociation est stoppée. Cela constitue une différence fondamentale entre la recherche-intervention et le conseil professionnel classique, dans lequel usuellement le consultant s'adapte aux demandes et aux attentes du client afin que lui soit confiée la mission ainsi que les honoraires associés.

Prenons l'exemple d'une négociation interrompue du fait de l'impossibilité de se mettre d'accord sur des éléments méthodologiques scientifiquement non négociables. Une entreprise industrielle d'environ 300 salariés, filiale d'un grand groupe international, avait contacté l'ISEOR, après avoir implanté une approche de *lean management*. Le siège du groupe exigeait de la filiale qu'elle accroisse sa productivité et réduise les accidents

TABLEAU 2.1 Exemple simplifié de triptyque synthétisant la *production prévisionnelle* de l'intervenant-chercheur [*produits*-objectifs/*produits*-méthodes/*produits*-prestations (outil POMP)]

Produits–Objectifs	Produits–Méthodes	Produits–Prestations
Objectifs de l'entreprise	Méthodes déployées par les intervenants-chercheurs	Actes et opérations réalisées par l'équipe d'intervenants-chercheurs
A—Redresser la situation économique de l'entreprise	• Diagnostic socio-économique global: dysfonctionnements et coûts cachés	• Conduite d'entretiens avec l'équipe dirigeante, l'encadrement et 30 % du personnel • Traitement des entretiens • Présentation de l'effet miroir du diagnostic • Collecte des données quantifiées • Calcul coûts cachés
B—Accroître la cohésion des associés	• Groupe de projet d'innovation	• Animation méthodologique de 5 séances de projet conduites par le chef de projet et intégrant des encadrants des différents départements et services

du travail. Durant le premier entretien d'écoute de 90 minutes, le dirigeant passa en revue l'organisation du site industriel et son projet stratégique pour les deux prochaines années. Quelques jours plus tard, il nous recontacta pour nous expliquer qu'il ne voulait pas impliquer le secteur de la production, dont il considérait qu'il avait déjà été perturbé par de fréquents changements ces dernières années, et qu'il voulait donc limiter la recherche-intervention aux services supports. Après discussion avec le dirigeant, notre équipe de recherche décida de ne pas donner suite au projet, considérant que les objectifs d'amélioration de la productivité et des accidents du travail ne pouvaient être atteints sans une intervention socio-économique dans le secteur de la production.

Le cahier des charges signé a certes une portée contractuelle et juridique, mais c'est aussi un *outil méthodologique* dans la conduite de la recherche-intervention. Ainsi, il est régulièrement passé en revue et évalué dans les réunions du comité de pilotage de la recherche-intervention conjoint avec l'entreprise. Il peut donner lieu à des adaptations négociées et constitue ainsi un vrai outil de travail et un *référentiel* visant à prévenir des dérives.

Une relation commerciale

Un contrat de recherche-intervention est aussi une relation commerciale, d'autant plus lorsque les prestations fournies font l'objet d'une facturation. Contrairement aux idées couramment répandues, l'équipe de recherches n'est pas affaiblie, bien au contraire, par cette relation contractuelle commerciale. En effet, en s'assurant que les clauses financières du contrat sont respectées, l'équipe d'intervenants-chercheurs établit une relation de *partenariat équilibré* avec l'entreprise. Pour garantir l'indépendance des chercheurs, l'activité de recherche-intervention telle que pratiquée par l'ISEOR démarre dès lors que l'acompte initialement prévu au budget convenu a été payé. Le paiement régulier effectif des factures par l'entreprise cliente est un gage de son *implication* et de son *respect* du travail de l'équipe de recherche-intervention. En cas éventuel de non-paiement, cette question est explicitement discutée dans un entretien avec le dirigeant. Si l'entreprise rencontre des problèmes financiers, un nouvel échéancier de paiement peut être négocié. Par contre s'il apparaît que l'entreprise n'a pas l'intention d'honorer ses engagements, la recherche-intervention est suspendue. Le retard ou l'interruption de paiement s'avère un véritable indicateur d'une relation de partenariat scientifique dégradée.

La question de la négociation financière d'une recherche-intervention est toujours sensible dans l'univers académique. En effet, si l'on peut considérer que dans certaines situations une recherche-intervention peut se dérouler sans contrepartie financière, on doit néanmoins se poser la question de: Qui donc rémunère les intervenants-chercheurs ? Par ailleurs, un travail de recherche-intervention qui a de la valeur aux yeux de l'entreprise doit légitimement être financé par celle-ci, au lieu de considérer comme le font parfois certaines entreprises ou organisations, que le travail des chercheurs, contrairement à celui des consultants, serait « naturellement» gratuit ! La situation de gratuité aboutit aussi parfois à limiter l'engagement de l'entreprise, par exemple en repoussant fréquemment ou en annulant des séances de travail. Ne dit-on pas que *ce qui est gratuit n'a pas de valeur* ? Comment faire pour négocier dans des situations quelquefois complexes une certaine forme de contrepartie financée par l'entreprise ? C'est la question qui intéresse tous les chercheurs désireux de pratiquer la recherche-intervention. Par ailleurs, cette dernière constitue une modalité pour apporter des ressources à des équipes de recherche publiques ou privées et, en particulier, à rémunérer les intervenants-chercheurs. En cela, elles constituent une alternative ou un complément au financement public, sous l'appellation commune de recherche contractuelle, en opposition à l'idée couramment répandue que la recherche devrait être gratuite pour les entreprises, puisqu'elle est financée par l'impôt !

La conduite d'une mission de recherche-intervention: un travail en équipe

La recherche-intervention est une méthodologie de recherche *in vivo* qui propose de produire des connaissances en transformant l'objet étudié (Savall & Zardet, 2004, 2011). On peut ici faire une analogie avec les méthodes de recherche clinique en médecine (Savall & Fière, 2007, 2014), où les chercheurs en médecine soignent les patients et, en observant les effets des protocoles thérapeutiques déployés, formulent des conclusions puis publient leurs résultats dans des revues scientifiques (cf. chapitre 1). Les chercheurs en médecine conduisent *simultanément* des processus de diagnostic-prescription-évaluation en apportant des soins à leurs patients et des activités de recherche qui ont pour objectif de produire des résultats réplicables sur d'autres patients (Kwesiga & Pattie, 2006).

Une recherche longitudinale de moyenne, longue et très longue durées

La recherche-intervention est une méthode de recherche *longitudinale,* qui observe et analyse une entreprise ou une organisation sur une plus ou moins longue période. Ainsi nos recherches-interventions durent entre un an et trois décennies, dans le cas de partenariat scientifique de long terme

(Savall & Zardet, 1995, 2005, 2017). Les missions de recherche-intervention longitudinale comportent des actions de conduite et d'accompagnement de changements profonds au sein des entreprises et des organisations. Elles poursuivent deux objectifs simultanés, ce qui constitue un véritable défi: aider l'entreprise à atteindre ses objectifs d'amélioration ou de transformation, en générant une dynamique interne (Coghlan & Brannick, 2005) et produire des connaissances nouvelles qui permettent d'induire de nouvelles hypothèses descriptives, explicatives et prescriptives (Savall, 1979 ; Savall & Zardet, 1996, 2004). La difficulté dans l'activité de recherche-intervention est de maintenir les deux objectifs au même niveau, c'est-à-dire de s'assurer que le temps consacré à la recherche pour l'acquisition de connaissances n'est pas séparé du temps consacré à s'occuper du patient. D'un point de vue concret et cognitif, les deux activités sont simultanées: une meilleure connaissance et compréhension permet d'aider les acteurs à mieux définir et à appliquer des protocoles de soins adaptés. Néanmoins les représentations du temps sont parfois différentes, l'entreprise étant demandeuse de résultats à court terme, alors même que le chercheur est davantage enclin à raisonner et à agir dans un horizon de moyen terme, pour ses activités de publication, c'est-à-dire de formalisation et d'écriture de résultats qui émergent, tout au long du processus de recherche-intervention, en interaction avec les acteurs de l'entreprise.

Conduire et animer une équipe

Contrairement aux consultants qui souvent interviennent seuls, les missions de recherches-interventions sont souvent réalisées par des équipes. Plusieurs arguments militent en faveur d'une telle organisation du travail de recherche:

- la recherche-intervention nécessite un *apprentissage* de la part des jeunes chercheurs. Une équipe de recherche-intervention est donc constituée de membres de différents niveaux de compétences et d'expériences, qui travaillent ensemble tout en se répartissant les différentes prestations. Ainsi les plus expérimentés interviendront *par exemple* à hauteur de 10 % dans un programme de recherche-intervention, les plus jeunes 60 % et les chercheurs confirmés 30 %. L'apprentissage se fait par des travaux en équipe sur le terrain, puis par un décryptage et une analyse faits en commun des situations vécues sur le terrain d'observation scientifique.
- Le travail en équipe permet de conduire la recherche-intervention à un rythme plus rapide, les entreprises étant souvent demandeuses de résultats à court terme. Ainsi plusieurs chercheurs peuvent

intervenir simultanément dans la même entreprise, dans différents départements ou services, ce qui permet de réduire les phases initiales de diagnostic pour intensifier ensuite l'action de changement et son observation dans la phase de projet (Savall & Zardet, 1987, 2015).

- Le travail en équipe facilite les comparaisons et les rapprochements de points de vue, de regards, d'interprétation et d'analyse, extrêmement utiles dès lors que les chercheurs, plongés au cœur de l'entreprise, risquent de perdre la distance cognitive et affective pourtant nécessaire pour interpréter et décoder les discours et les pratiques des acteurs de l'entreprise (Boje & Rosile, 2003). Des réunions hebdomadaires de l'équipe de recherche-intervention, travaillant dans une même entreprise, favorisent la «décontamination», par un travail de confrontation des informations et des points de vue avec les autres membres de l'équipe, afin d'améliorer le décodage des situations observées. *L'interactivité cognitive* et *l'intersubjectivité contradictoire* sont ainsi convoquées et actionnées (cf chapitre 1), comme principes épistémologiques facilitant la prise de distance en lieu et place de *l'illusoire objectivité* du chercheur (Savall & Zardet, 1996, 2011 ; Voyant, 2005 ; Krief, 2005). L'alternance entre le travail en entreprise et le retour en laboratoire représente aussi une modalité essentielle de travail de la recherche-intervention, qui permet de faciliter cette prise de distance et cette confrontation avec des tiers.

Générer des connaissances

L'une des conditions de qualité de la recherche longitudinale est la traçabilité des résultats. En effet, pour générer des connaissances qui puissent être publiées plus tard, la recherche-intervention suppose des protocoles rigoureux et homogènes communs aux différents chercheurs, concernant par exemple la qualité et l'exhaustivité de la *prise de notes* durant les nombreuses séances de travail dans l'entreprise, les méthodes de production de documents destinés à l'entreprise ou encore la collecte de documents produits par l'entreprise elle-même.

Le travail en équipe des chercheurs implique de prendre grand soin de la collecte des informations et de leur archivage, de façon structurée et accessible à tous les membres de l'équipe. En outre si la recherche est cumulative, en poursuivant l'exemple des chercheurs en médecine qui doivent accumuler un grand nombre d'observations sur différents patients, avant d'être capables de confirmer la validation de nouvelles connaissances, il convient de développer des méthodes de travail communes à différents programmes de recherche intervention. Par exemple, l'équipe de l'ISEOR a stabilisé une méthodologie réplicable dans les années 1980, pour réaliser des diagnostics socio-économiques d'entreprises et organisations (Savall, 1978, 1979 ; Savall & Zardet, 1987, 2014, 2015). Ainsi, aujourd'hui, la base de données de l'ISEOR contient plus de 1900 diagnostics d'entreprises et d'organisations produits selon une méthodologie commune. Commençant par des entretiens semi-directifs conduits à l'aide d'un guide d'entretien commun, cette méthode consiste à extraire des phrases-témoins (verbatim), à les classer dans une nomenclature de thèmes et de sous-thèmes, puis à formuler des idées-clés génériques illustrées par ces phrases-témoins. Les idées-clés, classées en thèmes et sous thèmes, sont capitalisées dans un logiciel système expert construit selon une méthodologie cumulative depuis 1988. Cette méthode de travail permet des analyses *a posteriori* transversales, thématiques ou encore sectorielles, grâce aux matériaux obtenus selon des protocoles homogènes. Ainsi, nous avons récemment publié un article sur l'apparition du virus TFW (Taylor-Fayol-Weber) dans des établissements médico-sociaux, basé sur une exploitation transversale de 36 diagnostics ayant mobilisé 862 acteurs dans 36 organisations, réalisés par différents chercheurs de l'équipe durant plusieurs années. (Savall & Zardet , 2015).

Introduire et conduire le changement, en collaboration chercheurs-acteurs

Par définition, une recherche-intervention à l'intérieur d'une entreprise est un ensemble d'activités visant à aider l'entreprise à introduire puis à consolider des *changements*, par des méthodes de production. Ces activités requièrent des compétences significativement différentes de celle des *chercheurs-auteurs*. En effet ils doivent déployer une énergie de changement (Lacey & Tompkins, 2007), traduire et convertir des concepts en actions et pour réussir ceci, développer une relation de *confiance exigeante* avec les différents acteurs de l'entreprise, depuis le dirigeant jusqu'à l'employé le plus modeste.

Les chercheurs plongés au sein de l'organisation doivent, pour cette raison, adapter leur langage, s'exprimer simplement, en partenaires respectueux des personnes avec lesquelles ils parlent et travaillent. Cela exige une habileté pédagogique, une posture de modestie et un respect mutuel, dénué de toute forme de mépris de la part des chercheurs ou des acteurs de l'organisation. Il s'agit ainsi de construire une relation d'égal à égal qui ne soit pas, pour autant, dénuée d'exigence. En effet, la connaissance et l'intelligence sont partagées, l'objectif est donc de *coproduire*, en évitant les postures du *chercheur condescendant* qui sait tout... aussi bien que du *décideur hautain* qui paie!

En effet, les acteurs de l'entreprise exercent leur exigence dans la réalisation du cahier des charges et du contrat de la recherche-intervention, en contrepartie de quoi l'entreprise rémunère l'équipe de recherche. L'introduction du changement exige aussi de la fermeté de la part des chercheurs pour faire respecter et si nécessaire adapter ensemble l'initial *cahier des charges* méthodologique *co-construit.* Il s'agit, durant le déroulement de la recherche-intervention, de réexpliquer régulièrement les principes méthodologiques convenus à la Direction générale, tels que les règles de composition d'un groupe de projet ou la méthodologie d'interview utilisée dans les diagnostics socio-économiques, afin de limiter d'inopportunes pseudo-innovations méthodologiques qui pourraient avoir un impact négatif sur la qualité et la traçabilité de la recherche-intervention.

De la recherche-intervention à la publication

Dans l'univers académique, les chercheurs acquièrent une visibilité et une notoriété à travers leurs publications. Ainsi le défi est de réussir à alterner des travaux de recherche- intervention sur le terrain et d'écriture des résultats de la recherche à publier. Le passage de l'un à l'autre n'est pas aisé, pour plusieurs raisons. Tout d'abord les rythmes et la durée d'une mission de recherche-intervention sont très différents de ceux d'une publication. Ensuite, les chercheurs doivent identifier des problématiques pouvant faire l'objet de publications. Enfin, l'entreprise ou l'organisation, champ de la recherche-intervention, doit être impliquée et autoriser la publication des résultats la concernant.

La gestion des rythmes de la recherche-intervention et de la publication

Une recherche-intervention consomme beaucoup de temps et d'énergie humaine durant de nombreux mois, voire des années. Les publications, quant à elles, exigent des délais qui doivent être respectés, en particulier dans le cas de communications dans des congrès. Pour ces raisons, la publication des résultats d'une recherche-intervention requière une planification et une programmation rigoureuse du temps spécifiquement dédié à l'écriture, en particulier s'il s'agit d'articles co-écrits par deux chercheurs, comme c'est souvent le cas.

Identifier des problématiques et écrire en équipe

Le grand intérêt des recherches-interventions pour l'activité de publication provient de la multitude de problématiques qui émergent d'une même recherche-intervention dans une entreprise. C'est ainsi qu'une recherche-intervention de quelques mois ou quelques années permet d'écrire des publications originales multiples sur différentes thématiques, tant méthodologiques que managériales. Nobre (2006) a bien mis en évidence ce phénomène en montrant que les problèmes exprimés au début d'une recherche-intervention ne sont que la face visible d'un iceberg. Après plusieurs mois de travail dans une entreprise, une grande variété de nouveaux problèmes émerge, qui permettra de conduire à des analyses et interprétations fondées sur de multiples observations longitudinales. L'une des difficultés consiste à extraire des problèmes génériques à partir des cas spécifiques. Cela peut être surmonté par une méthode consistant à analyser le contenu de matériaux résultant d'une recherche-intervention et à le comparer avec les résultats déjà existants dans la littérature. Un ensemble de cas de recherches-interventions dans une base de connaissance constitue une ressource inépuisable pour valider des résultats à partir d'un cas unique, en le comparant avec un grand échantillon.

Les membres d'une équipe de recherche-intervention peuvent ainsi produire des publications transversales, des analyses qualitatives ou quantitatives et des monographies relatant des cas, avec une grande valeur ajoutée personnelle. Toutefois l'une des conditions essentielles est de définir des *règles éthiques* pour l'utilisation concertée des matériaux de la recherche-intervention. Il s'agit, en effet d'éviter, que certains chercheurs consacrent leur énergie à conduire les recherches-interventions, pendant que d'autres, plus «confortablement», écriraient des publications basées sur les matériaux, créés et accumulés par les premiers. Des règles d'équité doivent ainsi être élaborées, telles que le fait qu'un chercheur ne peut accéder aux matériaux d'une recherche-intervention si ceux-ci n'ont pas été insérés dans une *base de connaissance collective*. Le principe est celui d'une contribution préalable de chacun à l'alimentation de la base de connaissance collective, avant de prétendre publier des résultats utilisant des matériaux disponibles dans cette base. Le temps, l'effort, la fatigue et l'investissement personnel dans une recherche-intervention sont ainsi doublement récompensés. En plus d'être rémunéré pour leurs activités de recherche-intervention, les chercheurs peuvent accéder aux matériaux produits par l'équipe de recherches pour produire une thèse, une communication, un article ou un livre, ce qui constitue un avantage significatif dans le monde académique.

Obtenir l'autorisation du client de publier

Contrairement aux consultants qui ont une relation singulière et a priori confidentielle avec leurs clients, l'intervenant-chercheur adopte une posture mixte de *consultant/auteur*, ce qui est clairement explicité dès la phase de négociation de la recherche-intervention. De ce fait l'entreprise sait que les intervenants-chercheurs publieront des résultats basés en particulier sur son propre cas. Différentes manières de publier sont alors possibles. La plus sûre et respectueuse de l'entreprise consiste pour les chercheurs à utiliser *de façon anonyme* les résultats pour des publications, sans mentionner le nom de l'entreprise. Cette garantie d'anonymat que nous pratiquons systématiquement dans notre équipe, facilite l'extraction par le chercheur d'informations plus authentiques, ce qui accroît la *qualité des informations à usage scientifique* tant pour la conduite de la recherche-intervention que pour la publication (Savall, 1986). Des dispositifs complémentaires permettent une certaine forme de contrôle de qualité par l'entreprise de la pertinence et l'actualité des résultats publiés. Par exemple dans les jurys de thèses de doctorat dirigées et préparées dans l'équipe de l'ISEOR depuis 40 ans, un dirigeant ou cadre d'entreprise, témoin de la recherche, est systématiquement invité à faire partie du jury et à prendre part aux délibérations qui valideront la thèse doctorale.

Faire publier le client lui-même

La publication de résultats non anonymes est néanmoins possible lorsque la direction de l'entreprise accepte de présenter les résultats de la recherche-intervention dans des événements publics, tels que des congrès professionnels ou mixtes, académiques et professionnels. Les présentations orales des résultats par le dirigeant ou le cadre d'entreprise peuvent être retranscrites et ensuite soumises à leurs auteurs pour validation avant de les publier. Elles constituent ainsi une source publique non anonyme de résultats qui peut, par conséquent, être utilisée à la fois par les chercheurs et par l'entreprise.

Discussion: quelle différence entre le conseil et la recherche-intervention?

La méthodologie de recherche-intervention peut aussi prendre le nom de *consultance scientifique.* En cela, elle s'oppose à l'idée généralement admise selon laquelle le conseil *suivrait* la recherche, de la même façon que nombreux sont ceux qui pensent que la recherche appliquée *suit* la recherche fondamentale. La pratique de la consultance scientifique est une invitation à explorer continuellement de nouveaux secteurs, de nouvelles activités, de nouveaux statuts, de nouveaux contextes, pays ou problématiques considérés scientifiquement pertinents et crédibles, afin de produire des connaissances scientifiques innovantes.

La différence du point de vue de l'entreprise

Une entreprise ou une organisation peut légitimement se demander: quelle est la différence entre un contrat conclu avec un consultant et un intervenant-chercheur ?

Dans la communauté académique, comme dans le monde des affaires, les consultants sont couramment considérés comme des fournisseurs de services qui doivent «obéir» à leurs clients. Or, l'un des défis pour une équipe de recherche-intervention qui intervient dans une entreprise ou une organisation, est de transformer la traditionnelle relation client/fournisseur en un *partenariat équilibré.* L'équipe de recherche-intervention devient alors un réel partenaire et la transparence s'accroît entre les deux parties impliquées. Parfois, l'entreprise sollicite l'avis et même le conseil de l'équipe de recherche-intervention, sur base de son expertise scientifique, avant de prendre des décisions dans les domaines de la recherche-intervention. La transparence partagée signifie aussi que l'entreprise transmet, en confiance, à l'équipe de recherche-intervention des documents internes *authentiques à caractère stratégique, contribuant ainsi à accroître la qualité du travail scientifique.*

La différence, du point de vue des intervenants chercheurs

La consultance scientifique permet de répondre à différents thèmes utiles pour les entreprises ou les organisations. En ce sens, c'est une recherche socialement utile et explicitement engagée. L'un des critères d'évaluation est donc la satisfaction, appréciée et évaluée en observant, scientifiquement, comment les entreprises et les organisations réussissent à améliorer leurs pratiques et leurs performances socio-économiques, en appliquant de nouvelles connaissances résultant de la recherche-intervention. L'une des principales difficultés consiste, pour les intervenants-chercheurs, à *passer* régulièrement *d'un univers à l'autre,* D'un côté l'univers académique peuplé de théories, de l'autre l'univers des entreprises et des organisations peuplé de pratiques observables. Cela signifie aussi passer d'un *langage* à l'autre. En effet le langage abstrait, qui domine l'univers académique, n'est ni bien compris ni adopté par les entreprises et les organisations. De même, symétriquement, le langage concret et imagé est déprécié dans l'univers académique, en particulier dans les publications, probablement davantage en Europe qu'en Amérique. Les chercheurs qui présentent des cas de recherche-intervention sont souvent suspectés d'être des consultants, ce qui tend à les exclure de la communauté académique et à entacher leur réputation et leur carrière académique. L'habileté et l'alternance langagières constituent ainsi une compétence-clé pour qui souhaite développer conjointement des activités de recherche-intervention et de publications.

Dans quel modèle économique peut-on pratiquer la méthodologie de la recherche-intervention?

Il est tout à fait possible de pratiquer des recherches-interventions sans rémunération des chercheurs ou de leur équipe, par exemple dans le cadre d'une recherche doctorale, parfois rémunérée par ailleurs. Toutefois, au-delà de ces situations, la rémunération par l'entreprise d'un contrat de recherche-intervention présente plusieurs avantages. Tout d'abord, cela accroît le degré d'exigence de la part de l'entreprise et constitue donc un stimulant pour les chercheurs, afin qu'ils intègrent effectivement dans leur travail les objectifs de transformation visés par l'entreprise. D'autre part l'avantage pour les chercheurs est double. L'entreprise ou l'organisation qui finance une recherche-intervention a un degré d'engagement significativement plus élevé que dans une recherche «gratuite», où l'entreprise peut considérer qu'elle «rend service» aux chercheurs en leur *entrouvrant* ses portes, et que c'est cela sa principale contribution. Or une recherche *transformative* nécessite un haut degré d'implication des acteurs de l'entreprise, depuis les dirigeants et cadres supérieurs jusqu'aux emplois les plus modestes.

Le second avantage provient de la possibilité pour une équipe de recherche d'obtenir une source de financement, qui relève de ce qu'il est convenu d'appeler la *recherche contractuelle.* Cette dernière est beaucoup plus développée aujourd'hui dans les sciences physiques, de la vie et de la nature que dans les sciences sociales. Ces financements permettent de rémunérer des chercheurs, des techniciens, des équipes administratives et de développer des activités non solvables telles que les publications ou la participation à des congrès. Le tableau 2.2 fournit une illustration de la répartition évaluée en temps passés dans ces différentes activités. Les deux premières activités représentent environ 30 % du temps, ce sont celles qui génèrent des ressources émanant d'entreprises, d'organisations ou d'institutions. Elles permettent de financer l'ensemble des autres activités qui ne génèrent pas de ressources propres. C'est donc une nouvelle forme de modèle économique de centre de recherche, qui permet une *autonomie scientifique et financière,* condition nécessaire à l'innovation, dans des contextes nationaux et internationaux où les financements publics de la recherche sont en décroissance. À titre d'illustration, le centre de recherches ISEOR, association loi 1901, a permis en l'espace de 42 ans de générer des ressources budgétaires de 80 millions d'euros, de former et d'encadrer plusieurs centaines de doctorants et de jeunes chercheurs docteurs, d'écrire des centaines de

TABLEAU 2.2 Répartition du temps de l'équipe de recherche dans les différentes activités (exemple de l'ISEOR)

Familles d'activités	Temps (jours)	% de temps
Recherches-interventions	1 280	22%
Formations	400	7%
Négociation de contrats	460	8%
Publications	940	16%
Management de l'équipe de recherche	1 160	20%
Missions internes: préparation d'actes de colloques et édition	1 100	19%
Recherche et développement	460	8%
Total	5 800	100%

publications nationales et internationales, sans dépendre de subventions publiques ou privées.

Cette activité s'est développée en partenariat avec de très nombreuses entreprises et organisations de différents pays du monde, ainsi qu'avec l'Université. En effet certains membres de l'équipe sont enseignants-chercheurs titulaires à l'université, d'autres préparent leur thèse de doctorat en étant salariés pendant 3 ans, d'autres enfin sont des personnels administratifs et techniques qui développent leur carrière dans une organisation privée à but non lucratif depuis de nombreuses années. Une convention de partenariat entre le centre de recherche, l'IAE Lyon et l'Université Jean Moulin reconnaît l'originalité du modèle de fonctionnement de l'ISEOR et les apports réciproques des différents partenaires en termes de moyens logistiques et de promotion mutuelle.

CONCLUSION

La recherche-intervention est une modalité pour observer scientifiquement les pratiques réelles des entreprises et des organisations, tout autant qu'une méthodologie rigoureuse très utiles pour le développement des sciences de gestion. Bien souvent par ignorance, elle est assimilée à du conseil, du fait qu'elle vise à améliorer des pratiques professionnelles et qu'elle permet d'obtenir des ressources financières. Les principaux facteurs discriminants entre la recherche-intervention et le conseil sont les suivants: la rigueur scientifique et la progressivité du processus de négociation, la négociation, sur un pied d'égalité, du cahier des charges méthodologique signé et rigoureusement respecté, un travail en équipe utilisant des méthodologies «tracées», ce qui en fait une recherche cumulative et permet, finalement, des publications systématiques, tant au niveau doctoral que postdoctoral.

Une équipe de recherche-intervention fonctionne comme une entreprise, dans le sens où ses activités lui fournissent un financement, qu'elle obtient à travers des processus de négociation de nouvelles ressources. Celles-ci permettent de couvrir la rémunération des équipes techniques, administratives, doctorales et post-doctorales, et de financer les activités de recherche et développement ainsi que des publications originales.

Gageons que les prochaines décennies favoriseront un décloisonnement des activités de recherche et de conseil, au profit du développement de recherches-interventions utiles aux entreprises et génératrices de nouvelles connaissances issues de véritables problématiques de terrain. Cela atténuera la différence, factice, entre d'une part, les sciences de la vie et de la nature et, d'autre part, les sciences humaines et sociales. (Savall & Fière, 2007, 2014).

BIBLIOGRAPHIE

Boje, D., & Rosile, G. A. (2003). Comparison of socio-economic and other trans-organizational developements methods. (Emerald, Éd.) *Journal of Organizational Change Management, 16* (1), 10–20.

Buono, A. F., & Savall, H. (Ed.) (2007). *Socio-economic intervention in organizations.* Charlotte: Information Age.

Buono, A. F., & Savall, H. (Ed) (2015). *The Socio-Economic Approach to Management revisited. The Evolving Nature of SEAM in the 21st Century.* Charlotte, NC: Information Age.

Coghlan, D., & Brannick, T. (2005). *Doing action research in your own organization* (éd. 2e edition). (SAGE, Éd.) London.

David, A. (2000). La recherche-intervention, cadre général pour la recherche en management? In A. David, A. Hatchuel, & R. (Eds), *Les nouvelles fondations des sciences de gestion. Eléments d'épistémologie pour les sciences du management.* Paris: Vuibert.

Krief, N. (2005). Le rôle du chercheur en sciences de gestion: éléments pour une «intersubjectivité contradictoire».*23ème Université d'Été de l'Audit Social.* Lille. 12–22

Kwesiga, E., & Pattie, M. (2006). Is management science built on a shaky foundation? The case of intersubjectivitive certifiability. *Revue Sciences de Gestion-Management sciences-Ciencias de gestión,* 33–68.

Lacey, M., & Tompkins, T. (2007). Analysis of best practices of internal consulting. *Organization Development Journal, 25*(3), 123–131.

Moisdon, J.-C. (1984). Recherche en gestion et intervention. *Revue Française de Gestion,* 33–45.

Nobre, T. (2006). Pour une lecture en hypertexte des organisations par la recherche-action: le cas du changement à l'hôpital. *Finance Controle Stratégie, 9*(4), 143–168.

Plane, J.-M. (2000). *Méthodes de recherche-intervention en management.* Paris: L'Harmattan.

Savall, H. (1974–1975). *Enrichir le travail humain: l'évaluation économique,* Paris Dunod; translated in English «Work and People, an economic evaluation of job enrichment. Préface de Ansoff; H.I.; 1st ed. New York, NY: Oxford University Press (1981); 2nd ed. Charlotte, NC: Information Age (2010).

Savall, H. (1978). À la recherche des coûts et performances cachés de l'entreprise: pour un diagnostic socio-économique de l'entreprise, *Revue française de gestion,* n°18,

Savall, H. (1979). *Reconstruire l'entreprise: analyse socio-économique des conditions de travail.* Préface de François Perroux. Paris: Dunod. Nouvelle édition, remaniée Savall, H. & Zardet, V. (2014) *Reconstruire l'entreprise. Les fondements du management socio-économique.*

Savall, H. (1986). Contrôle de qualité des informations qualitatives, quantitatives et financières extraites des acteurs au sein des organisations. In Savall, H. (coord.) *Qualité des informations scientifiques en gestion. Méthodologies qualitatives en gestion.* Lyon: FNEGE-ISEOR-CNRS

Savall, H. & Zardet, V. (1996). La dimension cognitive de la recherche-intervention: la production de connaissances par interactivité cognitive. *Revue internationale de systémique,* 10(1–2), 157–189.

Savall, H. & Fière, D. (2007, 2014). Étude comparative de méthodologies de recherche en médecine et en gestion. Cas de la recherche-intervention socio-économique d'ordre qualimétrique. *Journal de gestion et d'économie médicales, 32*(5), 354–370.

Savall, H. & Zardet, V. (1987). *Maîtriser les Coûts et les Performances Cachés.* Paris: Economica; 6° édition, 2015.

Savall, H. & Zardet, V. (1995, 2005). *Ingénierie stratégique du roseau.* Paris: Economica.

Savall, H. & Zardet, V. (2004). *Recherche en Sciences de Gestion: Approche qualimétrique, Observer l'objet complexe.* Préface de Boje, D. Paris: Economica. Translated in English: *The qualimetrics approach: Observing the complex object.* Charlotte, NC: Information Age (2011).

Savall H. & Zardet V. (2015), Un obstacle à la modernisation des services publics: le virus TFW (taylorisme-fayolisme-weberisme). Cas d'application. *Colloque AIRMAP,* Lyon, France.

Savall, H., Zardet, V., Péron, M., & Bonnet, M. (2012). Possible contributions of qualimetrics intervention-research methodology to action research. *International Journal of Action Research, 29,* 102–130.

Voyant, O. (2005). La production de connaissances d'intention scientifique: le principe de contingence générique appliqué à l'audit social. *23ème Université d'Audit Social.* Lille, France. 212–222.

CHAPITRE 3

DE LA RECHERCHE-INTERVENTION À LA PRODUCTION DE CONNAISSANCES

Bilan d'expérimentations

Jean-Michel Plane

Cela a débuté comme ça mon expérience de la recherche-intervention... Au sein d'un département de production informatique d'une grande compagnie d'assurances, situé au treizième étage d'une tour de La Défense, nos recherches en sciences de gestion ont commencé. Cette immersion de cinq mois en entreprise a constitué le point de départ de recherches interactives en gestion. Ce travail, fondé sur une approche expérimentale, a donné lieu à plusieurs discussions (colloques, congrès) ainsi qu'à une première publication. Le sujet fut alors consacré à l'analyse des problèmes de management liés à une restructuration du département de production informatique de l'entreprise représentant environ cent cinquante personnes. Cette

La Recherche-Intervention Dans les Entreprises et les Organisations, pages 61–87

première recherche-intervention en entreprise a donné lieu à d'autres investigations approfondies ainsi qu'à des expérimentations sur une longue durée conduisant à un essai de théorisation, puis à la soutenance d'une thèse de doctorat à l'université Lumière-Lyon 2, au sein de l'équipe de recherche ISEOR (Institut de Socio-Economie des Entreprises et des Oragnisations) (Plane, 1994). Recruté comme professeur des universités, nous avons poursuivi ce type de recherche dans les entreprises et les organisations en tant que chercheur-consultant dans des contextes assez variés. Les orientations de recherche initiales ont été conservées bien que nous ayons veillé à élargir les méthodologies opératoires utilisées en particulier concernant des recherches réalisées dans le cadre d'appels d'offres émanant d'institutions publiques (Plane, 2016).

A partir de la relecture que nous faisons de ces recherches, un élément fédérateur se dégage: l'analyse des interactions entre une démarche de conduite du changement de type recherche-intervention et le développement de l'organisation. Ces recherches visent à analyser les processus de développement du potentiel humain des organisations. Dans cette perspective, nous nous sommes intéressés d'abord aux stratégies d'intervention du chercheur en gestion s'appuyant principalement sur le potentiel humain considéré ainsi comme le premier levier de développement possible. L'importance du développement organisationnel à partir de l'activation du potentiel humain nous est apparue lorsque l'on a montré que les difficultés de restructuration d'un grand groupe d'assurances pouvaient être fortement atténuées à partir d'une stratégie de développement humain. Finalement, nous avançons la thèse selon laquelle le processus de recherche-intervention, fondé sur une interactivité productrice de connaissances, stimule les capacités introspectives et conceptives des acteurs, contribuant ainsi au développement de l'organisation. Ces travaux nous ont ainsi conduit à réfléchir à la question de la production de connaissances en sciences de gestion à partir de cette démarche ce qui nous a amenés à élaborer progressivement un certain nombre de contributions méthodologiques et épistémologiques. Pour traiter de la mesure des contributions par l'analyse des résultats de la recherche et expliciter notre projet de connaissances, nous avons choisi dès cette introduction d'articuler notre positionnement épistémologique et méthodologique autour de deux axes de réflexion.

LA QUESTION DU POSITIONNEMENT ÉPISTÉMOLOGIQUE ET DES CHOIX MÉTHODOLOGIQUES ASSOCIÉS

Le positionnement adopté est celui du constructivisme[1] dans la mesure où l'on sait que l'intervention modifie le comportement des acteurs et transforme ainsi la réalité (cf. Chapitre 1). Dans cette optique, il convient de ne pas occulter la question de la scientificité de notre approche de la recherche. En ce sens, nos travaux s'inscrivent dans une logique à travers laquelle la production de connaissances ainsi que les conditions de validité et de validation ne peuvent être dissociées. Cependant, nous ne nous inscrivons pas dans une démarche qui relèverait d'un constructivisme radical par trop relativiste, consistant à dénier toute réalité aux phénomènes sociaux. Nous pensons plutôt qu'il s'agit plus d'une attitude ouverte de recherche qui vise à donner du sens à la réalité et qui *«s'efforce d'inscrire l'intelligibilité du modèle dans les faits, c'est-à-dire dans les comportements sociaux,»* qui *«se veut une analyse immanente du réel»* (De Bruyne et al., 1974, p. 143) et que l'on peut découvrir «entre les phénomènes sociaux quelques relations légitimes et relativement stables» (Huberman & Miles, 1991, p. 31). Le chercheur s'intéresse à l'ensemble des savoirs disponibles et à l'émergence des modes de connaissances nécessaires à la modélisation de ces savoirs. Dans une recherche constructiviste, la production de connaissances et leur validation s'inscrivent dans la même logique d'explicitation du protocole d'analyse et il est finalement capital de considérer que l'observateur fait partie intégrante de l'observation (Lévi-Strauss, 1950). Si comme on l'a déjà souligné le constructivisme doit être envisagé comme une attitude ouverte de recherche plutôt que comme un paradigme définitif, force est de reconnaître qu'il semble exister un dénominateur commun. En effet, on admettra que le chercheur produit des explications qui ne sont pas la réalité, mais un construit[2] sur une réalité susceptible de l'expliquer. Un tel positionnement épistémologique s'appuie sur des choix méthodologiques (recherche-intervention, méthodes qualitatives) qui apparaissent adaptés au projet de recherche, et sur un dispositif d'analyse (approche interactive, formation-action et études de cas) conçu en fonction de l'objet de recherche. Celui-ci peut être varié: des dirigeants d'entreprises, des équipes de direction et d'encadrement, des salariés, des formations au management ainsi qu'une implication en tant que chercheur dans les organisations.

Sur le plan de la méthodologie opératoire de la recherche, de nombreuses expérimentations ont été effectuées au sein d'entreprises et d'organisations très diverses pendant plus de vingt ans. Ces expérimentations présentent un caractère approfondi illustré par la diversité des prestations réalisées et le volume de temps consacré à celles-ci. L'élaboration de notre base d'information expérimentale a été guidée principalement par deux critères. D'une part, nous avons toujours fait le choix dans nos travaux d'utiliser et de privilégier comme matériaux de démonstration les prestations réalisées dans les organisations. D'autre part, ces expérimentations visent à formaliser un diagnostic stratégique à partir duquel sont mis en évidence des dysfonctionnements principalement organisationnels et managériaux. Simultanément, il est fréquent que l'on formalise quelques outils d'analyse du fonctionnement tels que, par exemple, l'analyse de l'état des compétences (cartographie des compétences) ou encore l'analyse des indicateurs de performance (travail sur des tableaux de bord de pilotage). La production du diagnostic et des outils d'analyse du fonctionnement conduit, dans un second temps, à entrer dans une phase de projet d'amélioration par laquelle des solutions innovantes pour l'organisation sont recherchées. Cette démarche s'inscrit dans une logique compréhensive et prescriptive qui caractérise à certains égards les sciences de gestion dès lors que l'on se place dans une perspective praxéologique (Kaplan, 1998 ; Cappelletti, 2012). Un tel processus de recherche permet de collecter sur le terrain d'observation et d'expérimentation des informations contextualisées dès lors que chercheurs et praticiens se sont accordés sur un certain nombre de modalités relatives à l'intervention. Les interactions et leur gestion entre chercheurs et praticiens constituent finalement le moteur essentiel de la recherche-intervention (Plane, 2000).

Les axes de recherche, la quête de connaissances et l'exposé des résultats

Deux axes structurent notre programme de recherche en sciences de gestion: les méthodes de recherche-intervention en management et la dynamique entre la gestion des ressources humaines et les innovations organisationnelles. Le premier axe de la démarche est consacré à la problématique de la relation entre la recherche-intervention en management et le développement organisationnel. Le deuxième axe de recherche vise à instruire la question de la relation entre les innovations organisationnelles et le management des ressources humaines.

En première analyse, nous nous interrogeons sur les apports de nos travaux à partir de l'analyse de la convergence progressive de la recherche vers une question et un objet: comment peut-on constituer durablement de nouvelles connaissances sur le fonctionnement des organisations par l'implication d'un chercheur en gestion? Quels sont les fondements théoriques et les implications pratiques induits par une démarche de recherche-intervention? Cela conduit aussi à s'interroger sur l'action collective des acteurs et sur la nature de leur savoir. Cela soulève aussi des interrogations majeures sur la nature de la relation entre savoir et intervention en sciences de gestion. En d'autres termes, ces travaux de recherche visent à analyser les effets des interactions produites par l'implication du chercheur en gestion qui cherche à mettre en œuvre des actions de changement dans les organisations. Suivant cette logique d'expérimentation, le chercheur impulse des actions innovantes du point de vue du mode de management au sein des organisations dont il observera les effets même s'il accepte aussi de travailler à partir de représentations d'acteurs porteuses de sens. Finalement, le chercheur accepte l'idée d'un univers construit à partir des représentations des acteurs et s'intéresse à l'ensemble des savoirs disponibles dans la société (Berger, Luckmann, 1967).

En seconde analyse, ces investigations nous ont, peu à peu, amené à chercher à appréhender l'importance des compétences et des savoirs tacites au sein d'entreprises complexes et dynamiques fonctionnant à partir de structures adhocratiques et sur des logiques de projet. Finalement, dans quelle mesure les innovations organisationnelles induisent-elles des transformations en gestion des ressources humaines (GRH)? Ces changements présentent de nouveaux enjeux pour la GRH dans ces organisations, notamment le modèle de la compétence et l'importance des savoirs. Ce questionnement nous a ainsi conduit à analyser le cas d'une entreprise de production de cartes électroniques. Pour traiter de la mesure des contributions de la recherche-intervention à l'analyse d'innovations managériales, nous avons choisi d'articuler ce chapitre autour de deux axes de réflexion. Dans une première partie, nous en décrirons les fondements: nos premières recherches dans le champ de l'intervention en management ; les apports de l'intervention du chercheur à l'analyse et au développement des organisations. Notre deuxième partie sera consacrée à l'analyse du cas d'une entreprise de production de cartes électronique confrontée à la problématique de la production d'innovations managériales.

L'intervention du chercheur en management: Implications théoriques, méthodologiques, pratiques

L'importance des travaux de recherche consacrés aux méthodes de recherche-intervention en management et notre positionnement dans le champ de la gestion des ressources humaines nous donnent une double identité en tant que chercheur. La première est d'ordre méthodologique puisque nous pensons avoir produit un certain nombre d'apports utilisables pour un chercheur en sciences de gestion devant réaliser une recherche nécessitant une forte implication sur le terrain. La seconde est thématique car notre le positionnement de nos recherches s'inscrit pleinement dans le champ de la gestion des ressources humaines.

Nos premières recherches sont consacrées à l'analyse des relations chercheurs-terrain. Elles débutent dès notre travail de thèse sur la recherche-intervention en management, pour se poursuivre par l'étude des résultats produits dans les organisations par cette démarche.

L'étude des relations chercheurs-terrain

Dans notre travail de thèse, nous avons cherché à comprendre les impacts et les effets produits par le processus de recherche-intervention en management dans les organisations. Cette démarche est un processus de gestion complexe à travers laquelle le chercheur est confronté simultanément à deux logiques qui peuvent paraître contradictoires. D'une part, il s'agit de produire des connaissances à partir d'interactions réalisées sur le terrain, et, d'autre part, le chercheur contribue activement au développement organisationnel de l'entreprise qui fait l'objet de ses investigations. A notre sens, cette complexité amène le chercheur à s'efforcer de mettre en discussion les conditions de validité des connaissances produites à partir d'un travail fondé sur l'expérimentation. La synthèse des travaux développée ici vise à rappeler le questionnement et la quête de connaissances suivis. Dans quelle mesure et sous quelles conditions méthodologiques peut-on produire des connaissances valides à partir d'une démarche et d'un processus fortement interactif? Au plan épistémologique, comment peut-on s'efforcer d'entrer dans une logique d'objectivation à partir d'informations inévitablement subjectives? Pour l'essentiel, l'étude des relations et des interactions chercheurs-acteurs a porté sur les éléments suivants.

Les relations chercheurs-terrain dans les sciences de gestion

Dans le cadre d'une démarche de recherche-intervention, le chercheur est impliqué dans un processus cognitif où il y a simultanément création de connaissances et changement. Dans cette optique, il semble que la participation active des acteurs des organisations à la recherche elle-même peut revêtir deux formes. Dans certains cas, les acteurs le font sans le savoir dans la mesure où le chercheur utilise l'action qu'il pilote afin de produire des connaissances mais ses interlocuteurs sur le terrain n'en sont pas conscients. Dans d'autres cas, les acteurs contribuent activement à la construction même du processus de recherche. A travers ce type de recherche-intervention, les acteurs des organisations sont considérés comme détenant eux aussi une part de la connaissance et ayant des vues pertinentes sur la problématique à élaborer. Les recherches-interventions en management que nous avons réalisées dans une certaine diversité d'organisations s'inscrivent dans une telle perspective. La méthode interactive à visée transformative adoptée a pour finalité de chercher à transformer le fonctionnement de l'organisation observée pour en observer les effets. Cette méthode de recherche-intervention est particulièrement préconisée par les centres de recherche en gestion au sein desquels nous avons travaillé en tant que chercheur.

Une logique de production de connaissances et la question de l'objectivation des informations

Une telle approche s'inscrit dans la logique de la connaissance prônée par Lévi-Strauss (1950, p. IV) qui montre que *«dans une science ou l'observateur est de même nature que son objet, l'observateur fait partie de l'observation»*. Cette option épistémologique revient à tenter d'apporter des éléments de réponse à la question de recherche suivante: Peut-on tirer des connaissances valides à partir de données subjectives recueillies à chaud? Compte tenu de cette problématique, nos travaux visaient à extraire des connaissances sur un terrain en les objectivant, c'est-à-dire, en les rapportant aux situations de gestion dans lesquelles elles ont été produites. En tant que chercheur en sciences de gestion, nous ne considérons pas les phénomènes de transfert et de contre-transfert, c'est-à-dire les projections faites par les acteurs de l'organisation sur les chercheurs-intervenants et réciproquement, comme des phénomènes perturbateurs qu'il faut éliminer ou pire occulter. En effet, dès qu'il y a interaction, il y a nécessairement des attentes, des préférences, des tabous, des non-dits... dont l'analyse peut être riche d'enseignements au regard du fonctionnement intime de l'organisation étudiée. Le chercheur confronte donc ses propres hypothèses avec celles des différents acteurs en vue générer des progrès de connaissances.

La question de la place et de la neutralité du chercheur

Dans le cadre des investigations réalisées au sein de diverses organisations, nous avons à plusieurs reprises constaté que si notre volonté dans le processus d'intervention avait été d'occuper une position de neutralité, cela aurait constitué une aspiration utopique. Il semble, en effet, que cette position soit difficile à tenir sur un terrain, dans la mesure où les acteurs ont un besoin de représentation et d'identification mentale des chercheurs, et, par conséquent, les situent nécessairement à des places dans le système organisationnel. Cependant, nos travaux montrent que ce système de places est contingent car les chercheurs peuvent tenter de les construire à partir de leurs comportements. Ce phénomène constitue pour un chercheur ce que Devereux (1980) appelle l'angoisse de l'observateur devant la richesse et la diversité de ses observations.

L'implication du chercheur et la gestion de la «*familiarité distante*» (Matheu, 1986)

Nombre de chercheurs en management sont confrontés à des difficultés de dosage de la distance à adopter vis-à-vis de leur terrain d'investigations. Cette complexité posée par la question de l'implication du chercheur dans les organisations peut être abordée par l'introspection dont peut faire preuve tout chercheur. A travers nos travaux, nous montrons que les interactions entre un chercheur et son terrain d'observation peuvent être érigées en instruments d'élaboration de connaissances. Pour autant, les chercheurs ont souvent un regard gênant pour les acteurs, ou en tout cas perturbant. Ces perturbations, au lieu de constituer des obstacles à la recherche, constituent des matériaux précieux tant pour accroître la qualité des prestations réalisées que pour améliorer le niveau de connaissances et donc de compétences des acteurs dans leur milieu. Le niveau de distanciation offre également la possibilité aux chercheurs de ne pas trop s'exposer aux risques de manipulations conscientes et/ou inconscientes de leur travail par certains acteurs. En effet, un étranger à une organisation est souvent considéré comme un intrus toujours suspect de chercher à remettre en cause certains acquis et de vouloir divulguer des informations que certains acteurs préfèrent taire. Au total, l'implication et l'immersion d'un chercheur en gestion dans une organisation posent la question d'une conscience accrue des chercheurs de la portée du triptyque: actes produits dans l'organisation/impacts engendrés/effets obtenus et observables.

Les méthodes de recherche-intervention

La question des méthodes employées dans le cadre d'une intervention en management a une importance considérable. Nos travaux visent à expliciter des éléments de méthodes de recherche-intervention expérimentés dans les organisations et les fondements théoriques sur lesquels ils s'appuient. Ainsi, nos observations montrent qu'il est possible d'analyser le déroulement des dispositifs de recherche d'information afin de détecter des méthodes d'amélioration de leur conduite auprès des acteurs des organisations. Par exemple, les entretiens avec les acteurs constituent un détour dans l'intériorité de l'organisation car ils constituent l'occasion de réunir un maximum d'informations concrètes sur leur vécu quotidien dans l'organisation. Au plan épistémologique, il semble que ces informations peuvent prendre un caractère valide si elles sont rapportées aux processus d'interactions dans lesquels elles ont été produites. Au plan méthodologique, il apparaît possible, par des dispositifs de gestion de la recherche-intervention, de piloter les effets informationnels des processus d'interactions sur le terrain. Les techniques utilisées sont proches de celles préconisées par Schein (1987) qui montre, dans ses travaux, qu'il existe des questions guides qui ont la vertu de stimuler la capacité de l'acteur à dresser un diagnostic des situations professionnelles dans lesquelles il évolue. En fait, ces techniques sont fondées sur un questionnement *«socratique»* (Schein, 1987). Le chercheur doit en conséquence pratiquer l'art d'accoucher les esprits dans le sens où il aide ses interlocuteurs à mieux cerner leurs problèmes et à imaginer leurs propres solutions. Par ailleurs, les chercheurs en management disposent aussi d'un pouvoir implicite que nous appelons le pouvoir interactif. En effet, nous pensons qu'ils possèdent la capacité d'interagir avec les acteurs des organisations par les prestations qu'ils prodiguent pour chercher à obtenir des informations pleinement signifiantes. Dans cette perspective, nous avons montré dans quelle mesure l'intensité des processus d'interactions chercheurs-acteurs stimule le développement du potentiel humain des organisations.

Les relations de travail qui s'instaurent entre les chercheurs et les acteurs d'une organisation, dans le cadre d'une recherche-intervention en management, se caractérisent par de fortes interactions qui produisent des transformations, sources de développement du potentiel humain de l'organisation. Au fond, quels peuvent être les résultats produits par une démarche de recherche-intervention en management? Pourquoi sont-ils relativement singuliers? Sur le plan des implications managériales, quelles sont les transformations fondamentales et donc structurantes produites par le processus de recherche-intervention en management dans les organisations? Ce travail de recherche vise à chercher à identifier des éléments de méthode de recherche-intervention en management fondés sur de fortes interactions chercheurs-acteurs. L'intensification des processus d'interactions entre les chercheurs et les acteurs active le développement de deux actes de gestion: les actes introspectifs et conceptifs.

Les apports produits sur le terrain par un processus de recherche-intervention

Le rôle des transformations créées par les processus d'interactions entre chercheurs et acteurs-praticiens est essentiel. Dans cette perspective, on a fait la démonstration selon laquelle les chercheurs transfèrent aux acteurs des organisations un lexique qui se diffuse progressivement. On entend par lexique, l'ensemble des mots-clés, à forte concentration de signification, utilisés et véhiculés par les chercheurs. Ce langage facilite l'émergence d'une base sémantique commune entre les chercheurs et les acteurs. Il permet aussi de réduire considérablement l'ambiguïté sémantique qui affecte les mots-clés relatifs au management des organisations et qui peuvent être sources de malentendus. Enfin, la qualité des communications s'accroît entre les chercheurs et les acteurs ainsi qu'entre les acteurs de l'organisation. Finalement, le transfert et l'acclimatation d'outils de management ainsi que leur utilisation par les acteurs sont porteurs de mots-clés denses. Nous avons montré dans nos travaux qu'il existe un couple instrument-concept. Par exemple, une cartographie des compétences, au-delà même de ses fonctions, contribue fortement à l'explicitation des mots-clés tels que décision, formation intégrée, pilotage, compétences.

Si l'instrument privilégié de communication entre les chercheurs et les acteurs reste le langage, le mimétisme constitue une forme de communication sans langage, à coté du langage (Hall, 1959). L'analyse des processus d'interactions entre les chercheurs et les acteurs montre le développement d'un mimétisme. Ce mimétisme chercheurs-acteurs correspond à des reproductions conscientes ou inconscientes de comportements par certains acteurs de l'organisation. Par ailleurs, le concept d'énergie de transformation dans une recherche-intervention occupe une place importante puisque les chercheurs transfèrent de l'énergie aux acteurs par la mise en œuvre des techniques d'intervention, propres au processus de recherche. L'énergie humaine conduit donc au passage d'une idée à une réalisation effective. Cette énergie nouvelle impulsée par le processus d'intervention conduit à une stimulation des pratiques qui ont des impacts et des effets sur l'état des performances économique et sociale de l'organisation. Dans cette perspective, nous proposons des méthodes et techniques expérimentées d'activation de l'énergie des acteurs d'une organisation. Il semble, en effet, que le non-conformisme des chercheurs aux pratiques usuelles en vigueur dans l'organisation constitue un véritable vecteur d'énergie de transformation. Nous avons ainsi identifié une fonction de démythification du chercheur à partir du processus de recherche-intervention pour faire percevoir des possibles. En définitive, nos recherches montrent le pouvoir interactif du chercheur en gestion. Ce pouvoir interactif permet d'accroître la densité des informations à extraire dans les organisations. Nos résultats indiquent sous quelles conditions l'intensification des relations et des interactions chercheurs-acteurs peut constituer une source d'efficacité de la recherche-intervention. Dans cette optique, nous proposons une stratégie de développement humain utilisable par les praticiens de la gestion.

Contribution de l'introspection organisationnelle et des capacités conceptives des acteurs au développement de l'organisation

Notre contribution est de mettre en évidence la relation existante entre l'intervention d'un chercheur en gestion dans une organisation et la production de deux types d'actes de gestion dans la structure: les actes introspectifs et conceptifs.

Le développement de l'introspection chez les acteurs

Dans nos travaux, l'introspection est définie comme le fait pour un acteur de s'interroger sur la portée de ce qu'il fait, sur sa propre production et sur ses effets sur la performance de l'organisation. Cette approche des actes de gestion introspectifs s'appuie sur l'idée selon laquelle un chercheur peut agir tel un facilitateur et un catalyseur pour rendre nombre d'acteurs de plus en plus capables d'affronter et de solutionner eux-mêmes leurs problèmes. Nos travaux indiquent que les chercheurs, par la nature même de leurs prestations immatérielles, développent les actes de gestion introspectifs des personnes concernées. Il semble notamment que les groupes de projet d'amélioration, mis en place dans le cadre d'investigations, favorisent le développement de ce que nous appelons l'introspection organisationnelle. Les instruments de gestion (tel que par exemple la cartographie des compétences) conduisent à une analyse approfondie des situations de gestion. Au total, le développement de l'introspection contribue à l'accroissement du niveau de visibilité et de lisibilité dans l'organisation.

Le développement des capacités conceptives des acteurs des organisations

A travers nos recherches, nous avons cherché à soutenir l'idée que l'objectif d'une recherche-intervention en management est le développement chez les acteurs d'actes conceptifs. Ces actes de gestion constituent des leviers d'actions considérables car ils reposent sur des connaissances éprouvées et mises en œuvre régulièrement par les acteurs. Cette logique de diffusion de connaissances dans les organisations intéresse les acteurs souvent à la recherche de nouveaux savoirs. On peut donc définir les actes conceptifs comme des pratiques visant la détection d'invariants de fonctionnement plus efficaces à partir de l'accumulation formalisée et structurée des enseignements tirés des multiples expériences des acteurs. Cela peut se manifester par des conceptualisations de principes d'actions efficaces et susceptibles d'être mis en œuvre lorsqu'un événement donné se produit. Nos travaux indiquent que le chercheur en gestion est en position d'agent de changement dans le sens où il a pour principale mission d'aider les acteurs à prendre conscience d'une série de problèmes (introspection) et à imaginer des transformations durables (conceptualisation). Il participe ainsi à l'évolution des possibles au sein de l'organisation. Concrètement, les différentes expériences réalisées ont participé à une logique de développement organisationnel notamment sur les axes suivants: l'enrichissement du travail humain par des actions de formation, de nouvelles connaissances en gestion et une plus grande polyvalence ; le développement du pilotage par la mise en place d'instruments de gestion ; des dispositifs de communication visant la synchronisation des services (logique de coopération) et la qualité du dialogue professionnel.

LA PRODUCTION D'INNOVATIONS ORGANISATIONNELLES: LE CAS D'UNE ENTREPRISE INDUSTRIELLE

Une entreprise en pleine mutation et en quête de compétitivité

L'entreprise T., située dans le sud de la France, est spécialisée dans la fabrication de cartes électroniques en sous-traitance. Ces produits sont destinés à des applications extrêmement variées (appareils industriels, secteur médical ou télécommunication) et sont vendus à des clients qui conçoivent et intègrent ces cartes électroniques dans des systèmes ou des appareils qu'ils commercialisent. L'entreprise travaille avec de grands donneurs d'ordres comme Thomson, Alcatel, Gespac ou Orange implantés en France et des entreprises plus petites en partie basées dans la région Occitanie. De plus, elle a une position de partenaire privilégiée avec des usines du groupe Gec Alsthom. Cette société anonyme réalise un chiffre d'affaires d'environ 15 millions d'euros et emploie 75 personnes. Depuis 2005, elle fait partie du groupe Fidel n°1 français de la sous-traitance électronique. La vocation du groupe Fidel est de concevoir et de réaliser des projets industriels. Il s'agit d'une holding comprenant 17 sociétés qui poursuit sa croissance en acquérant de nouvelles sociétés. Le groupe se présente sous la forme d'une structure divisionnalisée où chaque société est autonome dans son fonctionnement, ses résultats et la gestion de ses équilibres financiers. Ces sociétés sont en fait de véritables spécialistes dans leur métier et doivent assurer leur propre développement tant en technologie qu'en clientèle. Ces dernières années, le groupe a été introduit au second marché de la bourse à Paris dans le but de renforcer sa capacité financière. L'entreprise T. sait tirer avantage de sa position au sein du groupe. En effet, outre le poids financier, elle peut mettre en avant une enseigne qui rassure le client et annonce une stratégie de sous-traitant. De plus, l'entreprise profite du partage d'expérience: elle a bénéficié du transfert d'un nouvel outil informatique plus performant en termes de suivi de la production. Enfin, l'appartenance au groupe a permis de recevoir des commandes de clients grands donneurs d'ordres pour redémarrer des courants d'affaire. Cette synergie a rendu à cette entreprise son dynamisme et a notamment contribué à rompre un certain isolement qui jouait en sa défaveur. Cependant, cette entreprise a des difficultés au niveau de sa politique et de ses résultats financiers. En effet, l'objectif de la direction est d'accroître le résultat comptable net global au-delà de 5% net et son chiffre d'affaires ce qui lui permettra d'assurer le renouvellement des investissements. L'objectif est d'autofinancer la croissance et les investissements notamment en réduisant davantage ses valeurs d'exploitation (stocks et en cours de production) à un niveau satisfaisant ce qui n'est pas encore le cas aujourd'hui. Actuellement, le résultat comptable net global est de l'ordre de 4 % ce qui est considéré comme limite par le dirigeant de l'entreprise.

Situation de l'entreprise

Le métier de base de l'entreprise T. est le montage câblage de composants électroniques sur un circuit imprimé. Dotée de moyens flexibles, cette entreprise concentre ses compétences et ses prestations sur l'industrialisation, les achats et les approvisionnements de composants, le câblage de cartes, les tests automatiques ou encore l'assemblage et l'intégration. Cette entreprise de production souhaite continuer à développer sa flexibilité organisationnelle et maîtrise un ensemble de technologies permettant de réaliser des séries de lancement de cartes électroniques. Il s'agit de petites ou de moyennes séries, c'est-à-dire du prototype aux séries de 5 à 200 produits par mois, toutes technologies confondues. L'activité de l'entreprise est donc de produire et de maîtriser tous les paramètres de la production pour offrir à ses clients le service qu'ils attendent. La compétitivité repose sur des prix concurrentiels mais aussi sur un haut niveau de qualité et le respect des délais. En effet, la gestion de la qualité est stratégique et s'est concrètement traduite par l'engagement d'une procédure de certification qui a abouti à l'obtention de la norme ISO 9002. Depuis sa fondation, l'entreprise maintient une image de qualité symbolisée par son sigle: une abeille qui marque le goût de l'effort industriel. Ce qui, il y a quelques années pouvait paraître secondaire est aujourd'hui devenue une condition de survie pour ce type d'entreprise amenée à travailler avec de grands donneurs d'ordres de plus en plus exigeant. Le second mot d'ordre de la production est le délai. Devant la concurrence accrue du marché de la sous-traitance électronique, l'entreprise s'est engagée dans une perspective de délai minimum et a mis en place, dans cette optique, un système d'horaires dynamiques permettant à chaque salarié de faire varier ses horaires afin de garantir les délais de production. L'entreprise cherche à adapter son personnel aux transformations de l'environnement professionnel notamment par un ensemble de formations techniques dans le domaine de la technologie (nouveaux procédés, nouvelles machines).

L'entreprise se classe parmi les 150 premiers sous-traitants français et son chiffre d'affaires, depuis sa création, ne cesse de croître même si plus d'un millier d'entreprises se partagent le marché. La stratégie de l'entreprise est de se positionner le plus largement possible sur le cycle industriel et de développer des prestations à forte valeur ajoutée telles que l'industrialisation ou la conception (activité représentant actuellement 10 à 20% des activités) pour faire face aux exigences de la demande. L'entreprise se positionne sur le marché de l'électronique professionnel et traite avec une quarantaine de donneurs d'ordre. Il faut distinguer les clients du groupe Fidel (Gec Alsthom, Cegelec, etc.) qui représentent 20% environ des commandes et les clients hors groupe. Les clients disposent d'un fort pouvoir de négociation puisque ce sont eux qui fixent les règles du jeu le plus souvent. L'entreprise doit s'adapter aux exigences des clients et tente de les satisfaire au maximum. Sa stratégie commerciale est de chercher à se situer le plus en amont possible dans le projet industriel pour être force de propositions. Elle cherche à travailler avec des clients spécialisés dans le secteur industriel et médical situés dans le quart sud-est de la France et qui sont dans une logique d'exportation. La force de vente de l'entreprise soutient particulièrement des produits bien connus par l'entreprise et pour lesquels elle dispose d'un savoir-faire ce qui lui permettra d'être plus performante en termes de délais, flexibilité, qualité. Par ailleurs, l'entreprise veille à ce que chaque client ne représente pas plus de 20 % de son chiffre d'affaires pour éviter les problèmes de dépendance auxquels sont confrontées les entreprises de sous-traitance. Sa stratégie commerciale est de conclure avec ses clients de véritables accords de partenariat puisque l'objectif est de privilégier des relations s'inscrivant dans la durée. L'entreprise s'efforce de développer un marketing relationnel avec ses clients.

Positionnement concurrentiel

Face à une vive concurrence, cette entreprise ne peut pas supporter durablement une compétition par les coûts. Elle vise à développer un avantage concurrentiel en termes de réactivité et de flexibilité organisationnelle fondés sur l'avantage logistique. Précisément, il s'agit de créer un service de tout premier plan en termes de réactivité, de qualité et de tenue des délais dans le but de relativiser les inconvénients d'une main d'œuvre à coût élevé par une qualité de service, une forte réactivité et une technicité irréprochable. C'est en proposant aux clients un processus permanent d'amélioration des coûts d'obtention, c'est-à-dire non seulement du prix du produit mais aussi de tout ce qui l'entoure (qualité, capacité d'évolution, qualité du système d'information, livraison ...) que la société cherche à relever le défi de la concurrence mondiale. Cette politique est guidée par la volonté stratégique de généraliser les partenariats aussi bien avec les fournisseurs qu'avec les clients.

Les innovations organisationnelles

L'entreprise s'appuie sur une organisation la plus flexible possible de façon à limiter les coûts de structure et pour favoriser la communication directe entre les niveaux hiérarchiques. Celle-ci mise sur l'autonomie de son personnel, son sens des responsabilités pour accroître sa réactivité. On peut donc dire que T. est une structure entrepreneuriale puisque le pouvoir est détenu avant tout par son dirigeant qui a une vision stratégique de l'entreprise fondée sur le développement de son potentiel humain. Dans cette perspective, l'entreprise souhaite mettre en place une nouvelle organisation de la production par modules permettant de regrouper des compétences afin de réaliser une mission élargie. Ces modules seraient de trois types.

- En premier lieu, on trouverait des modules de production qui gèrent des opérations du devis jusqu'à la livraison de la marchandise. Ces modules seraient ainsi composés d'un acheteur, d'un commercial, d'une personne du bureau et des méthodes ainsi que des opérateurs de production.
- En second lieu, des modules à ressources partagées pourraient être mis en place. Ils se présenteraient comme des prestataires de services animés par une logique clients/fournisseurs et seraient chargés de la gestion de certaines ressources de l'entreprise (machines, gestion des stocks) pour des raisons économiques. Selon ce projet d'organisation, chaque module serait placé sous la responsabilité d'un coordonnateur.
- Enfin, des modules de services assureraient le soutien logistique et administratif à l'ensemble de l'entreprise. Bien que les modules de production disposent d'une autonomie pour intervenir sur les aléas du court terme, la coordination de l'ensemble, en particulier sur le moyen et long terme deviendrait une dimension incontournable. Cette coordination pourrait être confiée à un ensemble de modules de services ayant chacun une mission transversale.

Au total, la finalité de cette nouvelle organisation plus transversale serait de donner une plus grande autonomie au niveau des collectifs de travail, de développer la coopération horizontale et une plus grande polyvalence par une diffusion des compétences à l'intérieur des modules.

Le management des ressources humaines

Même si un service ressources humaines n'existe pas en tant que tel dans l'entreprise, elle a une stratégie et une politique de ressources humaines volontaristes. En effet, la fonction ressources humaines est éclatée et partagée de fait dans toute l'entreprise. Le directeur général fixe les grandes lignes en matière de management des ressources humaines (emploi, recrutement, rémunération, formation, évaluation...). Il édicte ainsi les règles de la politique sociale de l'entreprise en concertation avec les membres du staff et, surtout, le comité d'entreprise. Ce comité d'entreprise est composé de 6 membres et se trouve investi d'une lourde responsabilité en matière de ressources humaines. Il intervient sur l'ensemble des décisions sociales et joue un grand rôle en matière de rémunération et de qualification. Selon le dirigeant, cette originalité organisationnelle présente l'avantage de faire l'économie d'un service ressources humaines. Le service administratif et comptable s'occupe de toutes les tâches administratives en matière de gestion du personnel: gestion des intérimaires, paie, déclaration, congés. Le service qualité s'occupe de tout ce qui touche à la formation (plan de formation notamment) et joue également un grand rôle dans la gestion des qualifications et des compétences. En ce sens, il est important de relever un faible niveau général des qualifications dans l'entreprise dans la mesure où la plupart des opérateurs ont appris «sur le tas» alors que l'on pourrait croire de l'extérieur que l'électronique requiert un niveau important de qualification. Les délégués du personnel ont revendiqué depuis peu un rôle plus important en matière de gestion des ressources humaines et ont pour principale mission la défense des intérêts des salariés.

En matière d'évaluation, un entretien annuel a été mis en place afin de faire le point régulièrement sur les compétences de chaque salarié et sur leur perspective d'évolution afin de gérer leur carrière. L'originalité du système d'évaluation, c'est qu'il repose sur une auto-évaluation à partir de laquelle chaque salarié est responsable de l'évaluation de ses performances selon une fiche outil. Cette auto-évaluation est alors commentée par le chef de service lors d'un entretien annuel puis validée par le dirigeant. Au niveau de la formation, l'entreprise a engagé ces dernières années plus d'un million de francs dans un plan de formation dont l'objectif principal est de développer l'autonomie et la responsabilisation du personnel. Pour cela, la priorité est donnée à des programmes de formation permettant de développer une organisation qualifiante fondée sur la résolution de problèmes relationnels et techniques. Enfin, l'entreprise a également une volonté de développer l'information et la communication interne à travers la mise en place d'outils concrets tels qu'une lettre mensuelle, un livret d'accueil, des réunions ainsi qu'un projet d'entreprise rédigé par le dirigeant. Ce document de synthèse présente la vocation de l'entreprise, les objectifs stratégiques, le plan d'actions de l'entreprise. Ce projet est particulièrement ambitieux ce qui ne manquera pas de poser de nombreuses difficultés pour réussir la transformation de l'entreprise.

Du projet organisationnel de l'entreprise à la production d'innovations managériales

La volonté de la société en termes de projet organisationnel et de plan stratégique est de poursuivre sa politique de croissance à partir de la mise en œuvre de quatre axes d'actions prioritaires. Précisément, les quatre actions stratégiques poursuivies sont les suivantes.

- La réorganisation de la production en modules et en groupes autonomes de travail. Il s'agit d'un projet ambitieux visant une remise en cause des façons de travailler au sein de l'atelier de production. Les compétences seront rassemblées dans des groupes autonomes de travail. Le comité d'entreprise est fortement impliqué dans ce chantier.
- Le regroupement de services. L'entreprise souhaite regrouper toutes les personnes des services dans un espace vitré, afin de favoriser le décloisonnement, la communication active entre les services ainsi que la mutation des fonctions comme cela est prévu.
- Les horaires dynamiques. Ce système d'horaire flexible doit permettre aux salariés de faire varier leurs horaires voire même à s'absenter de l'entreprise, si les délais sont respectés. Un logiciel a été implanté à cet effet.
- La formation et l'autonomie des hommes. Le plan de formation est centré sur le développement de l'autonomie et la responsabilité de l'ensemble du personnel. Pour cela, une priorité est donnée aux formations permettant à l'entreprise d'être auto-apprenante et qualifiante en d'améliorer sa performance globale: principes de management et de communication interpersonnelle, méthodes de résolutions de problèmes, formation de formateurs. Au total, la performance globale est aujourd'hui redéfinie dans cette entreprise comme la capacité de faire face aux six défis précédemment cités (délais, coûts, flexibilité, qualité, innovation, variété) à partir d'une vision des compétences humaines fondée sur l'autonomie et la responsabilité de l'acteur.

En définitive, ce cas d'entreprise montre que les entreprises semblent se préoccuper de plus en plus du management de la compétitivité[3] dans un souci constant de performance et compte tenu des problèmes managériaux qu'elles rencontrent. C'est dans une telle logique qu'elles recherchent de nouvelles formes d'organisation plus impliquante pour les acteurs et conduisant inévitablement à repenser le travail et l'autonomie. Face à cet enjeu, le cas montre comment une entreprise cherche à introduire une logique de compétences avec pour principal mot d'ordre le développement d'une approche qualifiante du management des hommes. Cette approche est une réponse possible à la complexification des performances à atteindre puisqu'il s'agit de réaliser simultanément des résultats en termes de délais, de coûts, de variété de production, d'innovation ou encore de flexibilité organisationnelle. En ce sens et dans une perspective d'accroissement de la compétitivité, les entreprises peuvent développer leurs investissements immatériels visant à développer notamment des connaissances en ingénierie du management (c'est-à-dire un ensemble de méthodes et d'outils d'animation des hommes) redéfinissant ainsi la place de l'autonomie et du contrôle de l'acteur en situation de travail.

Un management des compétences et des connaissances

D'une certaine manière, cette étude de cas montre que le modèle de la compétence correspond à une nouvelle attitude sociale qui repose sur des compétences interactives qui s'acquièrent et se développent dans une logique cognitive fondée sur un nouveau mode d'apprentissage et une logique de coopération entre les acteurs. Une telle conception du management des hommes implique qu'il est possible d'améliorer la compétitivité des firmes par le développement d'une flexibilité organisationnelle (capacités internes de réactions vis-à-vis du marché mondial). Celle-ci repose elle-même sur des principes de fonctionnement qualifiants, dynamiques, interactifs, sources de renouvellement des compétences des acteurs. Dans ce sens, le cas montre que l'apprentissage individuel et collectif est fondé sur la maîtrise des régulations de flux et d'événements complexes. Le changement se joue donc aujourd'hui dans l'autonomie des acteurs et leur capacité à prendre intelligemment des responsabilités. Finalement, l'analyse du cas montre assez clairement le rôle de plus en plus fondamental joué par les investissements immatériels au sein d'une entreprise ayant réellement une stratégie de développement humain tout en étant fortement en quête de compétitivité. Par exemple, c'est aussi le cas du groupe français Lafarge au sein duquel le style de management recherche à favoriser la prise de responsabilité, l'intérêt et l'initiative. Dans une telle perspective, il semble important de s'interroger sur la nature de la production de la fonction ressources humaines dans les entreprises. Progressivement, on assiste à une transformation du rôle de cette fonction dans sa contribution au processus de création de valeur.[4]

Les implications managériales des innovations organisationnelles

Dans le cadre de travaux de recherche précédents, notre contribution a été de mettre en évidence la relation existante entre l'intervention d'un chercheur en gestion dans une organisation et la production d'actes de management innovants dans la structure. A partir du cas qui précède, il nous semble important de souligner que l'intervention d'un chercheur en management peut favoriser le développement de l'autonomie chez les acteurs à partir de deux actes de gestion fondamentaux: l'instrospection et la conception de méthodes. En effet, le changement de structure et les nouveaux principes d'actions fondés sur plus d'autonomie et sur la recherche d'innovations produits doit favoriser cette évolution. En outre, le positionnement de cette entreprise dans son environnement va probablement évoluer dans les mois à venir. L'entreprise T. ne peut pas durablement continuer à axer la compétitivité sur les coûts ; elle recherche ainsi de nouvelles bases de compétitivité fondées sur l'innovation, sur la logistique, sur des services.... Dans le but de suggérer des pistes d'actions inspirées de ce cas d'entreprise, nous expliciterons donc dans un premier temps la contribution de l'introspection organisationnelle. Dans un deuxième temps, nous montrons dans quelle mesure les capacités conceptives des acteurs autonomes peuvent contribuer au développement organisationnel de l'entreprise.

Contribution de l'introspection orgnisationnelle

De nombreuses publications montrent que le développement de nouvelles formes d'organisation repose sur un effort important d'apprentissage des hommes. A travers l'analyse du cas, il semble que l'entreprise vise à promouvoir le développement chez les acteurs d'actes de gestion introspectifs et conceptifs. Les actes introspectifs sont des actions conduisant les acteurs à s'interroger sur les actes qu'ils produisent et sur leurs effets sur la performance économique et sociale de l'entreprise. Dans le même ordre d'idée, plusieurs spécialistes de la gestion des petites et moyennes entreprises soulignent que les dirigeants ne dressent pas le plus souvent le diagnostic des performances et des dysfonctionnements qui leur permettrait de définir les améliorations possibles. Précisément, les actes de gestion auxquels l'on fait référence correspondent en fait à des pratiques de management réitérées périodiquement lorsqu'un événement donné se produit. Cette approche des actes de gestion introspectifs s'appuie sur l'idée selon laquelle un chercheur peut agir tel un facilitateur et un catalyseur pour rendre nombre d'acteurs de plus en plus capables d'affronter et de solutionner eux-mêmes leurs problèmes. Les solutions apportées par les acteurs aux problèmes auxquels ils sont confrontés doivent concourir d'une certaine manière au développement de la performance de l'entreprise. En ce sens, les chercheurs, par la nature même de leurs prestations immatérielles, développent les actes de gestion introspectifs des cadres ou des dirigeants concernés. Les groupes de projet d'amélioration favorisent le développement de l'introspection organisationnelle. Les instruments de gestion (tels que par exemple le tableau de bord de pilotage ou l'analyse des compétences) conduisent simultanément à une analyse approfondie de l'utilisation du temps de travail au sein de différents services, ainsi qu'à une étude rigoureuse de la répartition de l'état des compétences. En définitive, le développement de l'introspection contribue à l'autonomie de l'acteur puisque cela conduit à l'accroissement du niveau de visibilité et de lisibilité. Il convient à présent de s'intéresser aux capacités conceptives des acteurs.

Contribution des capacités conceptives des acteurs

La théorie du pouvoir proposée par Crozier et Friedberg montre que l'homme au travail ne peut pas être simplement considéré comme une main, ce que supposait implicitement le modèle Taylorien, ni même non plus seulement comme une main et un cœur comme le réclamaient les avocats du mouvement des relations humaines. Crozier et Friedberg montrent, à partir de leur modèle d'analyse stratégique, que l'acteur dans le système est avant tout une tête, c'est-à-dire une liberté, ou en termes plus concrets, un agent capable de calcul et de manipulation qui s'adapte et invente en fonction de ses partenaires. Cette conception de l'acteur est proche des observations développées ici dans la mesure où nous insistons sur l'idée que l'homme est capable de faire preuve de créativité dès lors que celle-ci est activée par le mode de management de l'organisation. Un des objectifs fondamentaux d'une formation-intervention au management est le développement chez les acteurs d'actes conceptifs. Il s'agit d'actes intégrés à des pratiques professionnelles pouvant constituer des leviers d'actions considérables puisque ce sont des connaissances éprouvées et mises en œuvre régulièrement par les acteurs. Pour ce faire, il est indispensable que les chercheurs, par la nature même de leur démarche, apportent de nouvelles connaissances en management aux acteurs avec lesquels ils sont en relation de travail. Cette logique de diffusion de connaissances dans les organisations intéresse les acteurs souvent à la recherche de nouveaux savoirs. Le caractère pédagogique de la mission des chercheurs en gestion dans les organisations est bien un élément essentiel à la démarche. Les actes conceptifs sont des pratiques visant la détection d'invariants de fonctionnement plus efficaces à partir de l'accumulation formalisée et structurée des enseignements tirés des multiples expériences des acteurs. Ces modélisations se manifestent par des conceptualisations de principes d'action efficaces et susceptibles d'être mis en œuvre lorsqu'un événement donné se produit. Par exemple, un dirigeant doit pouvoir mieux expliciter des représentations telles que par exemple la manière dont il perçoit son environnement, sa position ou encore ses avantages distinctifs. Dans une telle démarche, le décideur prend conscience des problèmes stratégiques et peut être en mesure de déboucher sur des axes stratégiques majeurs. Par ailleurs, l'effort de connaissances accompli par un groupe de travail peut améliorer sensiblement l'efficacité productive et commerciale d'une usine.

Ainsi, le savoir acquis par les différents acteurs permet d'envisager de nouvelles pratiques, ce qui a eu pour principal effet de rendre plus pertinentes les orientations stratégiques retenues par le groupe de travail.

Finalement, on peut dire que le chercheur, dans le cadre d'une recherche-intervention, est en position d'agent de changement dans le sens où il a pour principale mission d'aider les acteurs à prendre conscience d'une série de problèmes stratégiques (introspection) et à imaginer des transformations durables (conceptualisation) conduisant à une amélioration de l'efficacité économique et sociale. Au total, il participe à l'évolution des possibles au sein de l'organisation faisant l'objet de ses investigations. Concrètement, les différentes expériences réalisées ont participé à une logique de développement organisationnel notamment sur les axes suivants:

- l'enrichissement du travail humain et le développement du potentiel humain par des actions de formation, de nouvelles connaissances en gestion et une plus grande polyvalence;
- le développement du pilotage par la mise en place de tableaux de bord et d'instruments de gestion des compétences;
- la mise en place de dispositifs de communication visant la synchronisation des services (logique de coopération) et l'amélioration de la qualité du dialogue professionnel.

Face à la conjoncture économique et sociale et aux difficultés croissantes des organisations, l'idée de formaliser des éléments de théorie et de méthode en management se développe. En effet, la fin des années 90 se caractérise notamment par l'essor d'une société informationnelle fondée sur une économie du savoir où les investissements immatériels deviennent fondamentaux pour nombre d'organisations. Cette nouvelle légitimité liée à la dématérialisation de l'économie et du travail est singulièrement stimulante pour le chercheur en sciences de gestion dont les apports conceptuels, méthodologiques et pratiques peuvent être significatifs pour les praticiens de la gestion.

Perspectives de développement stratégique pour l'entreprise T.

L'analyse du cas de cette entreprise montre que l'on peut identifier des éléments à prendre en considération afin de réaliser une innovation organisationnelle facilitée par le développement de l'autonomie dans l'entreprise. Néanmoins, le projet stratégique et organisationnel de cette entreprise en croissance pose un certain nombre de questions qu'un chercheur peut faire émerger dans l'entreprise pour contribuer avec succès à la réalisation d'un tel projet. Quelles sont les difficultés à prévoir pour mettre en œuvre le projet? Quelles sont les chances de réussite de celui-ci? Comment le processus de changement peut-il évoluer favorablement et sous quelles conditions?

Le projet stratégique et organisationnel de l'entreprise

En première analyse, on peut considérer que l'entreprise T., compte tenu de sa taille et de sa situation, a un projet d'entreprise ambitieux qui doit lui permettre de faire face à son développement tout en contribuant à l'amélioration impérative de son résultat net comptable global. Ce projet est donc bien stratégique puisqu'il engage irrémédiablement l'entreprise à long terme. Le dirigeant a une véritable ambition pour son entreprise et cherche à réaliser le changement de façon structurante, à partir de méthodes et d'instruments de gestion. Néanmoins, les chances de réussite du projet sont étroitement liées à sa capacité de mobilisation de tous les acteurs de l'entreprise. Le rôle du dirigeant et de son équipe est donc de créer les conditions de réussite du projet organisationnel. Dans cette optique, il est important de prendre en compte les opinions de tous les responsables de services par des entretiens approfondis. Dans un second temps, ils peuvent mettre en place des dispositifs de travail sur le projet fondés sur la concertation. A travers cette démarche fondée sur l'écoute active et la concertation, la direction de l'entreprise contribue à une meilleure acceptation du projet, en instaurant plus de confiance et en lui enlevant notamment son caractère un peu brutal. Cette conception de la conduite du projet implique de fournir aux principaux acteurs concernés des méthodes et des outils de pilotage dont l'efficacité dépendra, néanmoins, de la façon dont le personnel se sera mobiliser autour du projet. Au total, le rôle du dirigeant est bien celui d'un facilitateur mais également d'un catalyseur où le développement de l'autonomie constituera un facteur clé de succès du projet.

La formation au management

En seconde analyse, il s'agit de bien prendre en considération le caractère interactif de la démarche de transformation de l'entreprise mise en œuvre. En ce sens, les investissements immatériels favoriseront le processus de changement grâce à l'introduction de nouvelles méthodes, d'outils et d'instruments de gestion. Cette entreprise a notamment mis en place une formation au management de projet, des entretiens approfondis, une grille d'analyse de la gestion du temps du dirigeant, des cartographies des compétences des services ou encore des tableaux de bord de pilotage destinés aux responsables des unités autonomes de travail. Ces outils co-produits avec le dirigeant sont relativement structurant et permettent de construire une relation de travail professionnelle. Par ailleurs, l'amélioration de la coopération inter-services et plus généralement la communication horizontale constituent l'un des enjeux stratégiques du projet de changement.

Dans le but de développer l'efficacité du projet, le dirigeant peut chercher à impliquer dans la démarche tous les salariés dans le cadre de groupes de projet au sein desquels le dirigeant aura une action managériale. Ces groupes de travail présentent l'avantage d'associer activement l'ensemble des acteurs et conduit à confier à tout un chacun une ou plusieurs missions stimulantes. Par exemple, un ou deux salariés pourraient réfléchir sur la mise en place de règles et de procédures de fonctionnement ou encore sur des indicateurs visant à enrichir les tableaux de bord de pilotage de l'entreprise. La démarche de consultation pourrait, *in fine*, permettre au dirigeant de déléguer de façon concertée certaines activités internes afin de se consacrer davantage au développement commercial.

Les solutions organisationnelles

En définitive, il est important d'insister sur quatre variables d'actions opérationnelles, interactives et volontaristes.

- Au niveau du dirigeant, ce changement organisationnel lui a permis de prendre conscience de l'intérêt personnel qu'il peut trouver dans la mise en œuvre effective d'un certain nombre d'actions de changement. A titre d'exemple, une gestion du temps raisonnable et fondée sur davantage de délégation concertée pourrait lui permettre de favoriser des actions stratégiques à long terme.
- Au niveau de la stratégie, il convient d'envisager une différentiation plus nette vis-à-vis des principaux concurrents en affichant davantage des éléments distinctifs (logistique, innovation produit, qualité...) tout en cherchant à les accentuer. Cette approche de la stratégie implique bien une logique de développement du potentiel humain envisagée dans une perspective d'accroissement de la compétitivité de l'entreprise.
- Au niveau de la gestion commerciale, il y a lieu d'envisager de mettre en œuvre une politique de marketing plus ambitieuse pilotée par un commercial salarié de l'entreprise et intéressé aux résultats. Cela pourrait aussi permettre à la société de développer ses exportations.
- Sur le plan de la gestion des ressources humaines et du management, la politique actuelle va bientôt atteindre ses limites. A terme, la question du recrutement d'un spécialiste de gestion des ressources humaines va se poser. Néanmoins, il s'agira pour cet expert d'être capable de démontrer l'intérêt et la légitimité de sa fonction dans l'entreprise en valorisant sa propre production (de méthodes, d'outils...). Dans tous les cas, il s'agira de préparer rigoureuse-

ment la prise en charge de la fonction ressources humaines par un nouveau salarié de l'entreprise. Concernant la gestion de l'emploi, l'entreprise s'oriente vers une gestion qualitative axée sur l'acquisition et de développement de nouvelles compétences.

En définitive, ce cas d'entreprise montre comment la mise en œuvre d'un développement qualitatif de l'entreprise est possible, ce qui suppose davantage d'autonomie donnée aux acteurs ainsi que l'amélioration du professionnalisme en management qui peut faciliter la restructuration de l'entreprise et la maîtrise de la croissance à laquelle elle doit faire face.

CONCLUSION

Les contraintes internationales de compétitivité et de rentabilité financière obligent les entreprises à rechercher toujours plus de productivité et de flexibilité. Cette quête de compétitivité ne peut être discutée sans tenir compte des profondes mutations auxquelles sont soumises les organisations et leur mode de management. La mondialisation des entreprises peut constituer une réelle opportunité pour développer les compétences des hommes et leur niveau de qualification. C'est suivant une telle perspective que se développent les systèmes de gestion des compétences et des connaissances. En effet, le contexte international caractérisé par la montée de la complexité et de l'incertitude rend indispensable la maîtrise de compétences clés telles que des capacités de discernement des managers internationaux, d'organisation de réseaux relationnels, de conduites de projets émergents, de mise en synergie d'activités différentes, d'interculturalité, etc. Les approches contemporaines du management ainsi que le cas précédement discuté visent à montrer les conditions de production de la compétence dans le contexte d'une économie du savoir et d'une dématérialisation de l'entreprise. Le développement du travail collectif, de la gestion des équipes et de nouvelles formes de coopération dans les entreprises résultent bien d'innovations organisationnelles qui conduisent à une approche renouvelée de la gestion des hommes dont la recherche-intervention peut être un levier décisif.

NOTES DE FIN

1. Le terme constructivisme est utilisé ici au singulier en tant que paradigme de référence même si l'on admet qu'il existe plusieurs formes de constructivisme. Wacheux (1996) parle de plusieurs attitudes constructivistes possibles (p. 43), tout en insistant particulièrement sur l'idée (p. 27) que la démarche

s'apparente à un processus «d'enactment» (Weick, 1979) dans lequel la production scientifique est une forme de construction sociale (Morgan, 1990).

2. Ce positionnement épistémologique a des implications théoriques et méthodologiques significatives dans les recherches. Nous l'avons particulièrement discuté dans un article publié par *Journal of Business Ethics*, «The Ethnomethodological Approach of Management: A New Perspective on Constructivist Research» (2000). Les derniers travaux s'inscrivent toujours dans cette perspective. Par exemple, les recherches sur le leadership (Plane, 2015; Noguera & Plane, 2016), montrent que la question du haut potentiel est un construit social contingent.
3. Cf. R. Pérez (éd.), Management de la compétitivité et emploi, Paris, L'Harmattan, coll. Economiques, 2003.
4. Cf. J. Caby, G. Hirigoyen, La création de valeur, Paris, Economica, 2001, 140 pages.

BIBLIOGRAPHIE

Argyris, C. (1983). Action Science and Intervention. *Journal of Behavioral Science, 19,* 115–140.

Berger, P. & Luckmann, T. (1986). *La construction sociale de la réalité.* Paris: Méridiens Klincksieck.

Bournois, F. & Roussillon, S. (1998). *Préparer les dirigeants de demain.* Paris: Les éditions d'Organisation.

Cappelletti, L. (2012). *Le contrôle de gestion de l'immatériel. Une nouvelle approche du capital humain.* Paris: Dunod.

Devereux, G. (1980). *De l'angoisse à la méthode dans les sciences du comportement.* Paris: Flammarion.

Drucker, P. F. (1999). Knowledge-Worker Productivity: The Biggest Challenge. *California Management Review, 41*(2), 79–98.

Dumazert, J.P. & Plane, J.M. (2012). Negative Deviant Behaviors in the Workplace: Causes and Impacts to Co-Workers and Human Relations». *Revue de Gestion des Ressources Humaines,* n° *86,* 52–63.

Dumez, H. (2013). *Méthodologie de la recherche qualitative.* Paris: Vuibert.

Garfinkel, H. (1967). *Studies in Ethnomethodology.* Englewoods Cliffs, NJ, Prentice Hall.

Girin, J. (1990). Analyse empirique des situations de gestion: éléments de théorie et de méthode . *Epistémologies et Sciences de Gestion.* Paris: Economica, pp. 141–181.

Hatchuel, A. (1992). *L'intervention des chercheurs en entreprise. Education Permanente,* N° *113,* 73–88.

Huberman, M.A. & Miles, M.B. (1991). *Analyse des données qualitatives. Recueil de nouvelles méthodes.* De Boeck Université.

Hubert, G. & Van De Ven, A. (1990). Longitudinal Field Research Methods for Studying Processes of Organizational Change. *Organizational Science, 1*(3), 213–219.

Igalens, J. & Roussel, P. (1998). *Méthodes de recherche en gestion des ressources humaines.* Paris: Economica.

Kaplan, R. S. (1998). Innovation Action Research: Creating New Management Theory and Practice. *Journal of Management Accounting Research, 10,* 89–117.

Koening, G. (1993). Production de la connaissance et constitution des pratiques organisationnelles. *Revue de Gestion des Ressources Humaines,* N° *9,* 4–17.

Matheu, M. (1986). La familiarité distante. *Gérer et Comprendre,* Annales des Mines, Mars, pp. 81–94.

Mevellec, P. (1990). *Outils de gestion. La pertinence retrouvée.* Paris: Ed. Comptables Malesherbes.

Miler, D. & Friesen, P. H. (1984). *Organizations. A Quantum View.* Prentice Hall Inc., Englewood Cliffs, New Jersey.

Morgan, G. (1990). Paradigm Diversity in Organizational Research. *Theory and Philosophy in Organizational Research.* Routledge, pp. 13–29.

Nonak, I. (1994). A Dynamic Theory of Organizational Knowledge Creation. *Organization Science, 5*(1), 14–37.

Pettigrew, A. M. (1990). Longitudinal Field Research on Change: Theory and Pratice. *Organization Science, 1*(3), 267–292.

Plane, J. M. (2000). *Méthodes de recherche-intervention en management.* Paris: L'Harmattan.

Plane, J. M. (2001). *Action Science, Intervention on Company Management and Development. EGOS Meeting,* July, Lyon (France).

Plane, J. M. (2016). *Management des organisations.* Paris: Dunod, 1ère édition 2003.

Reix, R. (1995). «Savoir tacite et savoir formalisé dans l'entreprise». *Revue Française de Gestion,* Septembre-Octobre, N° *105,* 17–28.

Sanchez, R. & Heene, A. (Ed.) (1997). *Strategic Learning and Knowledge Management.* Chichester: John Wiley & Sons.

Sanchez, R., Heene, A. & Thomas, H. (Ed.) (1996). *Dynamics of Competence-Based Competition. Theory and Practice in the New Strategic Management.* Elsevier Science.

Savall, H. (1986). Le contrôle de qualité des informations émises par les acteurs des organisations. *Colloque Méthodologies Fondamentales de la Recherche en Gestion.* Actes FNEGE-ISEOR, pp. 206–280.

Savall, H. & Zardet, V. (2004). *Recherche en Sciences de Gestion: approche qualimétrique. Observer l'objet complexe.* Paris: Economica.

Schein, E.H. (1987). *Process Consultation. Volume II. Lessons for Managers and Consultants.* New York, NY: Addison Wesley, OD series.

Senge, P. (1992). *The First Discipline.* London: Century business.

Tabatoni, P. & Jarniou, P. (1975). *Les systèmes de gestion. Politiques et structures.* Paris: PUF.

Tchankam, J.P & Feudjo, J.R. (2013). «Une expérience africaine de coaching: le coaching des PME par les experts-comptables dans le processus de changement OCAM-OHADA en Afrique». *Recherches en Sciences de Gestion, 3*(96), 47–65.

Teece, D. J., Pisano, G. & Shuen, A. (1997). Dynamic Capabilities and Strategic Management. *Strategic Management Journal, 18*(7), 509–533.

Thietart, R.A. (eds.) (1999). *Méthodes de recherche en management.* Paris: Dunod.

Thompson, J.D. (1967). *Organizations in Action.* New-York: Mc Graw-Hill.

Wacheux, M. (1996). *Méthodes qualitatives et recherche en gestion.* Paris: Economica.

Weick, K.E. (1989). Theory Construction as Disciplined Imagination. *Academy of Management Review, 14*(4), 516–531.

Weick, K. E. (1979). *The Social Psychology of Organizing.* Reading M.A. Addison Wesley.

Whitley, R. (1984). *The Intellectual and Social Organization of The Science.* Oxford: Clarendon Press.

Zarifian, P. (1994). Compétence et organisation qualifiante en milieu industriel. *La compétence, mythe, construction ou réalité.* Paris: Ed. L'Harmattan.

CHAPITRE 4

OUTILS ET DISPOSITIFS DE LA RECHERCHE-INTERVENTION

Cas d'une intervention en gestion des ressources humaines

Florence Noguera

Les recherches en sciences sociales et singulièrement en gestion des ressources humaines sont souvent confrontées à des problèmes d'ordres éthique, scientifique et méthodologique. Les dissonances cognitives liées à l'acceptabilité des problèmes à résoudre, à la conciliation des valeurs portées par chacun des acteurs de l'organisation, aux divergences possibles entre l'intention scientifique, le projet initial et l'action opérationnelle en sont des exemples.

Ce chapitre a pour objectif de présenter les outils de la recherche-intervention dans un champ spécifique des sciences de gestion, la gestion des ressources humaines. Après avoir présenté les caractéristiques d'une recherche-intervention en gestion des ressources humaines (GRH) et la singularité des dispositifs épistémologiques de l'intervenant-chercheur (cf. chapitres 1 et 3), les méthodes et des techniques spécifiques d'une

La Recherche-Intervention Dans les Entreprises et les Organisations, pages 89–110

recherche-intervention en GRH seront développées. Les outils présentés seront illustrés par une recherche-intervention conduite au sein d'une administration fiscale de 1040 agents.

LES CARACTÉRISTIQUES INSTRUMENTALES DE LA RECHERCHE-INTERVENTION EN GESTION DES RESSOURCES HUMAINES

La recherche-intervention est une méthode privilégiée pour approcher le réel et les situations de gestion, telles qu'elles se manifestent concrètement dans les entreprises et organisations en raison de ses caractéristiques méthodologiques spécifiques. L'intérêt majeur de la recherche-intervention se situe dans la production de connaissances théoriques issues des actions menées sur le terrain. Une recherche-intervention en GRH comporte plusieurs caractéristiques méthodologiques.

Une des premières caractéristiques fondamentales, est que la recherche-intervention est une recherche *sur l'action* puisqu'elle privilégie une conception phénoménologique de la recherche en étudiant les phénomènes observés à partir d'actions de changement sur les objets observés (Plane, 2000 ; David, 2000). Cette méthodologie de recherche, de type clinique, s'attache à observer les entreprises et les organisations «sur un temps plus ou moins long pour suivre les évolutions naturelles ou les changements provoqués» (Wacheux, 1996). Elle permet d'étudier des comportements d'acteurs et d'observer l'évolution des pratiques de gestion (Argyris & Schön, 1978), en s'appuyant sur l'élaboration et la validation d'hypothèses de connaissances à partir de l'observation des données de terrain (Savall & Zardet, 2008). La recherche-intervention permet donc de transformer, de changer une situation et d'étudier les effets de ces changements sur les niveaux individuels, collectifs et organisationnels et de dégager des résultats relatifs, par exemple, à l'impact de la mise en œuvre d'une nouvelle politique de Gestion des ressources Humaines sur les systèmes de rémunération.

Une deuxième caractéristique fondamentale est que la recherche-intervention est une recherche *en action* qui s'inscrit dans la lignée du courant constructiviste (Le Moigne, 1990), dans la mesure où il est admis que la simple observation sur le terrain modifie le comportement des acteurs et transforme la réalité (Lawrence & Lorsch, 1967). Le processus de transformation de l'objet étudié n'est pas un problème pour le chercheur mais une opportunité de recherche. L'interaction entre observateur et observé est par définition, dans le cadre d'une recherche-intervention, la condition même de la connaissance. Cette méthode est une méthode interactive à visée «transformative», par opposition aux démarches dites «contemplatives»

(Avenier & Thomas, 2013), entre le chercheur et son terrain. Son objectif est de décrire mais aussi de comprendre les situations de gestion, ainsi que les modalités d'animation d'une politique Ressources Humaines.

Une troisième caractéristique fondamentale est que la recherche-intervention est une recherche *pour l'action*. Elle consiste à produire des connaissances et des concepts qui permettent «de penser des trajectoires» dans lesquelles les entreprises et les organisations pourraient s'engager (Hatchuel, 1994). La pratique restant l'une des deux finalités de la recherche-intervention, la communication du savoir créé se fait également pour les praticiens et donc dans un langage utilisable par eux et traduisible dans les pratiques.

La recherche-intervention tire donc ses caractéristiques de son rapport au terrain et de sa vocation à innover. Le chercheur n'est pas seulement une sorte d'expert appliquant une technique, des outils et des modèles de Gestion des Ressources Humaines. Son observation, sa réflexion produisent également un savoir, une connaissance scientifique à partir d'une analyse du réel. Ces caractéristiques de la recherche-intervention n'étant pas aussi explicite dans les autres sciences, les sciences de gestion peuvent ainsi être qualifiées de « science de l'action» (Argyris, 1995), d'où la qualification de chercheur-acteur ou d'intervenant-chercheur. Lorsqu'on parle de recherche-intervention, le chercheur est en effet également acteur, c'est-à-dire qu'il est dans l'entreprise et participe au changement avec les acteurs de l'organisation.

Le positionnement de l'intervenant-chercheur en GRH

Le rôle du chercheur, sa place, son impact sur l'objet de recherche observé sont des questions cruciales en GRH, à l'instar d'autres disciplines des sciences sociales. En effet, le chercheur en GRH peut être confronté à différents problèmes (Arnaud, 1996): les données collectées peuvent se parasiter mutuellement, il peut exister des écarts entre l'acte d'observation et la réalité, du fait des centres d'intérêt spécifiques du chercheur, de son expérience passée, de ses motivations, et de ses choix intellectuels et idéologiques. Le chercheur ne peut voir que ce qui lui convient en oubliant ce qui peut lui être désagréable, voire, du fait de sa proximité avec les acteurs de terrain. Pour passer ces difficultés, le chercheur doit opérer constamment un compromis entre son projet de recherche (guidé par sa problématique de recherche) et les problèmes de terrain identifiés par les décideurs clés de l'entreprise. C'est donc un compromis entre la logique de connaissance et la logique d'action (Girin, 1986), compromis qui se joue essentiellement au travers de la définition de la position épistémologique du chercheur dans l'entreprise.

Le positionnement épistémologique: l'alternance immersion et distanciation

Le mode opératoire d'une recherche-intervention en GRH nécessite l'alternance entre l'immersion dans l'entreprise et la distanciation afin de conceptualiser la problématique de recherche et de tester les hypothèses définies ex ante par le chercheur (cf. chapitre 1). Il alterne des phases de formalisation et de contextualisation de durée et d'intensité variable dans l'objectif de faire progresser à la fois les modèles et outils de GRH, pour l'action, et les hypothèses et résultats de recherche, pour la connaissance. C'est pour cette raison que la recherche-intervention constitue un modèle de conception et de pilotage du changement particulier, dans lequel conception et implémentation des nouveautés sont gérés en «simultané» (David, 2000).

Cette alternance entre conceptualisation et expérimentation signifie que certaines étapes de travail sur le terrain consistent à tester, au sens d'expérimenter, des concepts, des outils dans une situation de gestion observable, puis à évaluer les résultats de cette expérimentation pour affiner la modélisation, les concepts, voire pour proposer de nouveaux concepts qui résultent des connaissances tirées de l'expérimentation. Ce raisonnement rejoint le modèle de la boucle récursive «abduction-déduction-induction» décrite par A. David (1999) sur la génération d'idées, l'ordre dans lequel elles apparaissent et les données pour les valider. La déduction est un moyen de démonstration. Ce raisonnement consiste à poser une hypothèse, puis à collecter des données pour la valider, et enfin à en déduire logiquement son degré de validation. Une déduction se caractérise par le fait que, si les hypothèses formulées initialement sont vraies, alors la conclusion doit nécessairement être vraie (Charreire & Durieux, 1999). A l'issue d'inférences certaines (déduction), le chercheur est alors en mesure d'avancer une conclusion explicative et/ou prédictive. L'induction est un processus de généralisation par laquelle on étend à une classe d'objets ce qui a été observé sur un individu. Ce raisonnement correspond à une inférence logique qui confère à la découverte une constance a priori. L'induction est donc le raisonnement par lequel on passe du particulier au général, des faits aux lois, des effets à la cause et des conséquences aux principes. Enfin, le raisonnement abductif consiste à élaborer une observation empirique qui relie une règle générale à une conséquence, c'est-à-dire qui permet de retrouver la conséquence si la règle générale est vraie (David et al, 2000). L'abduction confère à la découverte un statut explicatif ou compréhensif qui, pour tendre vers la règle, nécessite d'être testé ensuite.

Dans le cadre du processus d'alternance entre l'immersion et la distanciation de la recherche-intervention, la déduction permet de générer des conséquences, l'induction d'établir des règles générales et l'abduction de construire des hypothèses. Chacune à leur manière, ces logiques jouent donc un rôle dans la construction et la validation d'hypothèses et donc de connaissances. Dans les recherches-interventions, l'analyse des matériaux se fait donc au fur et à mesure, en alternant des logiques de raisonnement différentes, et ce n'est donc qu'au bout d'un certain temps que des invariants, des constantes apparaissent. A titre d'exemple l'utilisation et l'importance accordée par le chercheur intervenant en GRH à l'alternance entre des phases d'immersion puis de distanciation par rapport au terrain analysé servent la construction d'hypothèses. Le travail du chercheur est en effet basé sur la formulation d'hypothèses constitué de trois types d'hypothèses: descriptives, explicatives et prescriptives (cf. Chapitre 1). Les hypothèses descriptives (le quoi) sont celles issues du terrain, d'évaluation de cas d'expérimentations ou de matériaux bibliographiques. Le chercheur fait dans le cas de la formulation de ses hypothèses descriptives une sélection de signes pertinents dans le champ de sa recherche qu'il aura à vérifier par l'observation. Les hypothèses explicatives (le pourquoi) sont issues d'une interprétation ou d'une explication des constats effectués précédemment. Le chercheur opère une sélection des causes des signes pertinents observés. Les hypothèses prescriptives (le comment) représentent la «vraie» valeur ajoutée apportée par le chercheur à la réponse à sa problématique de recherche. Elles sont issues d'une proposition de pistes de solutions, de scénarios possibles issues de l'expérience qu'il s'agira de démontrer et de valider au cours du processus de recherche.

La construction d'hypothèses se fait progressivement, au fur et à mesure de l'accumulation de nouveaux matériaux bibliographiques et expérimentaux. La principale difficulté est d'analyser, ordonner et structurer ces matériaux en rapport à la problématique de recherche et au fil conducteur. La formulation d'hypothèses doit permettre de structurer la pensée du chercheur et d'orienter son travail de recherche. La formulation d'hypothèses permet de capitaliser l'ensemble des idées de nature qualitative ou quantitative qui permettra au chercheur de faire sa démonstration. Les hypothèses s'enrichissent et se modifient continuellement tout au long du processus de recherche et en particulier lors de l'exploitation des matériaux bibliographiques ou de terrain (Miles & Huberman, 2003). Le va-et-vient permanent entre la littérature, le laboratoire de recherche et un ensemble de terrains permet l'alternance entre immersion et distanciation, dans le sens où le chercheur s'inscrit dans un processus qui alterne entre l'observation empirique, l'induction, la formulation d'hypothèses logico-déductives, la confrontation au réel par observation empirique et ainsi de suite. A titre d'illustration ci-dessous un extrait du corps d'hypothèses d'une recherche-intervention réalisée dans une administration fiscale (Figure 4.1).

Les hypothèses explicatives sont construites par abduction, leurs effets sont analysés par déduction, les théories affirmées sont mises en évidence

HYPOTHESES DESCRIPTIVES	HYPOTHESES EXPLICATIVES	HYPOTHESES PRESCRIPTIVES
La dématérialisation de l'information entraîne une diffusion massive des informations par l'intranet, que les agents ont du mal à intégrer et à traiter.	Le personnel souffre d'une absence de synthèses explicatives de la part de l'encadrement, sur des données parfois très complexes.	L'encadrement a un rôle de facilitateur dans la mise en place de nouvelles formes d'organisation du travail et d'animateur de son équipe par la traduction des impulsions politiques qu'il reçoit
QUOI? Observation constat	**POURQUOI? Explication possible**	**COMMENT? Scénario possible de solution**

Figure 4.1 Extrait du corps d'hypothèses: Recherche-intervention au sein d'une administration fiscale.

par induction et lorsqu'elles sont infirmées, le processus redémarre sur le principe de l'abduction par de nouvelles hypothèses explicatives à tester.

La co-production de connaissances pour l'action

Les recherche-interventions en GRH ne se limitent pas à un simple «recueil» de données, mais à une «production», voire une «co-production», de données avec les acteurs du terrain. En effet, la recherche-intervention peut avoir comme origine une demande d'aide de la part d'une direction d'une entreprise ou d'une organisation. La co-production de connaissances positionne les recherches-interventions dans le paradigme constructiviste puisque le changement et le processus de transformation de l'objet étudié ne sont pas des problèmes pour le chercheur mais des opportunités de recherche.

La recherche-intervention est un processus d'interactions complexe et cognitif entre les acteurs d'une organisation et le chercheur, chargé, du point de vue des acteurs, de l'implantation, de l'apprentissage de méthodes et d'outils de GRH ainsi que de la stimulation de transformations durables sur le mode de management et de fonctionnement d'une organisation. Dans le cas de la recherche-intervention, on parle du principe d'interactivité cognitive entre les chercheurs et les acteurs de l'entreprise (Savall & Zardet, 2011), dans un souci permanent d'accroître la valeur de la signifiance des informations traitées dans le travail scientifique. Les connaissances sont coproduites par les acteurs et le chercheur, via leurs représentations sociales respectives, confrontées entre elles par itérations successives (Buono &

Savall, 2007), qui correspondent à des va-et-vient permanents, autant physiques qu'intellectuels, entre le laboratoire, lieu de conceptualisation, et le terrain, lieu d'expérimentation (cf. chapitre 1).

Ce processus permet en effet de construire progressivement une relation, un lien de «consensus-confiance» entre les acteurs de l'organisation et le chercheur.

Pour plusieurs raisons: l'écoute de ce que les acteurs ont à dire, le respect scrupuleux de règles déontologiques de la part du chercheur sur l'utilisation et la présentation des données collectées, la distance d'analyse qu'il conserve dans ses relations avec l'entreprise et la volonté de voir le chercheur utiliser les données transmises pour apporter des changements à l'organisation.

Cette relation de confiance est largement renforcée lors de la présentation des résultats puisque cette phase permet à chacun des acteurs de vérifier que leur parole a été entendue, notée, retranscrite, respectée et rendue anonyme (Matheu, 1986).

Les dispositifs de travail, permis par les entretiens, la présentation des résultats, permettent aux acteurs de l'entreprise de confronter et d'expliciter continuellement leurs représentations subjectives respectives et de dialoguer avec le chercheur. Ces interactions des discours, des comportements et des représentations génèrent ainsi pour chacun des acteurs une nouvelle représentation affinée source de production de la connaissance.

RECHERCHE-INTERVENTION ET PRODUCTION DE CONNAISSANCES: JUSQU'OÙ EST-CE COMPATIBLE?

Dans le cadre d'une recherche-intervention, le chercheur est confronté à un risque lié aux pressions politiques et aux structures mentales de l'organisation étudiée. En effet, l'intervenant-chercheur peut être soumis à des pressions politiques de l'objet d'étude, qui peut l'éloigner de ses objectifs de création de connaissances. Ce risque est fort en GRH où les sujets abordés (restructuration, rémunération, implication...) sont sensibles. Cette pression politique s'explique par les liens contractuels unissant le chercheur-intervenant à l'entreprise étudiée.

De plus, la méthodologie de recherche-intervention est une méthode de recherche de terrain dont la frontière avec la consultation est parfois ténue. La recherche-intervention en GRH, utilise le conseil et ses outils comme une technologie de la recherche (Peretti, 2008 ; Cappelletti & Noguera, 2007). Le risque pour le chercheur-intervenant est de favoriser la dimension pratique de son travail, et de négliger la dimension scientifique, en raison de contraintes politiques et culturelles, voire des contraintes de temps et de carrière. Il n'est pas rare ainsi de rencontrer des collègues universitaires âgés qui ont masqué durant toute leur carrière, dans leur publication académique, leurs interventions en entreprises. Heureusement, les temps changent!

Pour décrire ces phénomènes, de nombreux auteurs spécialistes de recherche-intervention comme Schein (1984, 1985) préfèrent parler de culture d'entreprise. Selon Schein, la culture est un ensemble inter-relié d'hypothèses inventées, découvertes, ou développées par un groupe donné au fur et à mesure qu'il apprend à affronter et traiter ses problèmes d'adaptation externe et d'intégration interne. La culture correspond au cas où cet ensemble inter-relié fonctionne suffisamment bien pour être considéré comme valide, et donc digne d'être enseigné aux nouveaux membres du groupe. La pression culturelle peut dévier le chercheur-intervenant, de manière plus ou moins consciente, de sa problématique et de ses hypothèses initiales. L'aménagement de phases de distanciation de l'entreprise étudiée, et des échanges réguliers avec des personnes extérieures au terrain (chercheurs du laboratoire de rattachement par exemple), permettent d'atténuer ces influences. De même, les outils et les dispositifs de recherche-intervention sont utilisés pour collecter des données qui, en recourant aux principes de contingence générique, d'interactivité cognitive et d'intersubjectivité contradictoire, seront transformées en connaissances (cf. Chapitre 1).

LES DISPOSITIFS DE LA RECHERCHE-INTERVENTION EN GRH

La recherche-intervention vise à transformer son objet de recherche pour, au-delà des discours d'apparence des acteurs, observer leurs pratiques concrètes. Pour cela la recherche-intervention mobilise des méthodes et des techniques spécifiques et rigoureuses.

La négociation d'une recherche-intervention en GRH

La négociation d'une recherche-intervention (cf. Chapitres 2, 5, & 6) en GRH suppose d'identifier préalablement ses enjeux économiques, sociaux, organisationnels et de management pour les différentes parties prenantes: direction, encadrement, employés de l'entreprise ou l'organisation et l'équipe des intervenants-chercheurs.

Les enjeux économiques nécessitent un examen approfondi des perspectives stratégiques de développement économique de l'entreprise. Les enjeux économiques touchent certes aux évolutions de la masse salariale et d'autres charges induites, mais aussi et surtout aux évolutions des produits (au sens comptable: chiffre d'affaires ou recettes nouvelles) de l'entreprise, à l'amélioration de la qualité et au développement des ressources humaines et des activités de création de potentiel.

Les enjeux sociaux se situent au plan de la qualité de vie professionnelle et extraprofessionnelle des acteurs internes, de la possibilité de stabiliser des emplois jusqu'alors précaires, de la rémunération des salariés, mais aussi à l'aménagement des horaires. Les enjeux sociaux touchent également les clients externes au travers de l'amélioration de qualité de services avec notamment l'accroissement de l'amplitude horaire.

Les enjeux organisationnels portent sur la satisfaction de la clientèle, sur la polyvalence du personnel (sécurité et flexibilité de fonctionnement), sur la formation des salariés, sur la communication et la coordination permettant de garantir la synchronisation entre les personnes ainsi que les délais de réalisation des travaux et des activités.

Les enjeux de management portent sur le rôle de l'encadrement et sur le renforcement de sa fonction de stimulation et de contrôle des personnes et des activités, sur la gestion de l'autonomie des personnes et de la délégation et enfin sur l'implication des salariés.

L'intervenant-chercheur doit définir les axes principaux, les objectifs et le contenu de la recherche-intervention préalablement avec la direction de l'entreprise ou de l'organisation au sein d'un cahier des charges (voir Chapitres 2, 5, & 6). En effet, avant le lancement d'une recherche-intervention, il est nécessaire de définir les objectifs, les méthodes utilisées et les actions à réaliser. Cette décomposition entre objectifs, méthodes et prestations constitue une visualisation complète de la recherche-intervention (Savall & Zardet, 1987).

- Les objectifs sont la formalisation des résultats à atteindre par rapport à l'analyse de la demande de l'entreprise. Il s'agit de la représentation de la problématique de recherche à résoudre.
- Les méthodes précisent la méthodologie par laquelle les objectifs seront atteints: les méthodes et les outils qui seront mobilisés par l'intervenant-chercheur lors de l'investigation
- Les prestations sont les actions et les activités réalisées par l'intervenant-chercheur conformément aux méthodes choisies.

CAS D'UNE RECHERCHE-INTERVENTION EN GRH: CONTEXTE DE LA RECHERCHE

A titre d'exemple, une recherche-intervention a été initiée par une Direction Départementale des services fiscaux de 1040 agents sous forme d'un contrat de recherche-intervention dans le contexte suivant:

- Introduction de la qualité au sein des services fiscaux
- Mise en place de contrat d'objectifs et de moyens (LOLF (Loi organique et de finance)
- Mise en place du contrat de performance: la qualité de service est un objectif stratégique
- Cela se traduit par la mise en place d'engagements qualité et une mesure régulière de standards qualité « Les engagements: pour vous faciliter l'impôt»
- Préparation de la fusion Direction Générale des Impôts/trésor public
- Dématérialisation des déclarations fiscales

L'objectif scientifique de cette recherche-intervention était de comprendre pourquoi des agents qui expriment souvent un fort attachement au service public ne s'impliquent pas spontanément dans des changements visant la qualité de service à l'usager ? Les objectifs plus opérationnels de la recherche-intervention ont été négociés tout d'abord à travers un recueil

ACTION DE COMMUNICATION INTERNE ET QUALITE DE SERVICE

1 REUSSIR ENSEMBLE UN PROJET D'AMELIORATION DURABLE DE LA QUALITE DE SERVICE

- Relier la qualité de service public à l'amélioration de la performance humaine, sociale et économique des agents
- Identifier les problèmes rencontrés depuis la mise en place du programme «Pour Vous Faciliter l'Impôt» (Programme qualité de service)
- Mobiliser les différentes catégories d'agents vers la qualité, activer toutes les zones de dialogues et accepter de traiter tous les problèmes

2 CONTRIBUER A L'ADHESION DES AGENTS AU PROJET QUALITE DE SERVICE AUX USAGERS

- Forger l'acceptation du programme qualité
- Construire et entretenir la cohésion de tous les agents autour du programme qualité de service
- Renforcer la prise en compte des agents du terrain

3 PRODUIRE DES ACTIONS D'AMELIORATION

- Construire de manière participative et transversale des référentiels de fonctionnement
- Développer des solutions (scénarios) et des actions de progrès
- Forger l'acceptation des solutions, négocier et élaborer une démarche transversale

4 ORGANISER LE SUIVI DES ACTIONS ET EVALUATION

- Construire un système de pilotage
- Concevoir les processus, les indicateurs de pilotage et une évaluation
- Construire une action de communication

Figure 4.2 Cahier des charges de la Recherche-Intervention—Administration fiscale de 1040 agents. *Source:* Noguera (2009, 2010), Recherche-intervention au sein d'une administration fiscale.

des attentes, puis par un document présentant les objectifs, les méthodes et les prestations proposées.

Comment définir le périmètre d'une recherche-intervention en GRH?

Le périmètre de la recherche-intervention doit être précisé dans le cahier des charges, c'est-à-dire les limites du champ, les points exclus de la recherche, la méthode et les techniques de recueil des données ainsi que, le détail sur la nature des investigations. L'intervenant-chercheur défini en lien avec la direction de l'entreprise ou de l'organisation et la DRH le champ, c'est-à-dire le micro-espace au sein duquel les travaux de recherche seront réalisés, les personnes à rencontrer, les conditions matérielles et opératoires, les documents à utiliser, la chronologie détaillée des interventions et le budget temps. Le périmètre de la recherche intervention peut concerner tous les salariés de l'entreprise ou seulement une ou plusieurs catégories d'acteurs.

Il est essentiel de conduire des entretiens auprès de toutes les catégories de personnel travaillant dans le périmètre de la recherche-intervention

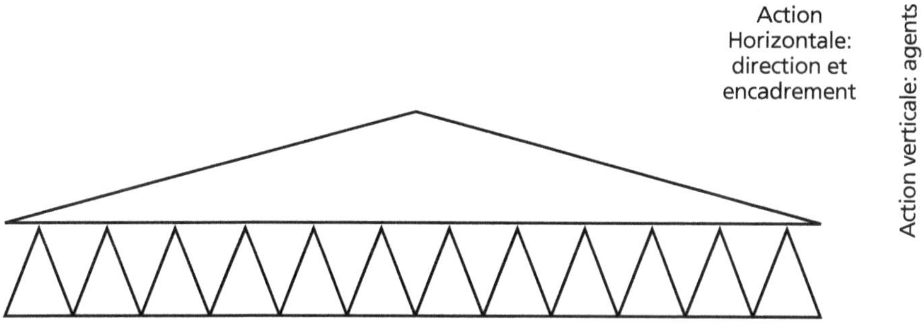

Figure 4.3 Architecture d'une recherche-intervention: le processus HORIVERT* au sein d'une administration fiscale. *Source:* Noguera (2009, 2010), Recherche-intervention au sein d'une administration fiscale

* Voir ISEOR (1974–2017). http://www.iseor-consulting.com. La démarche HORIVERT de recherche-intervention socio-économique consiste à une double action globalisante: une action horizontale de soutien méthodologique impliquant l'équipe de direction et l'encadrement ; une action verticale, dans au moins deux unités de base (service, agence, atelier), qui implique des personnels dits d'exécution (ouvriers, employés) et les équipes d'encadrement de ces unités. Cette double action horizontale et verticale permet d'assurer une meilleure intégration de l'intervention à la stratégie de l'entreprise, et de résoudre des dysfonctionnements et stratégiques souvent interconnectés. La démarche HORIVERT d'intervention est adaptée aux rythmes biologiques de l'activité propres à chaque entreprise ou organisation et permet une irrigation totale.

(personnel ouvrier et/ou employé, agent, l'encadrement et les responsables du service, de département ou d'unité).

Le personnel de l'entreprise ou de l'organisation extérieur au champ de la recherche-intervention peut être rencontré, le choix se fait en fonction des liaisons hiérarchiques et fonctionnelles. Toutefois, il est nécessaire de rencontrer le directeur, le directeur des ressources humaines ou le responsable du personnel, le directeur administratif et financier, le directeur général de l'entreprise et les représentants du personnel (délégués du personnel, délégués syndicaux, membres du comité d'entreprise et du comité d'hygiène et de sécurité des conditions de travail). Le champ de la recherche-intervention en GRH se caractérise par la variété des niveaux, des domaines et des activités à observer (les ressources humaines mobilisables, les risques sociaux menaçant l'entreprise, les dysfonctionnements qui en sont la source) (Plane, 2000).

A titre d'illustration, au sein d'une Direction Départementale des services fiscaux, la recherche-intervention a été menée auprès de 1040 agents. L'expérimentation au sein de cette organisation concerne douze sites (6 sites urbains, 3 sites périurbains, 3 sites situés en zone rurale). La recherche-intervention a associé l'équipe de Direction, les membres de l'encadrement, le personnel et les délégués syndicaux. La durée de la recherche-expérimentation a été de neuf mois. La recherche-intervention auprès de douze sites de la direction départementale des services fiscaux, s'est construire selon une double démarche, horizontale et verticale. Cette Direction des services fiscaux est organisée en 7 divisions: une division Ressources humaines, une division Logistique, informatique et domaine, une division Organisation, études et prospective, une division Contrôle fiscal,

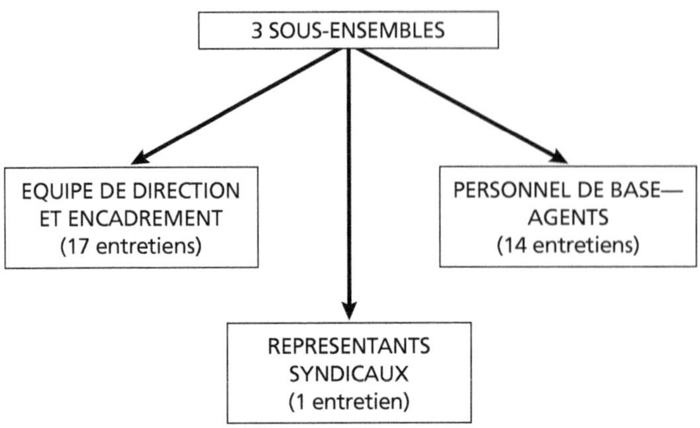

Figure 4.4 Segmentation de l'échantillon. *Source:* Noguera (2009, 2010), Recherche-intervention au sein d'une administration fiscale.

une division Bloc des particuliers, une division Contentieux et une division Bloc professionnel.

On distingue deux pôles d'activités, l'un composé de services à compétence départementale et l'autre composé de services à compétence locale. La recherche-intervention a concerné plus précisément les services à compétence locale, c'est-à-dire les Centres des impôts, les Services des impôts des entreprises, les Conservations des hypothèques, les Centres des impôts fonciers et les Centres des impôts—Recettes. L'objectif de cette recherche était d'identifier et de comprendre les résistances des agents dans la mise en place d'un programme de changement visant à améliorer la qualité de service. Un diagnostic approfondi a été réalisé au sein des douze sites selon la méthodologie socio-économique (Savall, 1975).

L'échantillon représente environ 10% de l'effectif total de la direction générale des impôts. L'échantillon est composé de 40% d'hommes et 60% de femmes. L'étude a privilégié les agents des services accueillant massivement le public: secteur D'assiette des Impôts Direct (SAID) dans les centres des impôts (CDI), service de la délivrance d'extraits cadastraux et secteurs Fonciers dans les centres des impôts fonciers (CDIF), Services des Impôts des Entreprises.

Les techniques de recueil des données d'une recherche-intervention en GRH

A l'instar de Girin (1986) et de Singly (1993), la construction de données de terrain n'est pas objective, l'objectivation étant impossible a atteindre pour deux raisons: «le réel est inépuisable et le réel ne peut être décrit que par la médiation de catégories de perception». Le recueil des matériaux dans le cadre d'une recherche-intervention en GRH s'appuie sur une évaluation approfondie des situations de gestion rencontrées dans chacune des entreprises et des organisations étudiées. Les recherches sur le terrain, du fait qu'elles observent la réalité dans sa complexité et l'événement dans

TABLEAU 4.1 Récapitulatif du nombre d'entretiens réalisés

Segmentation de l'échantillon		
SOUS-POPULATION	NOMBRE D'ENTRETIENS	NOMBRE DE PERSONNES
Equipe de direction et encadrement	17	17
Personnel de base—agents	14	69
Représentants syndicaux	1	6
Total	32	92

Source: Noguera (2009, 2010), Recherche-intervention au sein d'une administration fiscale.

ce qu'il a d'éphémère, nécessitent des techniques à la fois très rigoureuses, afin de ne pas être débordées par les informations, et très ouvertes, pour ne pas manquer l'observation intéressante et non prévue (Grawitz, 1993).

Le chercheur dispose pour cela de plusieurs outils d'investigation lui permettant de collecter des données de terrain. Parmi ces techniques on distingue: les entretiens en profondeur, l'observation directe des situations et l'analyse des documents internes et externes de l'entreprise ou de l'organisation étudiée (bilan social, tableau de bord sociaux, rapport d'activités, plan de formation, charte qualité).

Les entretiens en profondeur

Les entretiens constituent la technique privilégiée pour recueillir une description détaillée des situations vécues réellement par les acteurs des entreprises et des organisations étudiées. Les entretiens permettent également de relever les dysfonctionnements et des régulations mises en œuvre.

Les entretiens exploratoires

La conduite d'entretiens exploratoires est un préliminaire à toutes recherches-interventions en GRH. Cette phase permet de définir avec les acteurs de l'organisation étudiée les thèmes et les sous-thèmes de travail. Les entretiens exploratoires conduits avec les responsables du micro-espace consistent à rassembler les chiffres significatifs, les données historiques (dates de création, étapes significatives) et les informations sur la structure des responsabilités.

Ils mettent en évidence également les contraintes techniques, sociales, économiques et commerciales qui pèsent sur l'organisation du travail, les conditions physiques de travail, les formes d'aménagement du temps de travail adoptées, les niveaux de qualification, les dysfonctionnements, plus généralement l'ensemble des conditions de vie et de travail des salariés dans l'entreprise ou l'organisation. Ces entretiens exploratoires permettent d'obtenir un descriptif synthétique: le secteur d'activité, l'origine des compétences (savoirs, savoir-faire) et évolutions, décrire les produits, les productions, les services, gamme et niveau de gamme, identifier le volume d'activité, les marchés (part de marché, niveau exportation), le type de clientèle, les poids des principaux clients et l'évolution du chiffre d'affaires des trois ou cinq dernières. L'intervenant-chercheur doit mettre en évidence les contraintes qui pèsent sur l'aménagement du temps et la nature des emplois proposés: modalités d'organisation du travail par catégories socioprofessionnelles, modulation d'horaires collectifs ou individualisés, semaine comprimée, heures supplémentaires, modulation et équipes en fin de semaine, temps partiel annualisé, compte épargne temps, chômage partiel, intérim, travailleurs saisonniers, contrat à durée déterminée.

Enfin, les entretiens exploratoires consistent à réaliser une analyse des structures et des comportements de l'entreprise ou l'organisation étudiée. En effet, selon les résultats issus de recherches-interventions publiés en 1987 par H. Savall et V. Zardet, une organisation est définie comme un ensemble de structures et de comportements, dont l'interaction produit d'une part, le fonctionnement attendu, et d'autre part, le fonctionnement réel. Les structures sont envisagées comme des éléments permanents, relativement stables, qui influencent les comportements. Cinq catégories de structures peuvent être analysées par l'intervenant-chercheur: les structures physiques (locaux, surface, répartition, situation géographique...); les structures technologiques (moyens de production, niveau de technologie, niveau d'intégration informatique...); les structures organisationnelles (processus et flux de production, organisation du travail (équipes), l'organigramme hiérarchique et fonctionnel (existe-t-il des descriptions de fonction?), qualifications, niveau et nombre, structures de coordination, comités réunions et groupes de travail, fréquence) ; les structures démographiques (effectifs, âges, ancienneté, sexe, emplois précaires et saisonniers, variations sur 3 ans) et les structures mentales (niveau d'instruction (initiale, continue), action de formation et budget, polyvalence). Les comportements correspondent aux manifestations humaines observées, ayant une incidence sur l'environnement physique et social. Ces derniers se caractérisent par leur nature conjoncturelle et leur instabilité. Cinq logiques de comportements sont observables: les comportements individuels, les comportements de groupe d'activité, les comportements catégoriels, les comportements de groupes d'affinité ou de groupe de pression et les comportements collectifs.

Modalités opératoires des entretiens qualitatifs

En règle générale, lors d'une recherche-intervention, l'ensemble des personnes du champ observé sont rencontrés en entretien, mais également des personnes extérieures qui sont à l'interface du micro-espace étudié. Si la taille du micro-espace est trop grande, le chercheur avec l'aide du responsable du micro-espace défini un échantillon représentatif, généralement entre 20 à 30% de l'effectif du périmètre de la recherche-intervention. Les entretiens de direction et d'encadrement sont individuels et durent une heure. Les entretiens se font en petits groupes de trois à six personnes pour le personnel ouvrier et employé, les représentants du personnel et des délégués syndicaux mais en s'assurant que ces groupes sont homogènes quant aux emplois de leurs participants (personnes d'un même métier, même emploi-type ou de même secteur). Les entretiens collectifs peuvent être des groupes d'interface, c'est-à-dire de métiers ou de secteurs différents. Ils durent environ 1,5 heures, selon la complexité des problèmes abordés. D'autres critères de choix des personnes pour les entretiens de groupes peuvent être retenus pour veiller à la meilleure représentativité de l'échantillon, par exemple, des critères démographiques: personnels anciens et nouveaux dans l'entreprise, des jeunes et des plus âgés, des hommes et des femmes ; des critères de comportements: des personnes actives et des personnes moins appréciées par la direction, des personnes introverties, timides et des personnes extraverties. Si l'organisation étudiée se compose de différents sites ou unités, un critère sur la localité géographique devra être retenu, par exemple, unité en zones rurale, péri-urbaine et urbaine.

Dans le cadre d'une recherche-intervention deux types d'entretiens peuvent être conduits, des entretiens semi-directifs et des entretiens directifs. Les entretiens semi-directifs sont réalisés à partir d'un guide d'entretien. Ils permettent de collecter des informations sociales et organisationnelles qualitatives ou quantitatives. Les entretiens directifs sont destinés généralement à collecter des données quantitatives et financières à partir d'un guide très précis. Le guide d'entretien utilisé dans le cadre des entretiens qualitatifs semi-directifs est construit par l'intervenant-chercheur en interaction avec les acteurs du terrain de recherche à partir d'entretiens exploratoires réalisés auprès des responsables du micro-espace étudié. Le guide d'entretien se structure généralement en thèmes, sous-thèmes et sous-sous-thèmes.

Conduite de l'entretien qualitatif

Le chercheur qui conduit l'entretien doit mettre en œuvre une stratégie d'intervention à partir de la conception d'un guide d'entretien. Dans le sens où le chercheur qui les conduit est soumis à un flux désordonné d'informations: il doit mettre en œuvre une stratégie de conduite de l'entretien afin de maximiser la part d'informations utiles pour la recherche.

Le choix de ce mode de collecte de données s'explique par la volonté de collecter des données primaires aussi fiables que possible sur les situations vécues par les acteurs de l'organisation. Cela permet également de recueillir une grande variété d'opinions et de proposer par la suite des méthodes et outils innovants répondant aux attentes du plus grand nombre. Lors de la conduite d'un entretien qualitative, l'intervenant-chercheur prend des notes exhaustives.

Sur le plan technique, les entretiens semi-directifs qualitatifs de manière ouverte puis les acteurs rencontrés individuellement s'expriment librement sur les thèmes, sous-thèmes, voire sous-sous-thèmes de la grille d'entretien. Ils abordent en premier ce qu'ils jugent important pour eux. La durée d'expression sur les thèmes peut être inégales, mais l'intervenant-chercheur devra recentrer l'entretien, si l'interviewé s'exprime trop longuement sur un thème ou un sous-thème. En règle générale, les thèmes sont abordés dans leur intégralité par les acteurs alors que les sous-thèmes/sous-sous-thèmes ne l'ont pas été systématiquement.

TABLEAU 4.2 Exemple de guide d'entretien d'une recherche-intervention

1. Relations avec les usagers	
1.1 L'accueil téléphonique	Horaire de l'accueil téléphonique Matériel et fournitures: équipement téléphonique Gestion des appels téléphoniques Facteurs perturbateurs de la gestion du temps Standard téléphonique
1.2 Le courrier	Gestion et traitement du courrier, des courriels et des télécopies Délai de réponse aux courriers suffisant Traitement des réclamations écrites des usagers
1.3 L'accueil physique	Aménagement et agencement de l'accueil et des locaux Horaires de l'accueil physique Information et suivi de l'usager Dispositif d'information Gestion de l'accueil physique
2. Organisation et ressources	
2.1 Organisation du travail	Répartition des tâches, des missions et fonctions Intérêt du travail Répartition de la charge de travail Autonomie dans le travail
2.2 Les locaux	Configuration de l'accueil Conditions du travail Sécurité des locaux signalétique Equipement informatique
2.3 Gestion du personnel	Adéquation formation-emploi Compétences disponibles Besoins de formation Système de rémunération
3. Communication et stratégie	
3.1 Communication/ coordination/ concertation	Equipe d'encadrement Relations avec les services environnement (particuliers, professionnels, services aux entreprises, conservation des hypothèques) Dispositifs de communication–coordination–concertation Transmission des informations internes/externes
3.2 Règles et procédures liées au programme qualité	Connaissance du programme qualité Contraintes du programme qualité Respect des procédures qualité Existence de procédures
3.3 Stratégie	Objectifs et orientations stratégiques Communication des objectifs du programme qualité Objectifs font l'objet d'un suivi régulier Les résultats sont communiqués…
3.4 Gestion et suivi de la qualité	Système d'information (standards/engagements qualité de programme qualité Indicateurs quantitatifs, qualitatifs et financiers Supports de communication interne/externe Méthode de traitement et existence de dispositifs d'évaluation stratégique Moyens humains, techniques et financiers

Source: Noguera (2009, 2010), Recherche-intervention au sein d'une administration fiscale.

L'observation participative

L'analyse en profondeur d'un phénomène, comme le précise Amado (1989), ne saurait se laisser réduire à ce que les acteurs peuvent en dire, car ils peuvent être sous-informés. Leurs discours peuvent également être tributaires de capacités de verbalisation et de traduction de situations vécues ou observées. Afin de limiter ces biais pour la pertinence des données collectées en entretiens, l'intervenant-chercheur déploie une deuxième technique de recueil de données qui est l'observation directe. L'observation directe vise essentiellement à recenser des informations sur l'objet étudié. Elle peut être concentrée, diffuse ou déléguée. Elle est *concentrée* lorsque le chercheur consacre plusieurs heures, voire plusieurs jours à observer l'objet étudié. Elle peut se manifester lors de la participation du chercheur à des réunions de travail internes, lors de l'accompagnement de l'entreprise dans la conduite d'un projet de changement ou encore à l'occasion de rendez-vous avec au moins un des membres de l'organisation. Elle peut être *diffuse* lorsque toute présence physique du chercheur sur les lieux de travail est une occasion d'observation directe de l'objet. Elle concerne à la fois le recueil, par le chercheur, d'indicateurs non verbaux émis, par exemple, lors de la conduite des entretiens (gestes, relation spatiale, ton...) et le recueil d'indicateurs verbaux et/ou non verbaux lors par exemple de la visite de l'entreprise. Elle est *déléguée* lorsque le chercheur demande à l'encadrement du micro-espace d'observer lui-même certaines situations prédéfinies et de noter ce qu'il voit pendant quelques jours. Quelle qu'en soit la forme, l'observation directe doit ensuite être organisée et validée avec les acteurs de l'organisation pour produire des informations pertinentes et fiables.

L'analyse des documents

Le chercheur complète ses données par l'étude de documents comme les organigrammes, les notes de services, les rapports d'activité, les feuilles d'activité, les indicateurs de pilotage.

Ces documents apportent un éclairage supplémentaire pour la compréhension de certaines expressions émises par les acteurs de l'organisation lors des entretiens, en utilisant par exemple les informations sociales de l'entreprise sur les accidents du travail, l'absentéisme, la rotation du personnel.

Il s'agit aussi de documents réalisés individuellement ou semi-collectivement par des membres de l'encadrement comme le tableau de bord d'un micro-espace (comprenant des indicateurs d'activité, des procédures de travail).

L'objectif de l'intervenant-chercheur, par la diversification de ses sources de données, est de proposer des connaissances d'ordre générique, en proposant des invariants même si ces derniers sont basés sur l'analyse de contextes particuliers. C'est ce que traduit le principe de contingence générique des résultats d'une recherche-intervention.

Le traitement des données d'une recherche-intervention en GRH

De nombreuses données sont collectées sur le terrain dans le cadre d'une recherche-intervention, le traitement et l'analyse de données consistent à la codification des matériaux empiriques. Ainsi, il était important de sélectionner des parties de discours pertinents (phrase type) pour la recherche de manière à ce que le processus d'analyse ne soit pas le résultat d'une sélection aléatoire.

A partir des notes exhaustives prises au cours des entretiens, l'intervenant-chercheur extrait 12 à 15 phrases type pertinentes par entretien, que l'on appelle également verbatim ou phrase-témoin.

La phrase témoin est une phrase exprimée par un acteur, elle est courte et clairement formulée de manière à bien saisir le problème évoqué ou la solution proposée.

Après un codage de ces données, les phrases types sont classées dans les thèmes, sous-thèmes et idées-clés. L'analyse des entretiens peut se schématiser sous la forme d'une arborescence en thèmes, sous-thèmes et idées-clés. Les thèmes et sous-thèmes sont des variables, l'idée-clé est une valeur de la variable étudiée.

Les entretiens sont traités en dissociant les principales catégories de personnel interviewées: la direction, l'encadrement, le personnel, les

THEMES	SOUS-THEMES	IDEES-CLES	PHRASES-TÉMOINS
PROCESSUS ET EFFETS DU CHANGEMENT		→ IC 1 ⇄ IC 2 IC 3 IC 4 ...	PT 1 PT 2 PT 3 PT 4 ...
DYNAMIQUE ORGANISATIONNELLE		→ IC 1 → IC 2 IC 3 IC 4 ...	PT 1 PT 2 PT 3 PT 4 ...
STRATEGIE D'ACTEURS		→ IC 1 → IC 2 IC 3 IC 4 ...	PT 1 PT 2 PT 3 PT 4 ...

Figure 4.5 L'arborescence de dépouillement des entretiens dans une recherche-intervention. *Source:* Noguera (2002)

représentants du personnel et les délégués syndicaux. Cette segmentation permet de mettre en évidence les convergences et les spécificités des idées-clés entre deux catégories de personnel et ainsi de pouvoir créer un indicateur quantitatif permettant de mesurer les fréquences d'apparition de certaines idées-clé au sein d'une même catégorie de personnel.

Une fois les données traitées, l'analyse est présentée aux interviewés lors d'une séance d'effet-miroir, pour être validée lors d'un débat contradictoire entre les interviewés et les intervenants-chercheurs. Une fois validés, les matériaux servent de plateforme de travail au groupe de projet en charge de conduire les actions de changement et d'amélioration. Ces premiers résultats sont à la fois un support de connaissances pour le chercheur et une plateforme de changement pour les acteurs de l'entreprise observée.

La connaissance scientifique est ainsi construite grâce à un dispositif épistémologique rigoureux, respectant une méthodologie adaptée et des principes épistémologiques (cf. chapitres 1 et 5). En premier lieu, le méta principe épistémologique d'une recherche-intervention est que la recherche doit être une recherche transformative ou avec l'intention de transformer: c'est en transformant un objet de recherche que l'on produit de la connaissance. Trois autres principes épistémologiques sont nécessaires à respecter dans la conduite d'une recherche-intervention, que nous qualifions de micro. Le premier principe de l'interactivité cognitive: la collecte des données se fait par interaction chercheur/acteur (exemple en entretien...), le second de l'intersubjectivité contradictoire: les données collectés doivent être débattues avec les acteurs: (exemple: effet-miroir) et enfin, le principe de la contingence générique: comparer les résultats obtenus avec d'autres cas validation des données (les phrases témoins sont classées dans des thèmes, des sous-thèmes et des idées-clés plus génériques

TABLEAU 4.3 Exemple d'un effet-miroir (extrait) d'une recherche-intervention

Thème: GESTION DU PERSONNEL
Sous-thème: Système de rémunération
Idée-clé: SYSTEME DE REMUNERATION PEU MOTIVANT
Fréquence: (Assez souvent)
On a une dotation tellement réduite qu'il n'est pas évident de motiver les agents au mérite, on manque de marges de manœuvre.
Lors de l'évaluation, même si les objectifs ont été atteints, cela ne signifie pas forcément une meilleure notation pour l'agent.
On a donné aux agents une prime de 300 euros qui résulte des modifications de structure. C'est ridicule ! On ne sait pas leur dire merci et on ne sait pas les récompenser.
La rémunération n'est pas motivante, les agents disent qu'ils ont une perte de pouvoir d'achat.

Source: Noguera (2009, 2010), Recherche-intervention au sein d'une administration fiscale

construits sur la base des centaines de recherches-interventions déjà réalisées par l'unité de recherche).

BIBLIOGRAPHIE

Argyris, C. (1995). Action science and organizational learning. *Journal of Managerial Psychology, 10*(6).

Argyris, C. & Schon, D. (1978). *Organizational learning: A theory of action perspective,* Reading, MA: Addison Wesley.

Arnaud, G. (1996). Quelle stratégie d'observation pour le chercheur en sciences de gestion? Prolégomènes à toute recherche *in situ. Economies et Sociétés,* Série S.G., n° *22,* 235–264.

Avenier, M. J. & Thomas, C. (2013). What kind of qualitative methods are adapted to doing research in which epistemological framework? *XXIIème Conférence AIMS,* Clermont-Ferrand.

Buono, A. & Savall, H. (2007) (Ed). *Socio-Economic Intervention in Organizations. The Intervener-Researcher and the Seam Approach to Organizational Analysis.* Charlotte, NC: Information Age.

Cappelletti, L. & Noguera, F. (2007). Research methods in Management Consulting. *Academy of Management Annual Meeting,* Doctoral student Consortium, Philadelphia, PA, August.

Charreire, S. & Durieux, F. (1999). Explorer et tester. *Méthodes de recherche en management.* Paris: Dunod.

David, A. (1999). Logique, épistémologie et méthodologie en sciences de gestion. *8ème conférence Internationale de Management Stratégique,* Ecole Centrale de Paris, 26 au 29 mai.

David, A. (2000). Logique, épistémologie et méthodologie en sciences de gestion: trois hypothèses revisitées. *Les nouvelles fondations des sciences de gestion,* Collection FNEGE.

David, A., Hatchuel, A. & Laufer, R. (2000). *Les nouvelles fondations des sciences de gestion.* Vuibert.

De Singly, (1993). *L'enquête et ses méthodes: le questionnaire.* Nathan, Coll. Université.

Girin, J. (1986). L'objectivation des données subjectives. Eléments pour une théorie du dispositif dans la recherche interactive. *Colloque ISEOR-FNEGE,* Qualité des informations scientifiques en gestion.

Grawitz, M. (1993). *Méthodes des sciences sociales.* Dalloz.

Hatchuel, A. (1994). Les savoirs de l'intervention en entreprise. *Entreprise et Histoire,* n° *7,* pp. 59–75

Lawrence, P. R., & Lorsch, J. W. (1967). *Organization and Environment: Managing Differentiation and Integration.* Boston, MA: Harvard Business School Press

Le Moigne, J.-L. (1995). *Les épistémologies constructives.* Paris: PUF.

Matheu, M. (1986). La familiarité distante. *Gérer et comprendre,* Annales des Mines, mars, pp. 81–94.

Miles M., & Huberman A. (2003). *Analyse des données qualitatives–recueil de nouvelles méthodes.* De Boeck Université.

Noguera, F. (2002). Management stratégique du temps de travail–Instrumentation et impact de l'aménagement–Réduction du temps de travail. Cas d'expérimentation. *Thèse de doctorat soutenue en janvier 2002.*

Noguera, F. & Coste, F. (2009). Mutations organisationnelles et nouvelles régulations des organisations publiques? Cas d'une Direction des services fiscaux. *Les nouveaux défis du manager public.* L'Harmattan Collection RECEMAP.

Noguera, F. (2010). Les défis posés par la nouvelle gestion publique à la GRH: cas de la Direction Générale des impôts. *Revue de Gestion de Ressources Humaines,* ESKA, N° *78,* 32–58.

Peretti, J-M. (dir.) (2008). *Tous talentueux.* Editions d'Organisation.

Plane, J.M. (2000). *Méthodes de recherche-intervention en management.* L'Harmattan.

Savall, H. (1975). *Enrichir le travail humain: l'évaluation économique,* 1ère édition Dunod, 3ème édition augmentée Economica 1989, 275 p, préface de Jacques Delors.

Savall, H. & Zardet, V. (2008). *Mastering Hidden Costs and Socio-Economic Performance,* Charlotte, NC: Information Age.

Savall, H. & Zardet, V. (2011). *The Qualimetrics Approach. Observing the Complex Object.* Charlotte, NC: Information Age.

Schein, E. (1984). Coming to a new awareness of organizational culture. *Sloan Management Review.* Winter.

Schein, E. (1985). *Organizational Culture and Leadership.* San Francisco, CA: Jossey Bass.

Wacheux, F. (1996). *Méthodes qualitatives et recherche en gestion.* Paris: Economica.

CHAPITRE 5

NÉGOCIER ET VENDRE UNE RECHERCHE-INTERVENTION AU TRAVERS D'UNE MÉTHODE STRUCTURÉE ET RIGOUREUSE

Laurent Cappelletti

La recherche-intervention a pour objectif de transformer les organisations pour développer leurs performances au plan pratique et collecter des données de qualité au plan scientifique. En ce sens, la recherche-intervention puisqu'elle contribue à la création de valeur d'une organisation demande idéalement à être vendue, le prix de sa vente correspondant à une fraction de la valeur créée pour l'organisation. En outre, la vente d'une recherche-intervention motive le chercheur et son équipe, devient une source de ressources propres pour développer une équipe de recherche et crédibilise les rapports entre le chercheur et l'organisation qui outre son statut de terrain d'observation scientifique acquière celui de client. Néanmoins, pour être vendue une recherche-intervention demande une méthodologie de négociation et de vente adaptée aux produits-services immatériels dont elle est

La Recherche-Intervention Dans les Entreprises et les Organisations, pages 111–127

le véhicule. Le chapitre présente les outils et les dispositifs clés d'un processus de négociation et de vente d'une recherche-intervention (cf. chapitres 2 et 5) en les illustrant par l'étude du cas d'une vente d'une recherche-intervention auprès d'un syndicat professionnel de consultants du secteur du recrutement.

CONVERGENCES ET SPÉCIFICITÉS ENTRE LE CONSEIL ET LA RECHERCHE-INTERVENTION

Pour bien vendre une recherche-intervention, le chercheur vendeur doit être pleinement conscient des convergences et des spécificités entre sa méthodologie et celle d'un consultant.

La recherche-intervention est de la consultance scientifique

D'apparence, une recherche-intervention prend la forme d'une mission de consultance. Dans le fond, à la différence d'une mission de consultance classique, sa méthodologie doit intégrer des dispositifs épistémologiques de collectes des données qui devront être explicités dans les publications scientifiques. Faut-il révéler au client ces dispositifs épistémologiques qui peuvent tout à fait lui rester inconnus ? Si le chercheur souhaite citer l'entreprise observée dans ses publications scientifiques et donc obtenir son accord pour cela, il est dans l'obligation éthique de les révéler au moins sommairement à son client. Si le chercheur réalise des publications qui respectent l'anonymat des organisations observées, ce qui est par principe notre cas et celui de notre équipe de recherche, il n'est pas dans l'obligation de révéler à son client sa «cuisine» épistémologique. En effet ce qui intéresse le client est la forme de consultance de la recherche-intervention qui va l'aider à développer ses performances et moins son fond scientifique pour produire à l'issue des communications scientifiques. En résumé, nous recommandons au chercheur-intervenant qui souhaite vendre sa recherche de rester discret sur ses aspects scientifiques et de valoriser ses aspects managériaux aux yeux du client (Savall, 1974-2017).

La convergence entre une mission de conseil et une recherche-intervention réside dans le fait que toutes deux vont mobiliser des outils de conseil pour transformer l'organisation et l'aider à développer ses performances, par exemple: des enquêtes, des analyses, des diagnostics, des groupes de projet, des comités de pilotage, des formations-actions à des outils de management. Cela suppose donc que l'intervenant-chercheur se constitue, comme dans un cabinet de conseil, un portefeuille de méthodes et de prestations de conseil vendables, c'est-à-dire qu'il sera capable de produire contre rémunération. La spécificité entre une mission de conseil et une recherche-intervention est que l'entreprise traitée n'est pas seulement un client mais également un terrain d'observation scientifique (TOS). En conséquence les méthodes et les prestations du chercheur-intervenant doivent permettre de mobiliser également des dispositifs épistémologiques garantissant la qualité et la validité des observations faites pour produire des connaissances scientifiques communicables, et pas seulement des connaissances pratiques réservées à son seul client. C'est la raison pour laquelle, nous qualifions la recherche-intervention de consultance scientifique (cf. chapitre 2), autrement dit une méthodologie qui utilise le conseil comme une technologie de la recherche. Le consultant non chercheur qui travaille en cabinet ne se préoccupe pas quant à lui des dispositifs épistémologiques intégrés à ses méthodes et prestations de conseil (Buono & Savall, 2007, 2015; Savall & Zardet, 2008).

Une question parfois perturbante à ce point pour le chercheur peut être celle de l'objet observé dans une recherche-intervention vendue qui va dépendre des objectifs du client. Par exemple, si une entreprise cliente achète une mission pour améliorer le processus de décision de son comité de direction, le chercheur-intervenant ne pourra pas *a priori* faire d'observations sur les conditions de travail des ouvriers de cette entreprise si tel était son sujet d'investigation. En ce sens, *a priori* toujours, les objets observés par un chercheur-intervenant dépendent des objectifs du client et non plus des objectifs scientifiques du chercheur. C'est vrai et c'est faux. Il est vrai qu'une recherche-intervention est un processus inductif dont la collecte de données est centrée avant tout sur les problèmes que veut voire traiter le client à qui la mission a été vendue. Mais il est vrai aussi que, par opportunisme méthodologique, le chercheur-intervenant pour répondre à la demande du client peut être conduit à faire des observations périphériques sur des objets connexes à celui central observé. Par exemple, observer le processus de décision d'un comité de direction pour l'améliorer peut conduire le chercheur à observer les ouvriers de l'organisation étudiée pour évaluer leurs perceptions du processus de décision de la direction de leur entreprise, et ces observations peuvent permettre d'en faire également sur leurs conditions de travail. En conséquence, en règle générale, et c'est là une grande force d'une recherche-intervention vendue, elle permet d'une part de faire des observations et donc des publications sur l'objet central de la demande du client. Mais elle permet également de faire des observations sur des objets connexes et périphériques à l'objet central de la demande du client, et donc de produire ex post des publications sur ces derniers. D'une certaine façon, alors qu'une recherche empirique économétrique par base de données est plus facile et rapide à mettre en œuvre pour un chercheur mais ne permet que de réaliser des publications sur l'objet observé, une recherche-intervention sur un TOS est certes plus longue et, pour tout dire, compliquée à mettre en œuvre mais permettra un nombre plus important de publications non seulement sur l'objet central observé voulu par le client mais aussi sur tous les objets connexes et périphériques observés durant la recherche. Ainsi à partir d'une recherche-intervention réalisée sur la performance socio-économique d'une grande entreprise du secteur de la surveillance et de la sécurité, nous avons réalisé une douzaine de publications (communications, articles et ouvrages) non seulement sur la performance socio-économique de cette organisation mais aussi sur son contrôle de gestion, son contrôle interne, ses contraintes commerciales, son management de la qualité et la gestion des conflits au sein de sa gouvernance (Cappelletti, 2005; Cappelletti, 2009; Cappelletti & Baker, 2010). Chacune de ces communications traitant bien entendu d'une problématique spécifique. De même, alors que c'est plus délicat à partir d'une recherche empirique économétrique qui forme généralement un bloc, il est possible de faire différentes publications chemin faisant sur un même objet à partir des différents outils mobilisés par une recherche-intervention: une publication à partir du diagnostic, une autre à partir des groupes de projet etc. La recherche-intervention est au fond semblable à une lunette d'observation pointée sur une galaxie: le chercheur peut décrire cette galaxie mais aussi cibler plus finement des planètes au sein de cette galaxie pour les décrire par ailleurs.

Quels sont donc alors les dispositifs épistémologiques clés de la recherche-intervention que l'intervenant-chercheur doit veiller à intégrer aux méthodes et aux prestations de conseil qu'il va vendre à un client?

L'épistémologie intégrée de la recherche-intervention

L'épistémologie intégrée de la recherche-intervention repose sur trois principes épistémologiques clés que les méthodes et les prestations qu'elle mobilise doivent incorporer (cf. chapitre 1): l'interactivité cognitive, l'intersubjectivité contradictoire et la contingence générique. L'interactivité cognitive implique que la collecte des données et les observations réalisées résultent d'interactions relationnelles entre le chercheur et les acteurs par exemple au travers de diagnostic par entretiens ou de séances de formation-action. L'intersubjectivité contradictoire signifie que les données collectées vont faire l'objet au sein de l'organisation observée de séances d'effet-miroir entre le chercheur et les acteurs pour les valider par consensus, par exemple au travers de comités de pilotage ou des séances de présentation interactive de diagnostics. Ce principe épistémologique prévoit que le chercheur donne également son opinion – appelée avis d'expert–sur la validité des données collectées. La recherche-intervention n'est donc pas dans la quête d'une illusoire objectivité qui naitrait de la séparation entre le chercheur et l'objet observé, «objectivité» qu'elle réfute en sciences humaines et sociales dont elle reconnaît l'aspect congénitalement subjectif (c'est-à-dire mettant aux prises des sujets). Sa quête est, si l'on accepte le terme, «d'objectiver» les données subjectives collectées par intersubjectivité contradictoire. La contingence générique, enfin, implique que les données collectées sur le terrain d'observation scientifique par interactivité cognitive et validées par intersubjectivité contradictoire vont faire l'objet lors de phase de distanciation du TOS, au regard de l'analyse de la littérature existante portant sur l'objet des recherches et des résultats de précédentes recherches-interventions, d'une appréciation entre celles présentant un degré de régularité (caractère générique) et celles un degré de spécificité (caractère contingent). L'intention scientifique de la recherche-intervention consiste au final par une épistémologie rigoureuse s'appuyant sur des méthodes et des prestations de conseil à qualifier les connaissances créées selon leur caractère générique ou contingent (Savall & Zardet, 2008; Savall & Zardet, 2011).

Est-ce que les clients peuvent être intéressés par cette épistémologie intégrée ou vaut-il mieux pour le chercheur ne leur révéler que la forme de conseil de la recherche-intervention ? C'est à voir avec lui mais, nous l'avons dit précédemment, nous recommandons d'être prudent et discret sur la révélation de cette épistémologie. Dans certains cas, la révélation de cette épistémologie intégrée qui peut pourtant rester masquée, risque littéralement de faire «fuir» le client par sa complexité et donc de faire rater la vente. Dans d'autres cas, la volonté d'achat de la recherche-intervention de la part d'un client peut résulter, outre une volonté d'améliorer ses performances par des méthodologies rigoureuses, d'un souhait de contribuer à la recherche en sciences humaines dans une visée sociétale. Il est alors possible avec doigté et humilité d'aborder ces questions scientifiques avec lui, *a fortiori*, le cas peut se produire, ou lui-même souhaite devenir un chercheur-acteur (Savall, 1974-2017).

VERS UNE MÉTHODE STRUCTURÉE ET RIGOUREUSE DE VENTE D'UNE RECHERCHE-INTERVENTION

Vendre une recherche-intervention c'est la faire payer à un prix juste à l'entreprise cliente, c'est-à-dire un prix qui correspond à une fraction de la valeur apportée au client et qui permet au chercheur de dégager les ressources propres qu'il attend et qui sont acceptables par le client. Pour réussir ce défi, il convient d'adopter un comportement pertinent générateur de respect de la part du client et d'ascendant sur lui-même ainsi qu'une méthode rigoureuse.

Vendre et se faire payer pour être respecté du client

Une première remarque comportementale sur la vente d'une recherche-intervention est que celle-ci provoque de la joie qui vient égayer la routine de l'enseignant-chercheur. On est heureux quand on vend et cela provoque un effet d'entrainement et de cohésion dans l'équipe de recherche. On entend souvent dire que le sens commercial et la capacité à vendre seraient innés et beaucoup d'enseignants-chercheurs doutent de leur qualité de vendeur voire méprisent la dimension commerciale de leur métier. Pourtant, déjà tout petit, n'est-on pas dans une logique de charme et de vente avec ses parents ou ses maîtres à l'école pour obtenir ce que l'on souhaite ? Donc tout le monde ou presque aurait une potentialité à vendre qui va être plus ou moins stimulée au fil du temps, mais personne n'est irrémédiablement condamné à ne pas vendre. Une autre remarque comportementale d'importance est que pour bien vendre un objet essentiellement immatériel tel qu'une recherche-intervention, l'enseignant-chercheur va devoir adopter une attitude idoine, au-delà d'une méthode de vente que nous allons étudier, tout au long du processus de vente puis conserver cette attitude lors de la phase de production de la recherche-intervention: cette attitude consiste à se faire respecter par son client et conserver sur celui-ci un ascendant tout en restant modeste. D'une part, à la différence de la vente d'un objet matériel, tel qu'une voiture ou une maison, qui se clôture à sa livraison au client, la vente d'un objet immatériel tel qu'une recherche-intervention se poursuit après sa vente formelle lors de sa phase de réalisation. Rien n'empêche en effet un client de stopper la mission de recherche-intervention en cours de route parce qu'elle ne lui convient plus. Pour bien vendre une recherche-intervention puis ensuite la produire jusqu'à son terme, le chercheur-intervenant doit en premier lieu, et cela dès le premier contact avec son client, se faire respecter par celui-ci. Autrement dit, faire comprendre au client qu'il n'est pas un fournisseur de services comme les autres mais un fabriquant de produits-services de haute qualité et à forte valeur ajoutée. L'intervenant-chercheur ne doit donc pas accepter tout et n'importe quoi de la part de son client et le lui faire savoir avec subtilité et fermeté dans certains cas. En résumé sur ce point, l'intervenant-chercheur doit être plaisant sans être complaisant avec son client. En second lieu, l'intervenant-chercheur doit conserver dès le premier contact avec son client, puis durant les phases de négociation et de production de la recherche-intervention vendue un ascendant sur son client concernant ses techniques. C'est l'intervenant-chercheur qui en effet est l'expert des méthodologies vendues et non son client.

Pour cela, l'intervenant-chercheur doit être très clair sur ce qu'il vend: il vend des méthodes et des prestations dans l'espace de l'organisation et dans le temps sur lesquelles il est expert en réponse à une demande du client qui lui est maître de cette demande mais pas des méthodes et des prestations servant à y répondre. C'est pourquoi la vente après négociation sera formalisée dans une convention précise qu'il reviendra à l'intervenant-chercheur de protéger en permanence. En conséquence, lors de la phase de négociation, si l'intervenant-chercheur n'a pas les compétences, c'est-à-dire la maîtrise des méthodes et des prestations, nécessaires au traitement de la demande du client, il ne doit pas chercher à vendre sa recherche-intervention. De même, durant la production de la recherche-intervention, il devra au travers de rendez-vous réguliers avec son client—physiquement le décideur-payeur de la mission—lui expliquer et lui démontrer en quoi les méthodes et les prestations qu'il met en œuvre permettent de répondre à sa demande au fil du temps. Mais jamais il ne devra accepter que le client réfute ses méthodes et ses prestations voire cherche à les restructurer à sa façon. Imagine-t-on un patient expliquer à un médecin comment faire un diagnostic médical ou une ordonnance ? Non, car ce serait la mort professionnelle du médecin par la perte de son ascendant sur ses patients. Mais cela suppose bien entendu une maîtrise irréprochable par l'intervenant-chercheur des méthodes et des prestations proposées puis vendues au client (Savall, 1974-2017; Savall & Zardet, 2008; Savall & Zardet, 2011; Cappelletti, 2012).

Les trois étapes du processus de vente d'une recherche-intervention

En parallèle de ces qualités comportementales indispensables pour vendre une recherche-intervention—respect du client et ascendant permanent sur celui-ci le tout avec modestie—l'intervenant-chercheur doit s'appuyer sur une technique de vente spécifique aux objets immatériels tels qu'une recherche-intervention. Cette technique repose sur un processus en trois étapes: un premier rendez-vous d'écoute avec le client, un deuxième rendez-vous de présentation des méthodes et des prestations proposées pour répondre à la demande, un troisième rendez-vous de vente du prix de la recherche-intervention. Lors de ces rendez-vous, idéalement, le chercheur-intervenant devrait agir en binôme avec un collègue pour prendre des notes exhaustives et capitaliser les informations collectées. A défaut, une intervention seule reste possible bien évidemment. Le chercheur-intervenant vendeur est maître de ce processus en trois étapes et doit l'imposer avec habileté à son client quitte à lui expliquer les raisons de ces trois étapes.

Le premier rendez-vous sert à faire l'inventaire des objectifs du client. Il va consister à 90% d'écoute du client de la part de l'intervenant-chercheur: que veut le client et quels sont ses objectifs au regard de l'amélioration des performances qu'il souhaite ? A ce point se pose la question de qui est physiquement le client ? Il s'agit du décideur-payeur de la mission de recherche-intervention. Dans la plupart des cas, le décideur-payeur est simple à détecter: il s'agit du dirigeant de l'organisation ciblée éventuellement accompagné de son directeur financier. Mais dans certains cas, le décideur-payeur est en fait un groupe humain plus complexe. Par exemple, dans une négociation avec une mairie, le décideur-payeur c'est le maire avec son directeur général des services et le directeur financier de la mairie. Ce sont donc ces trois personnes qui vont devoir être réunis par l'intervenant-chercheur dans ce premier rendez-vous et les suivants. Durant ce rendez-vous, l'intervenant-chercheur pose uniquement des questions sur la demande et les objectifs du client puis se tait et prend des notes exhaustives sur les objectifs exprimés par le client. A la fin de ce premier rendez-vous, en fonction des objectifs exprimés, l'intervenant-chercheur est en mesure de savoir s'il est compétent pour répondre à la demande. Si ce n'est pas le cas, l'intervenant-chercheur doit mettre fin à la négociation. Il serait en effet suicidaire professionnellement pour lui de chercher à répondre à une demande qu'il n'est pas compétent pour traiter. Si c'est le cas, l'intervenant-chercheur va programmer un deuxième rendez-vous avec son client quelques jours/semaines après le premier. Dans ce deuxième rendez-vous, l'intervenant-chercheur va présenter les méthodes et les prestations qu'il propose au client pour traiter sa demande en utilisant un outil appelé le POMP: Produit-Objectifs, Produit-Méthodes, Produit-Prestations. La matrice de cet outil est présentée en Figure 5.1 dans le cas d'une demande d'un syndicat professionnel de consultants en recrutement.

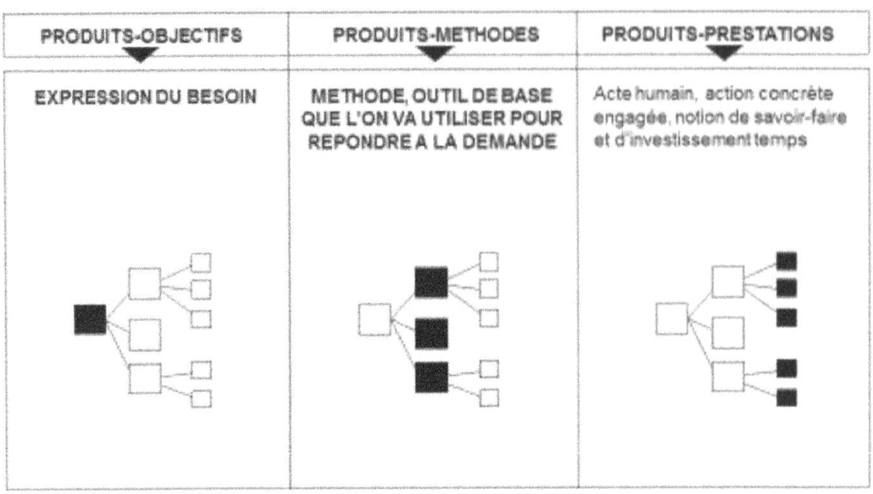

Figure 5.1 Exemple de matrice d'un POMP: cas d'un syndicat professionnel S. dans le secteur du recrutement.

La première colonne du POMP reprend avec les propres mots du client les objectifs que celui-ci a formulé lors du premier client. Cette colonne appartient au client. Dans la deuxième colonne, l'intervenant-chercheur expose les méthodes (réalisation d'un diagnostic, réalisation d'un groupe de projet etc.) qu'il détaille en prestations dans une troisième colonne (nombre d'entretiens du diagnostic, personnes impliquées et durée, nombre de séances de groupe de projet, personnes impliquées et durée etc.). Le POMP matérialise l'objet immatériel vendu: des méthodes et des prestations en réponse à une demande. En sus du POMP, lors de ce deuxième rendez-vous, l'intervenant-chercheur formalise également la représentation dans l'espace de la recherche-intervention au travers son architecture (quels sont les personnes et les services de l'entreprise qui vont être touchés par la recherche-intervention ?) ainsi que sa représentation dans le temps au travers son planning de mise en oeuvre.

La discussion s'engage alors durant ce deuxième rendez-vous sur la bonne compréhension par l'intervenant-chercheur des objectifs du client formulés lors du premier rendez-vous, et celle par le client des méthodes et des prestations proposées ainsi que la faisabilité pour le client de l'architecture et du planning proposés. Tant qu'il n'y a pas d'accord du client sur cette proposition qualitative de l'intervenant-chercheur, il n'y a pas de troisième rendez-vous dédié à la vente du prix de la recherche-intervention.

Le troisième rendez-vous est en effet consacré uniquement à la vente du prix de l'intervention car vente qualitative et vente financière reposent sur des ressorts différents. Le troisième rendez-vous est donc financier et porte sur la présentation du prix de vente et sa justification. Pour déterminer son prix de vente, le chercheur-intervenant doit au préalable définir la borne supérieure et la borne inférieure de son prix et proposer un prix situé entre ces deux bornes. Ce prix est celui des méthodes et des prestations proposées pour répondre à la demande et surtout pas celui des journées de production—de terrain et de laboratoire–qu'elles impliquent pour l'intervention-chercheur (et son équipe éventuellement s'il n'est pas seul). En effet, la clé de la vente du prix d'un objet immatériel est de proposer un prix complet pour cet objet et non pas un tarif des journées nécessaires à sa réalisation. L'intervenant-chercheur vend en quelque sorte «une voiture qui roule» et non «des journées nécessaires à la fabrication d'une voiture». Cela d'une part parce que son tarif journée doit rester un secret de fabrication qui ne regarde que lui-même (sauf dans les cas de réponse à appel d'offre ou le tarif journée serait demandé formellement) et d'autre part pour ne pas tenter le client à négocier une baisse du prix en cherchant à réduire le nombre de journées de production. Pour déterminer ses bornes, l'intervenant-chercheur doit tout d'abord définir le tarif journée maximal qu'il souhaite appliquer. Celui-ci est fonction d'une analyse des tarifs pratiqués par ses concurrents, consultants ou autres intervenants-chercheurs.

Ainsi sur le marché français du conseil en management, les tarifs moyens considérés comme élevés sont autour de 3 000 à 2 000 euros la journée, les tarifs moyens autour de 1 500 à 1000 euros et les tarifs bas à moins de 900 euros. Puis l'intervenant-chercheur doit au travers une analyse interne de sa propre organisation définir le coût complet pour lui d'une journée de production de recherche-intervention. Ce coût complet constitue la borne inférieure de son tarif journée d'intervention.

En effet pour réaliser une marge et dégager des ressources propres nettes ce qui demeure l'objectif économique de la vente d'une recherche-intervention, le chercheur devra vendre ses travaux au-delà de cette borne inférieure. Au final, le tarif journée est défini par le consultant entre ces deux bornes supérieure et inférieure en fonction de sa stratégie de positionnement marketing et financier. Ce tarif lui sert ensuite à élaborer son devis interne d'intervention qui n'est également jamais communiqué au client. Ce devis permet de définir le prix de l'intervention qui est communiqué au client lors du troisième rendez-vous. Dans ce rendez-vous, si le client valide le prix et l'accepte, la convention peut être signée sans problème. Si le client cherche à négocier le prix, il convient d'argumenter pour le justifier non pas en fonction des journées que la recherche-intervention réclame mais en fonction de la valeur qu'elle est susceptible de créer pour le client en répondant à ses objectifs et à sa demande. L'habileté commerciale consiste pour l'intervenant-chercheur, «sans mentir» bien entendu pour des raisons déontologiques évidentes, à démontrer au client que le prix de vente de son intervention va être largement autofinancé par les gains qu'elle va engendrer. Cette démonstration suppose que l'intervenant-chercheur ait réfléchi ex ante à cette démonstration. Cette démonstration se fait oralement, sur la base d'exemples, et elle ne devient jamais un élément conventionnel. En effet, le chercheur-intervenant, comme un médecin, a une obligation de moyens mais pas de résultats. Il s'engage donc dans la convention sur des méthodes, des prestations, une architecture, un planning et un prix qu'il devra respecter—il s'agit des moyens–mais pas sur des résultats même s'il mettra les moyens vendus en œuvre pour les atteindre. En effet, en sciences humaines et sociales, et peut-être même en sciences de la nature (cf. Chapitre 1), les résultats d'une intervention vont dépendre pour partie de facteurs que l'intervenant-chercheur ne maîtrise pas entièrement comme le comportement du client durant l'intervention ou des variations impromptues de l'environnement socio-économique de l'organisation cliente. Après argumentation, si le client souhaite malgré tout une baisse du prix proposé pour des raisons budgétaires, celle-ci est peut être acceptable en réduisant les méthodes et les prestations proposées et donc le nombre de journées nécessaires à leur production. Mais dans ce cas, l'intervenant-chercheur doit savoir jusqu'ou arrêter le rétrécissement de son intervention pour qu'il ne menace pas le traitement de la demande et des objectifs du client. En règle générale, en cas de négociation du prix par le client, une réduction de l'intervention est possible dans une limite de 5 à 10% de son périmètre, mais rarement plus. En dernier ressort, l'intervenant-chercheur ne doit pas hésiter à refuser de vendre son intervention si le client souhaite une baisse des prix qui sortait des limites fixées de ressources propres et d'atteinte des objectifs de la mission. Mieux vaut ne pas intervenir à un prix bradé qui dévalorise la mission qu'intervenir dans ce cas car la perte d'ascendant qui va en résulter obèrera inévitablement la qualité de la recherche-intervention et partant ses résultats finaux, pratiques et scientifiques. Pour caricaturer, en résumé, l'état d'esprit approprié du chercheur-vendeur pour ce troisième rendez-vous est celui consistant à faire saisir à l'entreprise que ce n'est pas elle qui fait une fleur au chercheur en lui offrant un TOS, mais que c'est elle qui a la chance d'avoir rencontré l'intervenant-chercheur pour atteindre un état préférable. Et cela suppose que l'intervenant-chercheur en soit convaincu lui-même.

Une fois le prix de vente accepté par le client, il reste simplement à l'intervenant-chercheur à exposer l'échéancier de règlement de ce prix. Celui-ci s'étale sur la durée de l'intervention avec des versements mensuels et 20% du prix de vente à régler en acompte à la signature. Cet acompte est important car il engage le client dans l'intervention et il est légitime car il y aura un investissement de préparation de la recherche-intervention qu'il convient financer (cf. chapitre 2). Tant qu'on n'a pas obtenu les 20% d'acompte, bien entendu, on ne démarre pas la recherche-intervention chez le client (Savall, 1974-2017; Cappelletti, 2005; Cappelletti, 2012; Savall, Zardet & Bonnet, 2008). Au-delà les situations de vente effective de recherches-interventions qui selon nous doivent rester le cas général, l'intervenant-chercheur garde bien entendu la possibilité, pour des situations exceptionnelles, de réaliser «bénévolement» une mission s'il en attend un retour valorisable d'une façon ou d'une autre. Mais cela doit rester un cas dérogatoire, l'expérience montrant que la qualité des données collectées s'en trouve alors mécaniquement dégradée.

LA VENTE DE LA RECHERCHE-INTERVENTION SE POURSUIT LORS DE SA RÉALISATION

A l'issue du troisième rendez-vous de négociation en cas d'accord sur la proposition qualitative et financière, la recherche-intervention peut démarrer sous réserve du paiement effectif de l'acompte à la signature. Mais sa vente ne s'arrête pas pour autant. En réalité elle est permanente sous d'autres formes durant toute la phase de réalisation car une recherche-intervention, même signée, est un processus fragile qui peut être suspendue aisément par le décideur-payeur en cours de route par exemple s'il perd confiance. C'est pourquoi, il est impératif de faire signer une convention d'intervention pour sécuriser au minimum la continuité de sa production. En outre, la convention d'intervention servira à l'intervenant-chercheur durant la phase de production d'outil pour montrer au client que les méthodes et les prestations mises en œuvre correspondent bien à ce qui était convenu et donc que sa demande est bien en cours de traitement. N'oublions pas qu'en tant qu'objet immatériel, une recherche-intervention sans convention pour la matérialiser, à la différence d'une voiture ou d'une maison, resterait complètement invisible. Il faut donc lui donner un maximum de visibilité pour entretenir la confiance du client et sa complicité active dans la production de l'intervention (Savall, 1974–2017).

La convention de la recherche-intervention: outil de pilotage de l'intervention

La convention d'intervention doit reprendre pour les formaliser les éléments clés discutés lors du processus de négociation en trois rendez-vous: le POMP, l'architecture, le planning, l'annexe financière et l'échéancier de règlement. Pour illustrer une convention, nous allons prendre le cas de la vente d'une recherche-intervention réalisée par une équipe de trois intervenants-chercheurs auprès d'un syndicat professionnel de consultants en recrutement appelé S. Ce syndicat regroupant plusieurs milliers de consultants en recrutement avait comme objectif de fournir à ses adhérents un argumentaire pour les aider à convaincre les DRH (Directeur des Ressources Humaines) qui sont les clients des consultants en recrutement que le coût intégral d'un recrutement était inférieur en passant par un «bon» consultant externe plutôt que de chercher à faire en interne un recrutement. Compte tenu de nos travaux sur la question, S. représenté par son président et vice-président (les décideurs-payeurs de S.) a décidé de nous auditionner. Le premier rendez-vous a permis de détecter les objectifs de

1 APPROPONDIR ET GENERALISER LES RESULTATS DES TRAVAUX MENES SUR LE COUT INTEGRAL DU RECRUTEMENT AU TRAVERS D'UNE ENQUETE AUPRES DES DRH STATISTIQUEMENT REPRESENTATIVE

2 PROPOSER AUX DRH UN OUTIL DE DIAGNOSTIC D'UN PROCESSUS DE RECRUTEMENT POUR MIEUX ARBITRER ENTRE INTERNALISATION ET EXTERNALISATION

3 DEVELOPER LA NOTORIETE DU S. AUPRES DES DRH DE PME AU TRAVERS D'UNE COMMUNICATION EFFICACE ET CREATRICE DE VALEUR

Figure 5.2 Exemple de demande d'un client: cas d'un syndicat professionnel S. dans le secteur du recrut.

S. au-delà de sa demande générale: approfondir et généraliser les travaux menés sur le coût intégral du recrutement au travers d'une enquête auprès des DRH statistiquement représentative; proposer aux DRH un outil de diagnostic d'un processus de recrutement pour mieux arbitrer entre internalisation et externalisation d'un recrutement; développer la notoriété de S. auprès des DRH de PME au travers d'une communication efficace et créatrice de valeur.

Le deuxième rendez-vous de négociation avec S. a consisté à lui expliquer au travers un POMP les méthodes et les prestations proposées pour répondre à ses objectifs: mener une enquête quantitative auprès de DRH pour déterminer le coût intégral d'un recrutement; animer un groupe de projet pour concevoir un outil de diagnostic permettant aux DRH de mieux arbitrer leurs décisions de recrutement; animer un groupe de pilotage avec S. pour définir une communication appropriée de promotion de l'image de S.; réaliser des stages de formation auprès des dirigeants de S. sur la méthode des coûts-performances cachés, méthode idoine d'évaluation du coût intégral d'un recrutement (proposition optionnelle).

Lors de ce deuxième rendez-vous ont également été présentés et expliqués à S. l'architecture de la recherche-intervention proposée et son planning.

Après discussion et compréhension, S. ayant validé cette proposition qualitative, un troisième rendez-vous a pu avoir lieu de vente du prix de l'intervention. Compte tenu du devis interne réalisé qui bien entendu n'a

PRODUITS-OBJECTIFS	PRODUITS-METHODES	PRODUITS-PRESTATIONS
N° . 1 APPROFONDIR ET GENERALISER LES RESULTATS DES TRAVAUX MENES SUR LE COUT INTEGRAL DU RECRUTEMENT AU TRAVERS D'UNE ENQUETE AUPRES DES DRH STATISTIQUEMENT REPRESENTATIVE	**ENQUETE QUANTITATIVE** • *Généraliser les dysfonctionnements et les coûts cachés observés lors d'un recrutement interne sur un échantillon représentatif de DRH*	**Réalisation d'une étude statistique sur la base d'un questionnaire adressé à un échantillon représentatif d'une centaine de DRH de PME** - Conception du questionnaire - Administration du questionnaire - Synthèse des résultats
N° . 2 PROPOSER AUX DRH UN OUTIL DE DIAGNOSTIC D'UN PROCESSUS DE RECRUTEMENT POUR MIEUX ARBITRER ENTRE INTERNALISATION ET EXTERNALISATION	**GROUPE DE PROJET** • *Concevoir un outil de diagnostic du processus de recrutement pour les DRH* • *Construire le plan d'actions et de communication de l'outil*	**4 séances de 2,8h de groupe de projet auprès de la Commission Etude et Prospective du S.** (le Chef de projet (Président ?) + 6 membres) pour concevoir un outil utile aux DRH et bâtir un plan d'actions de communication vers les DRH. Chaque séance est composée d'une partie restreinte avec le chef de projet et un à deux membres très actifs de la Commission et d'une partie plénière

Figure 5.3 Exemple de POMP (page 1 sur 2) d'un client: cas d'un syndicat professionnel S. dans le secteur du recrutement.

PRODUITS-OBJECTIFS	PRODUITS-METHODES	PRODUITS-PRESTATIONS
N° 3 DEVELOPPER LA NOTORIETE DU S. AUPRES DES DRH DE PME AU TRAVERS D'UNE COMMUNICATION EFFICACE ET CREATRICE DE VALEUR	GROUPE DE PILOTAGE • *Prendre connaissance des travaux et s'assurer de leur adéquation avec la politique et la stratégie du S.* • *Utiliser les travaux pour promouvoir l'image du S. et du conseil en recrutement* OPTION : STAGE DE FORMATION A LA METHODE DES COUTS PERFORMANCES CACHES • *Transférer à un (des) membre(s) du S. la méthodologie des coûts-performances cachées*	**3 séances de 1 h aux moments clés de la recherche avec la Commission Etude et Prospective :** - Conception du questionnaire pour l'enquête quantitative - présentation de l'avis d'expert de l'ISEOR - validation des solutions du groupe de projet et définition d'une stratégie de communication des résultats Chaque séance est précédée d'un tête-à-tête entre le Président de la Commission et l'ISEOR Stage de formation « **Performance +** » : 4 sessions de 2 jours sur 5 mois

Figure 5.4 Exemple de POMP (page 2 sur 2) d'un client: cas d'un syndicat professionnel S. dans le secteur du recrutement.

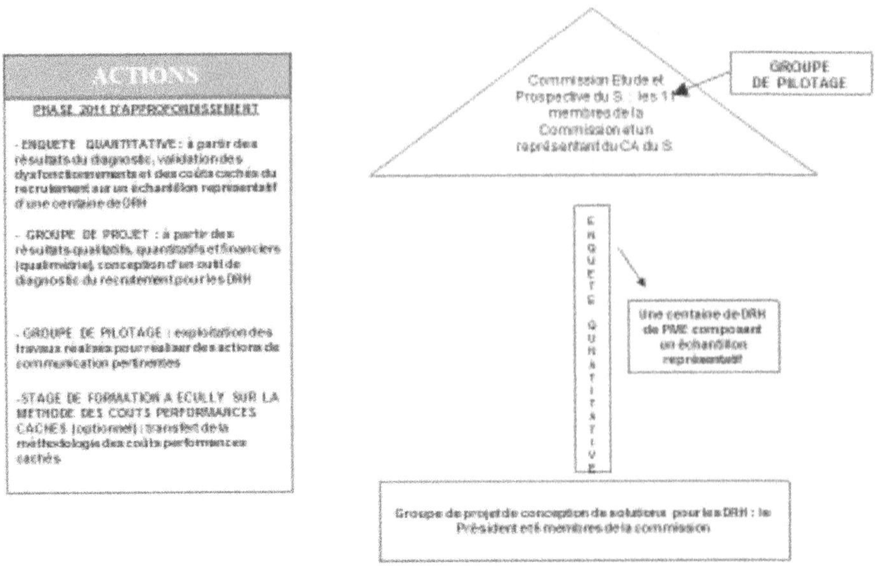

Figure 5.5 Exemple d'architecture proposée à un client: cas d'un syndicat professionnel S. dans le secteur du recrutement.

pas été communiqué à S., le prix de l'intervention a été fixé à «XYZ» milliers d'euros (le prix de vente réel a été codé dans ce chapitre par confidentialité) à payer selon un échéancier mensuel avec un acompte de 20% à régler à la signature de la convention.

ACTIONS / MOIS	03/11	04/11	05/11	06/11	07/11	09/11	10/11
GROUPE DE PILOTAGE (3 séances de 1 heure)	1			2			3
ENQUETE QUANTITATIVE auprès d'un échantillon représentatif de DRH (une centaine environ)		■	■				
GROUPE DE PROJET (4 séances de 2,5 heures)	1			2		3	4
STAGES DE FORMATION A LYON ECULLY sur la méthodes des coûts-performances cachés (optionnel)	1		2		3		4

Figure 5.6 Exemple de planning proposé à un client: cas d'un syndicat professionnel S. dans le secteur du recrutement.

Le payement d'un acompte à la signature de la convention de recherche-intervention est une phase indispensable du processus de vente, d'une part pour financer les travaux préparatoires de l'intervenant-chercheur nécessaires au démarrage de l'intervention, et d'autre part pour engager fermement le client dans la recherche-intervention. Une fois d'accord sur le prix et l'échéancier, le POMP, l'architecture, le planning, l'annexe financière et l'échéancier de règlement sont devenus les pièces de la convention signée avec S. Le pilotage de cette convention en termes de respect des moyens mis en œuvre (méthodes, prestations, planning, architecture, échéancier de règlements) est quant à lui devenu un point d'ordre du jour permanent des comités de pilotage de la recherche-intervention entre les chercheurs et le président et vice-président de S.

Actions

Actions	
• Groupe de pilotage	X K€
• Enquête statistique: conception et exploitation	Y K€
• Groupe de projet	Z K€
TOTAL H.T.	XYZ K€

(TVA à 19,6 % et frais de déplacement en sus)

Figure 5.7 Exemple de prix proposé à un client: cas d'un syndicat professionnel S. dans le secteur du recrutement.

Echéance de règlement	Montant H.T.	Montant T.T.C.
Acompte à la signature de la convention 20 décembre	A €	a €
20 mars 2011	B €	b €
20 avril 2011	B €	b €
20 mai 2011	B €	b €
20 juin 2011	B €	b €
TOTAUX	**A4B € = XYZ K€**	**a4b €**

Figure 5.8 Exemple d'échéancier de règlement proposé à un client: cas d'un syndicat professionnel.

La recherche de «complices» durant l'intervention pour la sécuriser

Le respect par l'intervenant-chercheur de la convention d'intervention est un élément central pour entretenir le respect du client à son endroit et conserver son ascendant technique et scientifique sur lui. Toute tentative de non respect de la convention d'intervention par l'intervenant-chercheur est donc à proscrire formellement. De même que toute tentative du client pour s'écarter de la convention d'intervention, par exemple en refusant en cours de mission certaines prestations convenues ou en ne payant pas les factures aux échéances prévues, doit être contrecarrée par l'intervenant-chercheur au travers de discussions courtoises mais fermes qui peuvent lui demander du courage. Ce courage pouvant aller jusqu'à la menace de l'arrêt de l'intervention de sa part si le client s'écartait trop de la convention, par exemple en ne payant pas ses factures ou en lui manquant de façon flagrante d'une élémentaire courtoisie. Un pilotage rigoureux de la convention d'intervention par l'intervenant-chercheur doit empêcher de telles extrémités qui, à l'analyse, s'avèrent rarissimes si la méthode rigoureuse et structurée de vente de l'immatériel a été respectée. Le pilotage scrupuleux de la convention de recherche-intervention aide aussi à entretenir la «complicité» active du ou des décideurs-payeurs et de leurs collaborateurs directs. En effet, en particulier dans une recherche-intervention de grande ampleur, il est important que l'intervenant-chercheur se fasse des complices internes, c'est-à-dire des personnes d'importance de l'organisation étudiée prêtes à le soutenir en cas de remises en cause et de critiques. Une recherche-intervention, et c'est ce qui fait son charme, est en effet rarement «un long fleuve tranquille» car, par les changements qu'elle provoque et donc les remises en cause qu'elle induit, des «résistants» à sa mise en œuvre et des oppositions peuvent voir le jour. Ces oppositions et ces résistances peuvent parfois venir de concurrents internes de la recherche-intervention, c'est-à-dire des membres de l'organisation traitée qui rêvaient de réaliser eux-mêmes la recherche-intervention vendue voire à qui l'on a refusé par le passé de mener un projet similaire et qui en gardent une frustration. Nous invitons donc l'intervenant-chercheur une fois sa mission vendue, lors de sa mise en œuvre à alimenter un tableau de bord spécifique de la recherche-intervention qui comportera la convention d'intervention ainsi qu'une galerie des personnages clés de l'intervention notamment les «complices», les «résistants», les «concurrents internes», le (ou les) décideur-payeur etc. pour prendre des décisions et agir en conséquence. Car au fond, ce n'est qu'une fois la recherche-intervention achevée et intégralement payée que l'on pourra considérer que sa négociation et sa vente ont été pleinement réussies (Buono & Savall, 2007, 2015; Savall, 1974, 2017).

BIBLIOGRAPHIE

Buono, A.F. & Savall, H. (Eds) (2007). *Socio-Economic Intervention in Organizations. The Intervener-Researcher and the SEAM Approach to Organizational Analysis.* Charlotte, NC: Information Age.

Buono, A.F. & Savall, H. (Eds) (2015). *The Socio-Economic Approach to Management Revisited. The Evolving Nature of SEAM in the 21st Century.* Charlotte, NC: Information Age.

Cappelletti, L. (2005). Designing and processing a socio-economic management control.. K. Mark Weaver (ed.). *Academy Of Management Best Paper Proceedings* (A1–A6), Pace, NY: Academy of Management.

Cappelletti, L. (2009). Performing an internal control function to sustain SOX 404 and improve risk management: Evidence from Europe. *Management Accounting Quaterly, 10*(4), 17–27.

Cappelletti, L. (2012). *Le contrôle de gestion de l'immatériel. Une nouvelle approche du capital humain* (The Management Control of Intangibles. A New Approach of Human Capital). Paris: Dunod.

Cappelletti, L. & Baker, R.C. (2010). Measuring and developing human capital through a pragmatic action research: a French case study. *Action Research, 8*(2), 211–232.

Savall, H. & ISEOR Team of Research (1974-2017). Trainings on the Socio-Economic Approach of Management. See http://www.iseor-consulting.com.

Savall, H. & Zardet, V. (2008). *Mastering Hidden Costs and Socio-Economic Performance.* Charlotte, NC: Information Age.

Savall, H. & Zardet, V. (2011). *The Qualimetrics Approach. Observing the Complex Object.* Charlotte, NC: Information Age.

Savall, H., Zardet, V. & Bonnet, M. (2008). *Releasing the untapped potential of enterprises through socio-economic management.* ILO-BIT (Geneva).

CHAPITRE 6

LA NÉGOCIATION DE LA RECHERCHE-INTERVENTION EN ÉQUIPE AUTONOME

Profiter de la réactivité pour intensifier sa production de connaissances

Thierry Nobre

La négociation est une phase fondamentale dans le processus de recherche-intervention (RI) (cf. Chapitres 2 & 4). Comme dans beaucoup d'autres activités humaines le premier contact et les premiers échanges laissent une empreinte qui conditionne ensuite fortement les évolutions et les étapes ultérieures. Le chercheur dans la situation de négociation d'un projet de RI en sciences de gestion doit ainsi être pleinement conscient des enjeux de cette phase de découverte réciproque. Cela lui impose, d'une part d'avoir clairement défini au préalable ses propres objectifs et, d'autre part, d'être averti des difficultés et pièges qu'il est susceptible de rencontrer et qui sont autant de menaces pour sa finalité première à savoir la production de connaissance.

Ce chapitre a pour objectif de tirer les enseignements en matière de négociation d'une pratique concrète de la RI. L'auteur a mené de nombreux

La Recherche-Intervention Dans les Entreprises et les Organisations, pages 129–147

projets dans différents contextes allant de la PME aux organisations de santé en passant par des organisations internationales. Ce retour d'expérience sur une pratique de la RI privilégie une perspective praxéologique de la négociation de ce type de recherche. La démarche permet de répondre aux différentes questions que se pose tout chercheur qui souhaite volontairement développer cette méthodologie ou profiter d'une opportunité. Dans une démarche complémentaire au chapitre 5 de L. Cappelletti, il s'agit de proposer ici des réflexions et des pistes d'action pour le chercheur isolé non inséré dans une équipe structurée comme l'ISEOR (Institut de Socio-Economie des Entreprises et des Organisations) (Savall § Zardet, 2004) qui propose une démarche intégrée de RI incluant les phases de négociation. Ce chapitre cible le chercheur qui souhaite ou doit développer ce type d'approche en équipe restreinte voire très restreinte. Il ne bénéficie pas de l'appui d'une équipe mais veut néanmoins développer un nouvel axe de recherche et fédérer d'autres chercheurs. Ou encore, il débute sa carrière et n'est pas encore intégré dans un collectif et doit compter sur ses propres forces pour exercer ses activités de chercheur. Autrement dit, en puisant dans la métaphore relevant de la stratégie militaire, ce chapitre vise la négociation de la RI pratiquée par une équipe de type commando ou cavalerie légère plutôt qu'une RI conduite avec des troupes structurées dédiées à ce type d'approche.

Pour atteindre cet objectif ce chapitre illustre chacune des interrogations, des constats et des propositions d'exemples tirées de l'expérience vécue afin de restituer le contexte et les différents enjeux de chacun des processus de négociations retenus. Cette posture méthodologique et téléologique, décrire et comprendre le réel dans sa complexité pour proposer des solutions, explique le recours systématiques aux négociations conduites effectivement par l'auteur et la focalisation sur les productions académiques qui en découlent pour mieux montrer le lien entre RI et publication en mettant la focale sur la phase de négociation.

Dans cette configuration de chercheur agissant en équipe restreinte, ce chapitre répond à plusieurs questions qui peuvent être énoncées comme suit: qu'est-ce qu'une négociation et quels sont les paramètres à prendre en compte ? Quel est le processus et quel est le contenu d'une négociation de RI ? Et enfin, et surtout, quel est comportement à adopter par le chercheur pour négocier une RI et mener à bien cette étape pour atteindre à la fois les objectifs scientifiques et académiques?

Afin de répondre à ces différentes questions ce chapitre est organisé en trois parties. Au préalable, comme la négociation n'est que la phase initiatrice d'un processus de RI qui a pour objectif final et principal la production de connaissances, il est nécessaire, dans un premier paragraphe, de revenir sur l'articulation entre recherche, production de connaissances et publication. Il s'agit de clarifier et d'identifier les enjeux de cette phase initiale, la négociation avec le terrain d'observation scientifique, puisque cette étape constitue finalement la rampe de lancement qui définit la trajectoire future et bâtit les fondations de la coopération et de la coproduction entre chercheurs et acteurs de terrain.

Ensuite, nous abordons le processus de négociation lui-même dans sa dimension dynamique. Il s'agit d'identifier et d'approfondir les différents mécanismes clés et évolutions à l'œuvre durant cette étape en insistant sur les interactions entre les différentes catégories d'acteurs concernées et les conditions dans lesquelles elles se développent.

Enfin, nous abordons la thématique du contenu de la négociation pour détailler les éléments qui sont négociés ainsi que la formalisation qui en est faite.

Pour mémoire, s'il existe des spécificités de la négociation en équipe restreinte justifiant ce chapitre, les fondamentaux présentés dans les Chapitres 2 et 5 restent néanmoins valables et indispensables.

ENJEUX ET CONTEXTE DE LA NÉGOCIATION DE LA RECHERCHE-INTERVENTION POUR LA PRODUCTION DE CONNAISSANCES

Pour replacer l'étape de la négociation dans le processus global de recherche mobilisant la méthodologie de la RI, il est nécessaire d'insister sur la finalité de la production de connaissance. Il s'agit d'identifier les différentes caractéristiques qui conditionnent ce que le chercheur doit faire ou ne pas faire dans cette phase initiale de prise de contact et de coopération avec les acteurs de terrain.

La recherche-intervention: une source de production de connaissances multiformes et complémentaires

La production de connaissance étant la finalité première du chercheur il n'est pas anecdotique de s'intéresser aux différentes formes qu'elle peut prendre pour clarifier les modalités que le chercheur peut déployer pour définir, par la négociation, le lien qu'il souhaite nouer avec son terrain d'observation scientifique pour développer ses recherches.

Publication n'est pas recherche

La première clarification concerne le lien entre recherche et publication. Dans un contexte ou la pression à la publication devient intense il est nécessaire de rappeler que la publication n'est pas la recherche (cf. chapitre 1). Elle n'est qu'une étape qui consiste à formaliser et à communiquer des recherches pour les faire valider par les pairs. Autrement dit, la recherche n'est pas réductible à la publication mais cette dernière est indispensable à la première. Cela suppose que, préalablement à la publication, ont été développées des méthodologies se traduisant par des activités de collecte, d'analyse et de traitement de données pour traiter des problématiques visant à contribuer au développement de la connaissance.

Ensuite, il faut également rappeler que le chercheur dispose de différents média pour diffuser sa production de connaissance et doit clarifier sa stratégie pour définir son portefeuille de publications. Ce caractère protéiforme des contributions est maintenant institutionnalisé au niveau international puisque, par exemple, le référentiel nord-américain AACSB accréditant les meilleures business schools retient trois types de contributions intellectuelles: théorique, managériale et pédagogique. Ainsi le chercheur dispose de différents canaux d'expression qu'il est incité à mobiliser lui permettant de choisir les modalités les plus appropriées aux connaissances qu'il a générées.

Dans ce chapitre, nous nous intéressons principalement aux revues académiques, aux ouvrages, et aux études de cas pédagogiques. Nous excluons de notre champ d'analyse d'une part les congrès et conférences puisqu'ils sont en général une étape préalable aux autres modalités de diffusion (revue ou ouvrage) et d'autre part les productions de vulgarisation, non pas parce qu'elles ne sont pas importantes, mais car elles sont un produit dérivé des formes précédentes. Une analyse très synthétique voire caricaturale basée sur une métaphore sportive classe les revues académiques dans l'univers des épreuves imposées avec une très forte codification des règles du jeu et le livre dans la catégorie des figures libres dans la mesure où l'auteur, dès qu'il a obtenu l'accord d'un éditeur, bénéficie d'une grande marge de manœuvre pour présenter ses recherches. Les publications pédagogiques comme les études de cas permettent également de valoriser des recherches pour assurer le lien entre activités scientifiques et activités pédagogiques.

La RI, par le lien privilégié qu'elle développe entre le chercheur et le terrain, permet à ce dernier de pouvoir jouer sur ces différents tableaux et ainsi de pouvoir mobiliser toute la palette des productions envisageables. Cette prise de conscience de la diversité des options possibles est nécessaire dès le début d'une recherche donc de la négociation pour une RI. En effet, la nature des liens qui sont tissés dès le début de l'interaction et de la coopération est déterminante pour la production de connaissance ultérieure par le chercheur. En conséquence, si la RI peut permettre au chercheur de maîtriser la gestion de son portefeuille de production de connaissances, l'étape préliminaire de négociation du terrain d'observation scientifique s'avère cruciale pour définir les conditions effective de mobilisation, d'utilisation, de valorisation et de communication des différents éléments de cette coopération (observations, documentations, entretiens ...).

Elle constitue finalement un véritable filtre GO / NO GO qui justifie de traiter cette phase avec tout le sérieux et l'attention qu'elle exige aussi bien d'un point de vue technique sur le contenu et la conduite du processus de négociation que d'un point de vue comportemental pour le chercheur et notamment pour la posture à adopter dès la genèse de la coopération.

Le contexte du chercheur en situation de négociation de recherche-intervention

La négociation de RI en sciences de gestion met en présence des acteurs qui ne sont pas amenés à se rencontrer naturellement et régulièrement. L'imaginaire des acteurs de terrain est encore largement conditionné par des représentations de l'académique, universitaire ou non, dont les sujets de recherche sont fortement éloignés des préoccupations des professionnels de terrain. Ce contexte peut générer des attitudes évoluant, au mieux, de la méfiance pour aller jusqu'à la non prise au sérieux. Ainsi la crédibilité du chercheur n'est pas acquise a priori mais dépendra fortement du professionnalisme adopté dès cette phase initiale de prise de contact et de début d'échange. L'attitude générale durant cette phase et les signaux comportementaux (ponctualité/retard, écoute/volubilité, ouverture/auto-centrage...) sont autant de messages envoyés qui permettent ou non d'établir le contact. Autrement dit, le chercheur n'arrive pas forcément en terrain conquis dans les entreprises et les organisations même s'il a beaucoup publié, il doit donner des gages lui permettant de s'assurer de l'écoute et de l'attention de ses interlocuteurs. Pour le chercheur isolé ou en équipe restreinte ce mécanisme est d'autant plus fort que son interlocuteur ne peut pas se raccrocher à une équipe instituée de référence. Dans ce cas il ne peut compter que sur lui-même et devra être d'autant plus rigoureux qu'il est le point focal des interrogations et des doutes de ses interlocuteurs.

Les différents auteurs s'intéressant à la RI convergent pour souligner l'importance d'un des mécanismes fondamentaux dans ce processus de recherche: la co-construction (Moisdon, 1984 ; Argyris et al. 1985 ; Hatchuel, 1994 ; Chanal, 1997 ; David, 2000 ; Cappelletti & Baker, 2010). La plupart vise la conduite du projet sans forcément considérer la phase antérieure qui conduit à la contractualisation aboutissant à l'accord de deux volontés de travailler ensemble. Il est pourtant nécessaire de rappeler que cette co-construction est actionnée dès le tout début des échanges pour parvenir par une démarche incrémentale à une solution garantissant la mise en œuvre des moyens d'investigation par le chercheur à partir de la reformulation de la demande exprimée par les représentants de l'entreprise ou de l'organisation.

La RI dans la mesure où elle induit une confrontation intense au réel réserve de nombreuses surprises dues au caractère imprévisible du terrain, le terrain étant l'organisation et ses acteurs dans leur fonctionnement concret. Face à ce constat, l'objectif de la négociation est entre autres de cadrer cette imprévisibilité par une rigueur et une solidité méthodologique (cf. chapitre 5). En conséquence le chercheur est confronté à des évolutions qui peuvent aller jusqu'à remettre en cause la pérennité du projet de RI. Parmi les causes rencontrées à l'origine de cette imprévisibilité, une première est liée à la différence qui peut exister entre la représentation des acteurs qui participent à la négociation et la situation effective de l'organisation. La seconde provient du changement d'acteurs. Ceux qui jouent un rôle prépondérant dans le projet (changement de dirigeant, de chef de projet, de chef de service...) peuvent être amenés à changer de poste voire quitter l'organisation en question. La négociation doit donc tenir compte de cette éventualité et intégrer des dispositions qui permettent autant que possible de garantir une continuité et une pérennité du projet. Ce constat entraine deux conséquences pour le chercheur. Tout d'abord il doit accepter le risque et l'intégrer dans ses arbitrages entre les différents projets auxquels il participe. Ensuite, le chercheur doit être capable d'adaptation pour développer des solutions permettant au projet de se poursuivre ou de concevoir une solution de repli afin de poursuivre son activité de recherche.

Gestion du temps du chercheur-intervenant de la négociation à la publication

La RI nécessite une présence sur le terrain qui peut la rendre chronophage. Le chercheur est donc confronté à une situation qui peut paraître paradoxale. Il est d'une part soumis à une forte pression à la production qui le pousse à publier rapidement et d'autre part la pratique de la RI nécessite une disponibilité importante pour le travail de terrain. Pour faire face à cette situation le chercheur dispose de deux leviers d'action pour atteindre ses propres objectifs.

Le premier consiste à gérer la file d'attente des trois temps de l'articulation de la RI avec l'activité de production de connaissance. Il existe en effet trois étapes (IREV) dans le processus qui conduit de la négociation de la RI à la publication:

1. L'Identification des projets et leur négociation: dans cette étape le chercheur perçoit des opportunités ou est sollicité. Il doit convertir des interventions potentielles en projet formalisé et contractualisé.
2. La Réalisation du projet de terrain: Le chercheur met effectivement en œuvre les moyens qui ont été définis dans une démarche de coopération et de co-production avec les acteurs de terrain.

3. La Valorisation: le chercheur publie sous la forme qui lui parait la plus appropriée en fonction de son propre portefeuille de production de connaissances, de ses objectifs de carrière professionnelle et de la nature des résultats obtenus.

Ainsi le chercheur est amené à avoir une vision globale de son activité en gérant ces trois temps IREV de la RI. Plus précisément, pour avoir une activité régulière de production de connaissance, il est amené à conduire en parallèle et simultanément ces trois étapes sur des projets différents afin de générer en flux continu des productions et des contributions intellectuelles au sens de AACSB.

Pour pouvoir mettre en œuvre effectivement l'ensemble de ces activités, le chercheur doit mobiliser un second levier qui est celui de l'action collective. Compte tenu de l'énergie à déployer et du temps à consacrer, le chercheur peut difficilement mener de front seul l'ensemble de ces tâches. Au-delà des justifications et exigences méthodologiques et épistémologiques, la seule prise en compte de la faisabilité empirique lui impose de travailler en équipe. Même s'il est isolé ou dans une dynamique de création d'un nouveau champ de recherche, le chercheur doit rechercher des coopérations lui permettant de développer ses projets. Différentes solutions sont mobilisables allant de coopérations internes au champ académique, la coopération avec des collègues sur site ou relevant d'autres institutions, l'implication de doctorants, d'étudiants voire des solutions plus externes pouvant aller jusqu'à la coopération avec des consultants externes.

LE PROCESSUS DE NÉGOCIATION DE LA RECHERCHE-INTERVENTION MENÉE EN ÉQUIPE AUTONOME

Ces éléments contextuels étant précisés nous nous intéressons maintenant au processus de négociation lui-même pour répondre à la question du comment ? Au préalable, compte tenu de la spécificité et de la difficulté de définition de l'objet négocié, la RI, nous apportons quelques éclairages sur la nature même de la négociation, c'est-à-dire la question du quoi ? En effet, compte tenu du contexte, le chercheur agissant en franc-tireur ou en équipe restreinte, une question s'impose, qu'est-ce qu'une négociation de RI ?

Qu'est-ce qu'une négociation de recherche-intervention

Une première approche situe la négociation sur un continuum allant de la confrontation à la coopération ou différents acteurs dans une démarche incrémentale tentent de parvenir à un accord les liant pour une co-production future. A priori chacun des acteurs vise un objectif cohérent avec sa sphère d'action, ou son monde au sens de Thévenot et Boltanski. L'acteur de terrain cherche une solution à un problème concret auquel il est confronté dans son vécu professionnel. Le chercheur y voit une opportunité de contribution au développement des connaissances en sciences de gestion. Cette confrontation/coopération se situe dans un contexte sociopolitique avec des vrais acteurs qui sont des êtres de chairs avec des envies, des objectifs des peurs et des contradictions. Bien qu'ils appartiennent à une même organisation, ils peuvent avoir et ont forcément des divergences, des confrontations voire des conflits. De plus, les acteurs internes participant à la négociation ne peuvent apporter que leurs représentations de l'organisation en y associant leur propre stratégie par rapport à un projet qui n'est jamais neutre pour l'évolution de leur organisation. Dès lors, le chercheur qui débute une négociation ne rencontre que quelques acteurs alors que de nombreux autres acteurs ne sont pas représentés ce qui crée de facto des alliés et des opposants internes pour le projet futur. Ainsi, la négociation dès le départ dépasse la dimension technique et ingénierique du management qui consiste à faire évoluer des pratiques, des outils et des dispositifs de management. Elle impose ipso facto au chercheur négociateur de se situer entre «Casanova et Machiavel» combinant séduction et sens politique pour parvenir à dépasser les divergences auxquelles il peut être confronté et faire aboutir son projet de RI. Cette complexité des rapports internes à l'organisation montre qu'il n'y a pas une négociation mais différentes négociations qui imposent au chercheur de décrypter ces caractéristiques internes. C'est à cette condition que le chercheur peut non seulement proposer le contenu adéquat mais également adopter le comportement lui permettant de transformer des opportunités en projets réalistes et réalisables.

Il faut également souligner que ces étapes préalables voire ces manœuvres propres à la négociation sont des opportunités non négligeables de collecte d'informations qui permettent au chercheur d'être en phase avec les préoccupations des entreprises et des organisations et constituent ainsi une véritable produit dérivé de la RI. Autrement dit, même si la RI n'aboutit pas, le chercheur a collecté de nombreuse informations lui permettant d'alimenter ses réflexions et ses recherches et le guide pour définir de nouvelles pistes de recherche.

Opportunité de la demande et modalité de négociation

La RI implique pour le chercheur d'être en contact direct avec les entreprises et les organisations. Pour pouvoir développer ses recherches, il a besoin de pénétrer au cœur des organisations puis d'y rester pour pouvoir observer en longitudinal les phénomènes managériaux au centre de ses préoccupations. Lorsque le chercheur n'a pas de démarche commerciale structurée, il doit développer une approche en phase avec ses activités sachant que ce sont rarement ses publications académiques qui lui offrent le plus de visibilité pour initier les contacts avec les acteurs des entreprises et des organisations.

Pour rentrer en contact avec les organisations le chercheur dispose de trois modalités principales classées en fonction de sa propre visibilité:

- Une démarche pro-active de prospection (A). Le chercheur doit aller à la rencontre des partenaires éventuels.
- Des sollicitations issues de réactions à ses productions (B) (articles, conférences, tables rondes, ...). Ses travaux ont attiré des entreprises ou des organisations qui prennent contact avec lui car elles sont interpellées et intéressées pas les thématiques abordées.
- Des sollicitations provenant du bouche à oreille de précédentes RI (C). Dans ce cas, les partenaires éventuels sont attirés par des réalisations de RI précédentes dont ils ont pris connaissance et qui quelque fois leur ont été recommandées par d'autres entreprises ou organisations qui ont participé à ces projets de recherche.

Le constat concernant cette progressivité dans le mode d'accès aux organisations montre que plus la visibilité du chercheur est importante, plus son pouvoir est fort dans le processus de négociation.

ENCADRÉ 6.1: EXEMPLES DE DIFFÉRENTS TYPES DE MODALITÉS D'ACCÈS À LA NÉGOCIATION

(A) En tant que doctorant nous avons souhaité appliquer l'intervention socio-économique dans les toutes petites entreprises en phase de post-création/pré-développement. Trouver la première a nécessité un démarchage intense et un peu de chance. La deuxième a été apportée par le dirigeant de la première qui avait vanté auprès d'un autre dirigeant faisant partie de ses relations le travail fait dans sa propre entreprise. Les connaissances accumulées lors de ces deux premières RI ont ensuite permis de faciliter très fortement les négociations des 5 autres cas traités dans la thèse. En effet, la mobilisation des leçons tirées des deux premières expérimentations pour la négociation des cinq derniers cas s'est avérée décisive en produisant des arguments contextualisés pour déclencher l'accord des dirigeants. Clairement, les dirigeant étaient étonnés qu'un chercheur, a priori éloigné de leurs préoccupations connaissent aussi bien leur contexte, leurs difficultés et leurs besoins managériaux. (Nobre, 1995)

(B) La présentation de résultats des travaux de recherche dans un séminaire à l'occasion d'une soutenance de thèse avec des invités des établissements de santé de la ville a suscité l'intérêt de la direction du CHU qui a souhaité proposer des pistes de collaborations qui se sont traduites en RI visant l'intrumentation de gestion (Nobre § Haouet, 2011)

(C) La direction de la qualité d'un CHU ayant été informée d'une RI précédente conduite dans le service de la pharmacie centrale du même établissement a pris contact avec le chercheur pour une difficulté organisationnelle concernant un service de soin qui a conduit à une RI visant la réorganisation de ce service. (Nobre § Merdinger, 2011)

La diversité des démarches allant de l'opportunité provoquée à l'opportunité émergente impose au chercheur une attitude générale à adopter pour pouvoir les identifier et les transformer en projets concrets. En cela il peut s'appuyer sur certains épistémologues qui comme Feyerabend (1975) considèrent que la recherche peut prendre de nombreuses formes et qu'en conséquence le chercheur doit en permanence être disponible et être à l'écoute pour percevoir certains signaux faibles mais néanmoins significatifs. Autrement dit, pour paraphraser Feyerabend, tout peut être bon pour initier une négociation de RI. A l'instar de Girin qui évoquait l'opportuniste méthodique, le chercheur doit développer une veille opportuniste lui permettant d'une part de susciter les différents situations ou peuvent émerger ce type d'opportunité et d'autre part de capter et de décrypter les informations lui permettant d'identifier les coopérations possibles. La palette à la disposition du chercheur s'avère très large, allant de la situation de rencontres avec les représentants des entreprises dans des activités d'encadrement de stages et de suivi puis de soutenance de mémoires à des situations plus institutionnalisées comme des chaires d'entreprises, des conférences, des tables rondes et des débats.

ENCADRÉ 6.2: EXEMPLES DE SAISIE D'OPPORTUNITÉS

D'une rencontre informelle…

Une RI dans un établissement d'enseignement supérieur (une école d'architecture) a été initiée par une discussion dans le cadre d'une rencontre amicale où le directeur des études de cette institution faisait part à un cercle d'amis de ses difficultés d'ordre organisationnel. Le chercheur était présent par hasard à cette réunion sans appartenir à ce cercle d'amis. Cette discussion a été l'amorçage d'une prise de contact qui par la suite a initié le processus de négociation.

...au détournement proactif.

A la suite de la restitution des résultats d'une recherche à laquelle ils avaient accepté de participer en accueillant les chercheurs pour la réalisation d'entretiens, les dirigeant d'une ETI ont demandé aux chercheurs s'ils connaissaient des intervenants (sous-entendu des consultants) pouvant réaliser une mission relevant du management stratégique. Après avoir analysé la demande, les chercheurs ont fait une proposition qui a initié la négociation pour aboutir à une RI effective à fort potentiel de publication (Granclaude § Nobre 2017)

Le déroulement de la négociation dans un contexte faiblement structuré

En complément, et en plein accord avec tous les apports du chapitre 5 qui a déjà abordé les éléments constitutifs du déroulement d'une négociation de RI, nous souhaitons ici insister sur quelques points qui nous paraissent déterminants pour le chercheur qui pratique la RI dans un contexte moins structuré. Nous empruntons une approche thématique afin de souligner les caractéristiques nous paraissent particulièrement significatives.

Le premier point à rappeler voire à marteler concerne les objectifs scientifiques du chercheur. Dès le premier contact, et quelle que soit la modalité de l'opportunité parmi celles qui ont été présentées plus haut, le chercheur doit avoir présent à l'esprit l'évaluation du potentiel scientifique du projet évoqué et réfléchir à la mobilisation des matériaux de terrain pour une traduction en problématique de recherche. La richesse du terrain fait que très rapidement la question n'est pas de définir une problématique mais de choisir parmi celles qui émergent celles qui pourront être traitées et valorisées, ce qui impose aussi d'en exclure d'autres. Ce dernier point étant souvent la difficulté la plus importante vu l'intérêt et la pertinence des problématiques issues du terrain. L'expérience montre que la créativité du terrain dépasse toujours l'imagination humaine.

Ensuite, il est important de tenir compte de la temporalité des séquences de la négociation. Il existe une large palette entre des négociations où les différentes séquences peuvent s'enchaîner rapidement alors que dans d'autres cas une graine semée va mettre du temps avant de germer, s'enliser et réapparaitre sans signe avant-coureur, des semaines voire des mois après les premières étapes. De même, compte tenu du contexte, notamment dans le service public et plus particulièrement dans le secteur hospitalier, il existe des ralentissements et des accélérations qui peuvent être très brutaux. La phase initiale de prise de contact et de définition de l'intervention se font souvent précipitamment car il y a une urgence, ensuite le projet s'enlise dans les différentes strates de la prise de décision. En revanche, quand le projet réapparait il doit être exécuté rapidement. Ce constat renforce la nécessité pour le chercheur d'avoir une vision globale de ses activités pour utiliser les temps disponibles pour la production et prévoir les dispositifs, notamment par l'action collective, pour faire face à ces aléas de la chronobiologie de la RI et disposer des ressources nécessaires au moment opportun.

Enfin, compte tenu de la diversité des disciplines en management et des problématiques potentielles le chercheur doit être conscient de ses propres connaissances et compétences et en conséquence de ses limites pour être conscient de ce qu'il ne sait pas faire ou ne peut pas faire. Il lui est indispensable de définir son portefeuille de compétences et finalement de s'appliquer le précepte du philosophe: connais-toi toi-même.

La négociation impose au chercheur de savoir et de vouloir écouter. L'écoute est le mécanisme fondamental qui permet d'initier les différentes étapes qui s'enchaînent par la suite. En particulier, la reformulation de la demande qui est indispensable pour tester la compréhension mutuelle des attentes réciproques implique d'écouter, d'écouter et d'écouter encore. Cette posture de mutisme actif, puisque l'écoute implique la recension, la mémorisation et la compréhension n'est pas forcément habituelle et inné chez le «sachant» qui est accoutumé à délivrer son savoir. Elle est d'autant moins facile qu'elle doit être accompagnée d'un comportement limitant la communication non verbale pour ne pas perturber l'émission des messages. En résumé, le sachant doit inverser sa relation traditionnelle à l'autre en se mettant en position de réception et non d'émission qui impose de facto une forme d'humilité.

Pour négocier il faut être au moins deux mais naturellement cela ne suffit pas. Dès lors se pose la question de savoir qui concrètement participe à la négociation ? Du coté académique compte tenu de la nécessité de comprendre et de reformuler la demande il est nettement préférable de ne jamais être seul. Compte tenu de l'asymétrie d'information durant cette phase où l'intervenant extérieur doit se faire une idée sur de nombreux sujets: réalité et sérieux de la demande, crédibilité et légitimé des acteurs participant à la négociation, technicité et profondeur des sujets abordés, l'intersubjectivité contradictoire est un principe permettant aux chercheurs négociateurs d'éviter les pièges d'une mauvaise compréhension des enjeux ou de passer à côté d'éléments fondamentaux. Ce sont les échanges entre chercheurs pendant et après les phases d'interaction qui permettent cette prise de recul indispensable. Donc, ne jamais négocier seul... si possible car les contraintes temporelles montrent qu'une négociation dans des conditions imparfaites est toujours meilleure que pas de négociation du tout. Ensuite du côté des acteurs de terrain il est nécessaire d'avoir accès aux acteurs stratégiques pour le projet en vue. Il existe toujours un risque d'avoir à faire à des acteurs qui veulent se donner plus d'importance qu'ils n'en n'ont et/ou qui n'ont pas le pouvoir de décision. La négociation implique donc une étape d'identification et de validation des acteurs clés et de s'imposer de les inclure formellement dans le processus de négociation au risque de perdre son temps.

La production d'une proposition n'est pas le début du processus mais le fruit de différentes étapes. Chacune d'entres elles a pour objectif de révéler un ensemble d'informations qui permettent une progression vers une compréhension réciproque des attentes et des contributions de chacune des parties. La mise en forme juridique n'est finalement pas une question déterminante. A partir du moment où les parties se sont mises d'accord sur ce qu'elles attendent l'une de l'autre la question technique juridique se résout aisément.

ENCADRÉ 6.3: EXEMPLE DE PASSAGE DU FOND À LA FORME JURIDIQUE

Dans le cas de la négociation d'une RI dans un CHU belge, après avoir convenu des différents éléments de la recherche, objectifs, méthodes, prestations, durée et calendrier, conditions financières, périmètre, acteurs concernés et acteurs clés (chef de projet, relai interne...) la direction du CHU a confié le projet à sa direction juridique qui a établi la convention de recherche en fonction de la législation belge. Naturellement le chercheur n'avait ni les compétences ni les ressources pour cette mise en forme juridique et légale. C'est la confiance créée durant le cheminement conduisant à la formalisation du projet qui a permis ensuite sa mise en forme juridique.

La posture du chercheur dans la négociation

Les projets conduits avec les acteurs de terrain durant nos différentes RI nous montrent que deux facteurs sont déterminants pour activer le cercle vertueux entre négociation/RI/production de connaissance. Ils concernent tous les deux la modalité suivant laquelle le chercheur se positionne par rapport aux acteurs de terrain. Cela peut paraître évident, mais il est important de le rappeler, faire de la RI impose quelques préalables. Il est tout d'abord nécessaire et indispensable d'avoir envie d'aller à la rencontre des acteurs de terrain et de faire preuve d'empathie pour essayer d'appréhender et de comprendre leurs difficultés. De même, cela implique de collaborer avec eux pour contribuer à la coproduction de solutions effectives et actionnables. Cette forme de recherche vise non seulement la production de connaissances mais elle ambitionne également de transformer les organisations et leurs pratiques managériales. Cette prise de conscience a pris une forme tangible dans un atelier doctoral où une doctorante a affirmé «*je ne veux pas aller sur le terrain et rencontrer des vraies personnes, je préfère rester dans mon bureau pour y faire ma recherche*». Ce qui était presque un cri du cœur révèle et montre que ce type de recherche nécessite une appétence indispensable.

L'envie est un préalable mais elle ne suffit pas. Lorsque le chercheur intervient dans les entreprises ou les organisations il est rapidement confronté aux représentations et à l'imagerie qui concernent les universitaires et les académiques. Il est donc crédité immédiatement des qualités reconnues du monde universitaire et scientifique mais aussi des travers réels ou supposés qui vont avec. La transparence éthique lui impose d'agir à visage découvert et de présenter voire de revendiquer son positionnement, ce qui lui permet d'afficher dès les premiers échanges son objectif de publication et de production de connaissance. Cette confrontation des représentations impose au chercheur d'adopter une posture qui simultanément bannit l'arrogance de celui qui sait mais également lui demande d'être conscient de tout ce qu'il sait, même si son environnement académique habituel ne le pousse pas à valoriser les dimensions praxéologique et empirique de son savoir. En particulier, le chercheur en sciences de gestion maîtrise forcément des savoirs actionnables qu'il peut mettre en œuvre dans une RI pour interagir avec les entreprises et les organisations. Naturellement, il doit s'adapter au milieu dans lequel il souhaite s'inviter et tenir compte des codes et conventions qui y sont en vigueur. Ainsi le chercheur dans cette étape initiale de négociation est un sachant à l'écoute qui identifie les opportunités et les facteurs de compatibilité en arbitrant entre doute et confiance pour initier les coopérations lui permettant d'atteindre ses objectifs scientifiques tout en répondant aux attentes et aux besoins de ses partenaires.

ENCADRÉ 6.4: COMMENT SE PRÉSENTER POUR NÉGOCIER ?

La recherche en sciences de gestion n'est pas forcément identifiée comme une ressource par les entreprises et les organisations. Elle doit donc faire preuve de diplomatie et d'entrisme pour trouver sa place parmi les options possibles. Par exemple, le statut de professeur agrégé des universités n'est absolument pas connu ni reconnu dans une PME, ainsi il ne constitue pas un argument déterminant à mobiliser pour négocier. En revanche, dans un CHU ce statut a été un élément déterminant pour le directeur général de cet établissement pour recourir au chercheur. Pour lui cela a été un argument central pour faire accepter à ses chefs de service qui sont également professeurs des universités, un pair comme intervenant extérieur pour travailler avec eux sur la conduite du changement. Ainsi, le chercheur doit être averti de ce décalage possible entre les signes de reconnaissance dont il bénéficie dans son environnement et la remise en question permanente à laquelle il se soumet en intervenant sur le terrain au risque d'être désarçonné et de ne pas éviter les différentes chausse-trappes auxquelles il est forcément confronté pour atteindre ses objectifs de coopération et de coproduction.

LE CONTENU DE LA NÉGOCIATION DE LA RECHERCHE-INTERVENTION

La présentation du contenu de la négociation permet de détailler les différents éléments qui doivent être explicitement formalisés pour entériner l'accord des deux parties. La formalisation par la transparence qu'elle impose et l'opposabilité qu'elle permet constituent l'un des piliers de la confiance indispensable à la poursuite d'un projet. Elle vise finalement à répondre aux questions suivantes: quoi, qui, quand, comment, combien ? Néanmoins, il est nécessaire d'enrichir cette analyse du contenu formalisé par deux compléments. Le premier concerne la relation entre le projet de terrain et l'objectif de production de connaissance. Le second revient sur des éléments qui bien que non formalisés doivent impérativement être intégrés dans le processus de négociation.

Coordonner conduite du projet de terrain et objectif de production de connaissances

La RI se fonde sur l'articulation entre l'objectif de production de connaissance du chercheur et le besoin de l'acteur de terrain de trouver une solution à une situation de gestion. Différents types de relations peuvent exister entre les motifs explicites d'entrée dans l'entreprise ou l'organisation qui déterminent les livrables à produire sur et pour le terrain et la ou les problématiques qui seront retenues, traitées et valorisées dans les publications. Il existe un continuum se situant entre deux situations. Il peut y avoir un alignement parfait entre les objectifs de terrain et la finalité académique, le questionnement du terrain devient la problématique des publications. C'est par exemple le cas de l'expérimentation d'outils de gestion pour l'hôpital, le BSC (Nobre 2001) ou l'ABC (Nobre 2004, 2006). A l'autre extrême il peut y avoir un décalage entre les deux, dans ce cas le chercheur déploie une véritable stratégie de cheval de Troie. L'intervention lui permet de s'introduire dans l'organisation en payant l'équivalent d'un droit d'entrée par la mission qu'il y accomplit et des livrables qu'il produit. Ces prestations étant le moyen d'observer in situ et en temps réel une problématique de gestion qui l'intéresse. Cette approche a été par exemple mobilisée pour étudier les rapports de pouvoir à l'hôpital (Nobre 1998) à partir de missions réalisées dans différents établissements.

D'autre part, il faut également rappeler que vu la richesse des éléments accumulés lors d'une RI et de l'imprévisibilité des phénomènes qui se peuvent se développer sur le terrain le chercheur a tout intérêt à accepter de se laisser surprendre par des problématiques passionnantes et pertinentes pour les sciences de gestion qui émergent. Ces dernières occupent une place intermédiaire entre d'une part les problématiques initiales relevant la forte cohérence entre objectif de terrain et objectif du chercheur et d'autre part celles provenant de la stratégie opportuniste du chercheur qui souhaite avoir une observatoire interne pour analyser une problématique qui lui est spécifique.

Le chercheur lors de la négociation d'une RI doit donc être conscient de son positionnement sur cette articulation dès les premiers contacts afin de déployer les dispositifs qu'il souhaite mobiliser et les conditions méthodologiques qui lui paraissent nécessaires tout en étant suffisamment vigilant par la suite pour saisir les opportunités qui peuvent émerger.

La formalisation des éléments constitutifs de la recherche-intervention

Les éléments constitutifs sur lesquels porte la négociation ont été largement abordés dans le chapitre 5. Les éléments présentés ici ont pour objectif d'insister sur quelques points relatifs au contexte du chercheur fonctionnant avec une équipe réduite. La déclinaison et sa formalisation entre produits objectifs, produits méthodes et produits prestations (cf. chapitres 2 et 5) est une obligation pour garantir une bonne compréhension mutuelle des attentes et engagements réciproques. Elle garantit une explicitation de la reformulation de la demande dans ses dimensions stratégiques et opérationnelles. Elle s'impose d'autant plus que le chercheur agissant en équipe restreinte ne dispose pas d'un back office lui permettant une réassurance en cours d'exécution. La visibilité de l'intervention pour l'entreprise ou l'organisation nécessite de préciser explicitement dès le départ les intervenants impliqués et les délais dans lesquels le projet sera réalisé. Cette transparence est le socle de la confiance qui est indispensable à la bonne réalisation de l'intervention. A ce point, toute tâche méritant rémunération, la prestation d'une activité même si elle est exercée dans le cadre d'une activité de recherche n'échappe pas à ce principe. Les entreprises et organisations bénéficiant de ce type prestation sont conscientes de la valeur créée et prêtes à apporter leur contribution financière. Se pose alors la question du prix. Comme dans d'autres activités le tarif proposé se situe entre le prix du marché et le coût des ressources consommées, sachant que la principale ressource est naturellement le temps des chercheurs impliqués dans le projet. La transaction financière est déterminante car elle impose aux entreprises de ne pas prendre le projet à la légère, elle crédibilise le chercheur et projette les deux parties dans une obligation réciproque d'engagement effectif.

Afin de pouvoir mobiliser les données et les éléments collectés durant le processus de RI le chercheur doit inclure les conditions de leur d'utilisation ultérieure. Il doit convenir avec son partenaire des modalités (anonymat ou non, type de données, processus de publication . . .) pour les productions futures. Le chercheur peut être confronté à des situations très différentes allant de l'entreprise qui exige un anonymat complet à celle qui souhaite une large diffusion du projet et s'en servir comme argument de communication interne et/ou externe. La formalisation de ce point impose des échanges sur ce thème et permet ainsi d'éviter tout problème ultérieur pour le chercheur qui au pire se verrait dans l'impossibilité de mobiliser une RI pour ses publications.

Le contenu non formalisé

A l'image de ce qu'est le contrat psychologique pour le contrat de travail, il existe également un contexte informel pour la conduite de RI qui relève principalement de l'éthique du chercheur. Le chercheur vise la production de connaissance. Néanmoins, il doit être capable de refuser une intervention dont il pense qu'elle ne remplit pas les conditions de réalisation nécessaire aussi bien morales que stratégiques.

ENCADRÉ 6.5: EXEMPLE DE REFUS D'UNE INTERVENTION

Une mission de RI à la demande de la direction générale dans une grande organisation européenne visait à établir le diagnostic organisationnel d'une entité exerçant des fonctions supports employant environ 500 personnes. Le diagnostic a montré la nécessité de changements importants. La direction générale souhaitait un accompagnement de cette entité et plus particulièrement de sa directrice pour conduire ce changement. Compte tenu des statuts dans ce type d'organisation régit par des accords internationaux, de la situation de la directrice (à quelques années de la retraite) il était évident que la situation était figée jusqu'à son départ. Le projet, ne permettait pas de développer une RI satisfaisante alors qu'il aurait été très facile d'accepter et d'ajouter un projet de plus sans conséquence effective dans cette organisation, si ce n'est pour étudier le déroulement d'un échec annoncé. Les chercheurs ont donc refusé d'intervenir pour la deuxième étape, même si la proposition financière était plutôt favorable car un principe fondamental n'était pas respecté pour ce type de projet, à savoir le soutien de la direction.

CONCLUSION

L'objectif du chercheur pratiquant la RI est sans ambiguïté. Il ambitionne de participer à la production de connaissance dans toute sa pluralité de formes. En choisissant une démarche qui implique la coproduction avec les acteurs de terrain et la transformation des organisations il s'impose des conditions méthodologiques et des postures qui doivent être appliquées dès les premiers contacts et en particulier lors de la phase de négociation. L'exploitation des cas concrets de négociation présentés a conduit à identifier différents principes généraux ainsi que des lignes de conduites à adopter pour mener cette étape de coproduction initiale préfigurant et définissant les objectifs, la forme et le fond de la coopération entre chercheurs et acteurs de terrain. Capacité d'écoute, envie de coopérer, capacité d'adaptation, rigueur méthodologique etc. font partie des clés qui permettent de rentrer dans les organisations, d'y rester en créant une légitimité gage d'une satisfaction réciproque. A partir de ces différents cas et de ces différents principes il s'avère qu'il n'existe pas une mais des négociations de RI. Le chercheur, fort de ce background méthodologique, aussi bien ingéniérique que comportemental est capable de s'adapter aux différents contextes et de décliner son dispositif méthodologique en fonction des caractéristiques de l'organisation et des acteurs avec lesquels il souhaite développer une RI.

BIBLIOGRAPHIE

Buono, A.F. & Savall, H. (Eds.) (2015). *The socio-economic approach to management revisited: The evolving nature of SEAM in the 21st century.* Charlotte, NC: Information Age.

Cappelletti, L. & Baker, R.C, (2010). «Measuring and developing human capital through a pragmatic action research: a French case study». *Action Research,* SAGE Publications, Vol. 8, Issue 2, pp. 211–232.

Chanal, V., Lesca, H. & Martinet, A.C. (1997). Vers une ingénierie de la recherche en gestion. *Revue Française de Gestion,* 116: 41-51.

David, A. (2000). La recherche-intervention, cadre général pour la recherche en management. *Les nouvelles fondations des sciences de gestion: éléments d'épistémologie de la recherche en management.* Paris: Vuibert.

Feyerabend, P. (1975). *Contre la méthode, Esquisse d'une théorie anarchiste de la connaissance.* Paris: Point Sciences.

Girin, J. (1981). *L'opportunisme méthodique dans les recherches sur la gestion des organisations.* Paris: Ecole polytechnique.

Grandclaude, D. & Nobre, T. (2017). L'innovation participative en stratégie: innovation, illusion ou révolution managériale? *Journées de l'innovation Abbé Grégoire,* Paris.

Hatchuel, A. (1994). Les savoirs de l'intervention en entreprise. *Entreprise et Histoire, 7,* 59–75.

Moisdon, J.C. (2015). Recherche en gestion et intervention. *Revue Française de Gestion, 253,* 21–39.

Nobre, T. (1995). Le processus de structuration dans la petite entreprise. *Revue internationale des PME, 8*(3), 121–144.

Nobre, T. (2004). L'ABC à l'hôpital: le cas de la chirurgie infantile. *Finance Contrôle Stratégie, 5*(2), 85–105.

Nobre, T. (2006). L'introduction de nouveaux outils de contrôle de gestion dans les services cliniques: le cas de l'expérimentation de l'ABC dans un service de pédiatrie. *Journal de Gestion et d'Economie Médicale, 24*(3–4), 56–71.

Nobre, T. (2001). Management hospitalier: du contrôle externe au pilotage, apport et adaptabilité du Tableau de Bord Prospectif. *Comptabilité Contrôle Audit, 2*(7), 125–146.

Nobre, T. & Haouet, I. (2011). Le cas d'un Balanced-Scorecard en contexte hospitalier. Eluder la carte stratégique pour privilégier la performance organisationnelle. *Revue Française de Gestion,* (211), 103–118.

Nobre, T. & Merdinger-Rumpler, C. (2011). Architecture et changement organisationnel: Le cas du déménagement d'un service de consultation externe au sein d'un nouvel hôpital. *Journal de Gestion et d'Economie Médicale, 29*(4), 154–169.

Savall, H. & Zardet, V. (2004). *Recherche en sciences de gestion: approche qualimétrique, observer l'objet complexe.* Paris: Economica. (2011). *The Qualimetrics Approach: Observing the Complex Object.* Charlotte, NC: Information Age.

CHAPITRE 7

CONDUIRE UNE RECHERCHE-INTERVENTION DANS SA PROPRE ORGANISATION

Défis et spécificités

Isabelle Barth

Pour beaucoup de chercheurs, les questions de recherche abondent et c'est l'accès aux données qui constitue une contrainte. Pourtant, sous les pieds des chercheurs, se trouve un potentiel terrain de recherche! A savoir leur entreprise, leur mairie, leur université, leur association.

Je propose dans ce chapitre de considérer son organisation, ou une partie de son organisation comme son objet d'observation, et non pas de mobiliser ses membres comme des succédanés: nous excluons les pratiques fréquentes d'enseignants-chercheurs qui sollicitent leurs étudiants ou apprenants pour répondre à des enquêtes de consommation ou pour participer à des focus groupes, des scénarios ou autres simulations en lieu et place de «vrais» DRH, directeurs commerciaux, consommateurs... afin d'acquérir des données à peu de frais.

La Recherche-Intervention Dans les Entreprises et les Organisations, pages 149–173

Au final, la recherche au sein de son organisation n'est pourtant pas un choix très courant. Par peur de nuire à sa réputation? Par souci de déranger? Par angoisse de se tromper? Tout cela un peu à la fois, car la situation n'est pas simple quand il s'agit de mener une recherche et une intervention qui engagent ses collègues, son lieu de travail, les procédures, les outils, les routines qui constituent le flux d'activité, le «bien commun». Le risque est de devenir, au mieux un étranger à sa propre organisation, au pire, le bouc-émissaire de ce changement auquel peu de personnes aspirent.

Pourtant, mener une recherche dans sa propre organisation est une économie de temps et d'énergie importante, et l'objectif d'en améliorer le fonctionnement pour plus de performance tant économique que sociale, est très gratifiant. Le défi est donc de taille, les espérances grandes, souvent à la mesure de la prise de risque. Certains intervenants-chercheurs ont pris ce chemin et il est intéressant d'en décrypter les spécificités pour le rendre, sinon plus aisé, du moins en éviter les chausse-trappes. Tel est l'objectif de ce chapitre.

Nous allons, à partir d'études de cas, restituer l'expérience de la recherche-intervention interne autour de quatre thèmes. Dans un premier temps, nous proposons de réfléchir aux rôles respectifs de la mission et de la recherche, ensuite nous abordons la question de la légitimité du chercheur-intervenant interne, la troisième partie traite du processus de recherche, et la dernière du rebouclage de cette recherche-intervention pour l'entreprise, pour le chercheur, et pour la diffusion de la connaissance en sciences du management.

LA MISSION, L'INTERVENTION ET LA RECHERCHE: UN TRIO INFERNAL

Après un rappel rapide des présupposés de la recherche-intervention, nous proposons de réfléchir aux rapports qu'entretiennent la mission, l'intervention et la recherche que doit gérer le chercheur-intervenant-collaborateur. Un triptyque certes riche mais qui peut se révéler difficile à gérer.

Le cadre épistémologique de la recherche intervention interne

Choisir la recherche intervention, c'est s'inscrire dans le cadre épistémologique du constructivisme pragmatique, avec des attendus spécifiques (cf. chapitres 1 et 3): avoir pour projet de produire de la connaissance actionnable et extraire cette connaissance de la variation de l'objet observé, variation provoquée par le chercheur en accord avec l'organisation (Piaget, 1972; Savall & Zardet, 2004; David, 1999, 2001; Cappelletti & Baker, 2010).

Ces attendus impliquent pour le chercheur intervenant de mener une conduite de changement dans l'organisation, terrain de sa recherche, avec une contractualisation a priori portant sur les objectifs, les modalités, la temporalité de l'intervention. Dans un premier temps, le chercheur agit donc davantage comme un intervenant, négociant son accès au terrain, et faisant la promesse d'un livrable répondant aux attentes de ses interlocuteurs.

Les composantes recherche-intervention s'imposent d'elles-mêmes: prise de risque pour le chercheur qui doit «réussir» son intervention, engagement de son temps, de son énergie et capacité à dialoguer avec ses «clients» sont les exigences d'un tel processus.

Pour les chercheurs qui y sont prêts, le premier défi est de négocier un «terrain», c'est-à-dire une entreprise ou une organisation qui consentira à l'accueillir pour mener une intervention en son sein sur une problématique définie par les deux parties. On peut alors identifier deux catégories de négociations:

- Celles qui sont conduites par le chercheur-intervenant dans une organisation extérieure à son activité professionnelle. Il y a alors la mise en place d'une «vente» de prestation (cf. chapitres 2, 5 et 6) s'apparentant au conseil avec le processus classique de définition de la demande, de reformulation de cette demande, de formulation de la proposition, d'aller retour sur les modalités d'organisation, et financière, et de signature du contrat (Barth, 2001). Le chercheur conduit ensuite son intervention en passant du temps en interne, par exemple pour conduire des entretiens, pour assister à des réunions ou pour faire de la formation. En dehors de ces moments, il sera dans son «laboratoire» pour exploiter les matériaux recueillis, soit dans l'optique de poursuite de l'intervention, soit au service de son projet de recherche.
- La deuxième catégorie de recherches-interventions recouvre celles menées en interne. Dans ce cas, le chercheur-intervenant est un collaborateur de l'organisation. Il est lié par un contrat de travail et non pas un contrat de prestation. Deux cas de figures se présentent: soit le chercheur était déjà un collaborateur de l'organisation et démarre un projet de recherche, soit il est recruté par l'organisation précisément pour mener un projet de recherche, c'est le cas des contrats CIFRE[1] par exemple.

C'est maintenant cette dernière catégorie de chercheurs sur laquelle nous allons nous concentrer. Nous illustrerons chacun des points retenus par des cas de recherches-interventions réelles que nous présentons dans l'encadré n°7.1 ci-dessous.

ENCADRÉ 7.1: PRÉSENTATION DES CAS D'ILLUSTRATION

Cas n°1: Sabrina, elle a mené une recherche-intervention de 2009 à 2015 dans une Business School comme chargée de mission diversité avec pour objectif opérationnel d'obtenir le label diversité pour cette institution. Elle a soutenu sa thèse en Janvier 2015 (Perugien, 2015)

Cas n°2: Sarah a mené une recherche-intervention au sein d'une institution de l'enseignement supérieur comme chargé de mission Handicap auprès des étudiants. Elle avait pour mission de développer quantitativement et qualitativement le nombre d'étudiants en situation de handicap. Elle a soutenu sa thèse de doctorat en Juin 2016 (Richard, 2016)

Cas n°3: Juliane a conduit une recherche-intervention au sein d'une école de management française comme responsable du centre entrepreneurial, qu'elle a créé et dirigé pendant les 4 années de sa recherche doctorale. Sa thèse a été soutenue en Décembre 2016 (Santoni, 2016)

Cas n°4: Marine a conduit sa recherche doctorale dans le cadre d'un contrat CIFRE au sein de la société Transco. Elle y était chargée de la mission Egalité Femmes-Hommes dans l'entreprise, avec l'objectif de mettre en œuvre une égalité réelle.

Cas n°5: Jean Christophe a intégré une grande entreprise de télécommunication en contrat CIFRE pour travailler auprès de la responsable Diversité sur la question du fait religieux. Il est au début de sa recherche doctorale.

Cas n°6: Delphine est enseignante-chercheuse dans une école de management et conduit une mission d'innovation pédagogique avec la création d'une plateforme numérique collaborative pour le développement des soft skills des étudiants.

Cas n°7: Gildas est recruté par une école de management pour créer et tenir le bureau en Chine. Il accepte cet emploi à condition d'avoir du temps pour mener une recherche doctorale en parallèle sur la Responsabilité Sociétale des Organisations en Chine.

Le consentement de l'organisation

On peut identifier deux types de consentement. Le premier correspond au changement d'identité professionnelle du collaborateur. Il était DRH ou contrôleur de gestion et il devient intervenant-chercheur, il va donc à la fois conduire une intervention qui, par définition va modifier l'organisation, et qui plus est, une recherche c'est-à-dire quelque chose d'un peu mystérieux et inquiétant. Le collègue devient suspect car ses projets cachent surement des intentions supérieures. On n'est pas loin de le considérer comme l'œil du patron, ou d'une gouvernance lointaine, œuvrant pour des projets inquiétants comme une revente, une fusion, des réorganisations …

Le second, c'est l'arrivée d'un nouveau collègue dans l'entreprise, qui a une double identité et un double projet. Conduire une mission comme un consultant semble admissible et compréhensible, car il y en a eu d'autres avant, mais être embauché pour ce faire est plus étonnant, et avoir, en plus, l'étiquette de chercheur, motive la curiosité et la méfiance.

Il est donc extrêmement important de communiquer autour de cette mutation de rôle ou de cette nouvelle arrivée. La transparence est de mise, auprès de tous les membres de l'organisation, et la communication doit venir du plus haut niveau pour donner toute légitimité au chercheur-intervenant.

ENCADRÉ 7.2: LE CHANGEMENT D'IDENTITÉ

Quand Sabrina arrive dans la Business School, elle est annoncée comme doctorante désirant travailler sur le thème du management de la diversité. Très vite, la décision stratégique est prise d'obtenir le label diversité. Le choix de Sabrina comme chef du projet s'impose. Si les choses se mettent en place de façon amiable, il fallait officialiser très vite sa responsabilité car il y a une concurrence qui s'installe avec la responsable en titre du service Qualité. La chercheuse doit laisser place à l'intervenante au sein de l'école de management.

Une négociation interne

Pour entrer dans l'organisation ou pour obtenir de sa part l'autorisation de mener une recherche en son sein, il faut négocier avec la hiérarchie. La négociation doit porter sur de nombreux aspects pour éviter les remises en cause qui auront pour conséquence de déstabiliser le projet et même peut être de mettre fin à la recherche-intervention, ou à l'intervention, ou encore à la recherche.

Le chercheur doit travailler sur deux aspects: la nécessité d'une intervention et persuader qu'il (ou elle) est la bonne personne pour la mener.

S'il est collaborateur interne, il a pu identifier des dysfonctionnements à réduire ou bien des actions de création de potentiel à mener. Ce sont souvent les deux leviers principaux pour proposer une recherche-intervention et pour convaincre le décideur du bien fondé de la proposition. La compétence du chercheur peut s'adosser à projet doctoral qui motive l'adoption de la nouvelle posture. Il ne doit alors pas hésiter à présenter, outre ses atouts personnels, l'accompagnement qu'il aura dans le cadre de son programme doctoral. On peut citer le directeur de thèse, les collègues de l'équipe d'accueil. Un des enjeux est aussi de négocier un budget temps car il n'est pas envisageable de mener les choses à bien en continuant à gérer son poste à l'identique. De même, l'accès aux personnes et à certaines informations, de façon plus ouverte qu'en temps normal, doit être accordé dans le cadre des marges de manœuvre négociées par les deux parties.

Concernant les données, il faut anticiper sur les zones de confidentialité avec des garanties d'anonymat et des embargos sur la publication des résultats.

Si l'intervenant-chercheur est extérieur à l'entreprise, l'objectif est de se faire recruter au motif de ce projet de recherche avec l'identité de chercheur. En effet, il n'est pas question de mener une recherche en catimini, par éthique bien sûr, et également, parce que ça ne permet pas de réunir les matériaux exigés pour une intervention optimale.

On revient à la négociation évoquée dans le chapitre 5. Les ingrédients sont les mêmes: susciter l'attention des interlocuteurs, être dans l'écoute dès la première rencontre, motiver un besoin, reformuler la demande, proposer une méthode, identifier les résultats visés, valoriser ses compétences, construire un programme avec ses différentes étapes et livrables intermédiaires, un planning, ainsi que les personnes qui seront sollicitées (Barth, 2001). La différence portera sur l'aspect financier. Ce n'est pas le prix d'une prestation mais un recrutement qu'il faut vendre, ce qui peut présenter quelques avantages mais également plus de risque.

ENCADRÉ 7.3: LE CAS D'UN CONTRAT CIFRE

La négociation d'un contrat CIFRE est une véritable recherche d'emploi, il faut convaincre une entreprise d'un recrutement sur la base d'un projet de recherche souvent encore assez imprécis qui relève davantage d'un thème que d'une véritable problématique. Jean-Christophe a ainsi réussi à négocier son intégration dans une grande société de télécommunication sur le thème de la gestion du fait religieux, qui correspond à un de leurs enjeux majeurs au moment des échanges. Une fois intégré, il lui reste à préciser sa mission et l'organisation de son temps entre moments présentiels et temps de laboratoire. La répartition de ces temps est définie de façon annuelle mais différente selon les années pour respecter le processus d'une recherche doctorale avec en première année la nécessité d'être opérationnel et en troisième année la rédaction de la thèse.

Définir la mission ou la recherche?

La question qui se pose est le commencement: la mission ou la recherche? Est-ce qu'on définit la mission autour de la demande de l'entreprise ou à partir du projet de recherche? Les deux cas sont possibles. Dans le premier cas, l'entreprise a une mission de changement à mener et le chercheur s'en empare sans trop d'idée de son sujet de recherche ou pensant que cette intervention va constituer un support adéquat à son projet. Dans la seconde perspective, le chercheur démarche l'entreprise en lui suggérant tout ce que peut lui apporter un changement conduit à partir de sa problématique de recherche.

Il faut bien se dire qu'il n'y a pas de main invisible mettant en adéquation les deux projets, ce qui crée souvent des angoisses terribles chez l'intervenant-chercheur. On peut identifier deux situations de flottement couramment rencontrées:

- Le chercheur a un sujet très précis mais n'arrive pas à le «voir» dans la mission qu'il actionne.
- Ou bien, il compte sur le terrain pour susciter des questions de recherche et rien ne vient.

Il faut alors faire des détours, par la littérature, aller voir ce qui se passe dans d'autres organisations et travailler avec des tiers à qui la distance donne plus de lucidité. Toute recherche est difficile, voire impossible à mener seul, c'est une activité qui, pour être mener à bien, exige la confrontation, les échanges critiques, la controverse dont elle se nourrit au quotidien.

ENCADRÉ 7.4: LE CHOIX DU SUJET DE RECHERCHE

Marine avait un projet de recherche très précis qui a conduit sa recherche de contrat CIFRE: travailler sur le sujet de l'égalité femmes/hommes dans les entreprises. Elle a atteint son but en intégrant Transco sur cette exacte problématique.

Juliane est venue présenter son projet de recherche à la Business School qui portait sur les femmes entrepreneurs, il lui a été proposé de conduire le projet de création du centre entrepreneurial de l'école, et c'est en son sein qu'elle a pu, au bout de quelques mois mettre en œuvre le sujet plus spécifique de l'accompagnement de l'entrepreneuriat féminin.

Le commencement

Une fois l'accord fondé sur les objectifs de la mission, et quelle qu'en soit l'origine, il s'agit de commencer avec tout les bouleversements que cela implique: nouvelle identité pour le collaborateur qui devient intervenant, arrivée dans une nouvelle structure pour celui qui est recruté pour cette intervention, aménagement des charges de travail, accès aux informations.

La plus grande difficulté est de savoir s'il faut commencer par la recherche ou par l'intervention. En effet, l'intervention doit être lestée de théorie pour servir le projet de recherche, et aller trop vite sur le terrain peut être improductif voire contre-productif car on aura «grillé» des accès à l'information. Démarrer par un état de la littérature et appréhender les possibles cadres théoriques semble incontournable mais jusqu'où? Et pendant combien de temps?

L'intervenant-chercheur se trouve alors dans une forme de no man's land. Il est à l'épreuve de ce qu'il va devoir apprendre à manipuler tout au long de son travail: des passages ininterrompus entre terrain et littérature, avec une construction de sa recherche selon un processus itératif continu. Comme on le verra plus avant dans le chapitre, le terrain est appréhendé avec un cadre théorique «provisoire» et de premières hypothèses de recherche issues de la littérature de façon déductive (Savall, Zardet, 2004). Chaque incursion dans l'entreprise permet d'élaborer d'autres hypothèses, cette fois de nature inductive. La construction de l'objet de recherche nait de cette confrontation permanente (cf. chapitre 1). La question du commencement est d'autant plus importante pour l'intervenant interne qu'il n'a pas droit à l'erreur, encore moins qu'un intervenant-chercheur externe. En effet, son présent est dans cette organisation, son passé aussi, avec tout l'espoir et toute la dimension affective qui nourrissent cet engagement, et l'objectif d'y être encore dans l'avenir.

ENCADRÉ 7.5: LE COMMENCEMENT ENTRE QUESTIONS DE RECHERCHE ET DU TERRAIN

Sarah souhaitait mener une recherche sur le thème du handicap dans le milieu professionnel. Sa mission d'accompagnement des étudiants en situation de handicap dans une école de management n'était pas en parfaite adéquation avec son projet. Ce n'est qu'au bout de plusieurs mois de lecture et de mission, après avoir observé et interrogé de nombreuses personnes, que Sarah a choisi un objet de recherche dans ce vaste champ du handicap: la «révélation du handicap» chez les étudiants. Elle a su mettre en adéquation son terrain avec une question de recherche à forte implication et innovante, même si ce n'était pas son exacte idée de départ.

Jean-Christophe est depuis plusieurs mois dans une grande entreprise de télécommunications avec le projet de travailler sur la gestion du fait religieux. On attend de lui qu'il soit à même de formaliser et de faire des propositions pour le mettre en œuvre. Cela lui est très difficile sans connaitre la réalité de l'entreprise. Il est alors nécessaire qu'il puisse mener un diagnostic de la situation en allant dans les unités opérationnelles sur l'ensemble du territoire. Une nouvelle négociation interne à mener.

Faire cohabiter recherche et mission

La suite de la recherche-intervention est à l'avenant. Et il faut anticiper les difficultés d'être à la fois «dedans» et «dehors». Le chercheur–intervenant interne doit accepter qu'on ne le regarde pas comme un collègue ordinaire mais bien comme un étranger installé au sein de l'organisation. Lui-même garde une forme de distance avec son entourage et les tâches auxquelles il participe car il est constamment en situation d'observation et de décryptage voire d'anticipation sur des actions à mener. Ses filtres sont les théories qui lui offrent des cadres de compréhension des phénomènes qu'il côtoie.

Une façon de se protéger est de verbaliser cette mutation des relations en tenant un journal de recherche où toutes les actions et les interactions sont relatées, ce qui permet de garder la mémoire et d'apprivoiser ce phénomène de tricotage entre les missions de l'intervenant et celles du chercheur.

Une autre difficulté est celle liée à la gestion du flux de données et particulièrement à leur accès. Il est en effet impératif que le chercheur sache identifier des sources de données très différentes de ce qu'il connaissait, et souvent hors du périmètre de son statut de professionnel.

Enfin, il faut accepter de gérer une double temporalité: celle de l'entreprise et celle de la recherche. Les rythmes sont loin d'être les mêmes, les échéances sont également distinctes. Quand l'entreprise veut aller vite, la recherche peut avoir besoin de ralentir et inversement. Nous retrouverons cette question très importante dans la section consacrée au processus de recherche mais il s'agit de bien prendre en compte cette question dès la négociation pour se constituer un double planning. Celui qu'on va réserver à l'entreprise et celui qui permettra d'avancer dans sa recherche.

ENCADRÉ 7.6: LA DOUBLE TEMPORALITÉ

La mission de Marine consistait à concevoir et animer des formations centrées sur l'égalité femmes/hommes chez Transco. Elle a négocié d'introduire dans ces moments privilégiés où elle pouvait se déplacer et rencontrer des collaborateurs des entretiens approfondis qui lui ont permis d'avoir d'établir un diagnostic des attentes et des besoins sans intermédiaire.

Juliane qui travaillait sur le développement de l'entrepreneuriat féminin a utilisé le projet du centre entrepreneurial pour entrer dans des réseaux locaux et régionaux féminins de façon à rencontrer des femmes entrepreneurs pour les besoins de son projet de recherche.

La plateforme collaborative dédiée aux soft skills était un des livrables de la recherche-intervention de Delphine. Elle a dû jongler avec le temps des informaticiens de l'entreprise sous-traitante et les rythmes de l'année pédagogique. Pour atteindre ses objectifs de recherche, il fallait qu'à intervalles réguliers, des tests soient possibles, ce qui était extrêmement complexe à organiser avec les plannings des étudiants, d'autant plus que les enjeux de la recherche ne motivaient pas grand monde.

Impulser le changement

Le grand défi du chercheur–intervenant interne va être d'impulser le mouvement en étant situé à l'intérieur de l'organisation. Il devra le faire sans avoir le soutien d'un tiers extérieur, ce qui amplifie la difficulté. Il doit compter sur son énergie propre mais surtout sur les personnes de l'organisation capables de légitimer son action. Il faut donc anticiper ces moments de doute ou de résistance et négocier dès le départ le soutien et les arbitrages nécessaires en identifiant bien qui doit les porter.

Une formule intéressante est la constitution d'un groupe de pilotage à qui l'intervenant-chercheur restitue régulièrement les résultats de ses travaux, ses avancées, ses difficultés, les problèmes qui se posent pour que des décisions soient prises face aux résistances et aux blocages.

ENCADRÉ 7.7: LES ALEAS D'UNE RECHERCHE-INTERVENTION INTERNE

Faire des propositions d'innovation pédagogique (cas de la recherche de Delphine), créer un centre entrepreneurial (recherche de Juliane), infléchir les politiques d'égalité (Marine) ou encore créer un «desk» en Chine, sont des facteurs porteurs de changements et par définition, perturbateurs des équilibres établis. S'attaquer à la pyramide quand on est à son pied et annoncer qu'on va la démonter pour en construire une autre plus belle et plus solide, n'est pas chose simple et crée automatiquement de la résistance. C'est pourtant ce type de mission que peuvent avoir des chercheurs-intervenants internes. Il est essentiel qu'ils aient obtenu le soutien de la direction qui leur donne toute légitimité dans leur action, de façon concertée et encadrée. Sans cet appui à obtenir lors de la négociation, le chercheur-intervenant se verra très rapidement stoppé dans son action. C'est le cas de la l'intervention de Delphine: le dirigeant quitte l'institution où elle développait son projet, la nouvelle direction ne montre aucune motivation à continuer le projet d'innovation pédagogique qu'elle porte. Peu à peu, celui-ci s'éteint par essoufflement, sans que l'arrêt ne soit jamais officiel. C'est alors qu'il faut chercher d'autres terrains à l'extérieur, ou infléchir son projet de recherche, et surtout, se dire que l'intervention s'arrête mais pas le processus de recherche. Ainsi, l'identification des causes du rejet du projet, la compréhension des évolutions de ce projet sont de la connaissance, certes, moins gratifiante que s'il s'agissait d'un succès, mais qui peut se révéler encore plus riche que l'interprétation d'une réussite.

Sortir de son terrain

Un des dilemmes qu'a à gérer l'intervenant chercheur interne est de savoir s'il doit «sortir» de son terrain. En effet, va-t-il se concentrer sur son organisation et restituer une étude de cas? Ou bien est-il plus intéressant d'étendre la recherche à d'autres «terrains» à savoir d'autres entreprises ou d'autres personnes, en fonction de la problématique et du niveau d'observation choisis? Il existe deux alternatives pour la restitution tant du livrable managérial que de la publication académique: une monographie travaillée de façon longitudinale et en profondeur ou une étude avec un «noyau dur» constitué de l'entreprise principale et d'une périphérie alimentée par les autres terrains investigués. Il ne s'agit pas uniquement de *benchmarking* qui peut être intégré dans une recherche monographique mais bien de l'extension de la recherche. La question est importante dans le cas de la recherche-intervention interne car cette ouverture nécessite de négocier les déplacements, les rencontres, l'accès aux informations et les messages qui vont avec. Il y a aussi à apprécier la prise de risque que l'intervenant-chercheur prend en s'exposant à des demandes sur des informations concernant sa propre entreprise.

ENCADRÉ 7.8: SORTIR DU TERRAIN?

Sabrina a fait de sa mission de mise en œuvre d'un management de la diversité dans une école de management l'objet de sa recherche: elle décrit dans sa thèse le processus de 4 ans qu'elle a vécu de l'intérieur, décrypte les phénomènes associés, et regarde l'évolution de la culture organisationnelle, en mobilisant la théorie de la régulation sociale de Reynaud.

Sarah travaille dans son institution universitaire, mais très vite, elle en sort pour rencontrer les différentes parties prenantes du handicap: sa thèse porte sur les mécanismes de la révélation et mobilise toutes sortes de populations et de sources bien au delà du périmètre de son école.

Nous avons donc pu pointer dans cette première partie ce qui caractérise l'intervenant-chercheur interne: l'ambivalence tant de son statut que de son action. Comme dans toute recherche-intervention, il doit être à la fois intervenant ET chercheur, mais s'ajoute un défi supplémentaire: celui de rester un collaborateur de son organisation. Il a donc à gérer en permanence une tension entre l'engagement dans son entreprise, et la nécessaire prise de distance exigée par l'intervention, encore amplifiée par la conduite de sa recherche dont le but est d'extraire de la connaissance des phénomènes observés.

La légitimité du chercheur interne

L'enjeu d'un intervenant-chercheur interne est de construire sa légitimité dans les deux compartiments de son activité. Comme intervenant, il doit être crédible et obtenir la confiance des personnes avec qui il va conduire sa mission managériale. Comme chercheur, il doit mettre en œuvre une méthode robuste et s'inscrire dans une communauté de pairs qui partagent ses choix épistémologiques.

Cette légitimité n'est pas donnée a priori, elle se construit chemin faisant à condition que l'intervenant-chercheur sache travailler des points stratégiques comme son positionnement, sa neutralité, son expression, son éthique, et apprenne à résister à la contamination du terrain.

Le positionnement du chercheur interne

Il est essentiel que l'intervenant-chercheur interne puisse expliciter sa position dans l'organisation comme professionnel, comme intervenant et comme chercheur. Les cas de figure sont nombreux mais on peut recenser trois critères importants à mettre au jour pour une bonne compréhension de la recherche:

- L'histoire du professionnel au sein de l'organisation le cas échéant, quels réseaux? Quelles expertises? quelles convictions?
- Sa distance avec le cœur de métier: est-il dans le métier ou bien a-t-il plutôt une fonction support?
- La mission qui sous-tend l'intervention a-t-elle comme objectif une réduction de dysfonctionnement ou une création de potentiel? Le premier cas ayant souvent un caractère plus sensible que le second.

Il est en effet très différent d'être un cadre dirigeant ou, *a contrario,* un contrôleur de gestion ou un conseiller en formation.

ENCADRÉ 7.9:

La mission de Marine consistait à revenir sur la politique menée par Transco et qui n'avait pas porté ses fruits. Ce qui est très différent de l'ouverture d'un bureau en Chine pour Gildas, qui était un projet nouveau et porteur de développement pour son institution.

La question de la neutralité

Le chercheur-intervenant s'inscrit dans un paradigme interactionniste qui implique l'intersubjectivité (cf. chapitre 1). Il a parfaitement conscience de l'impossibilité de sa neutralité, car il sait bien que sa seule présence dans l'organisation avec son nouveau statut de chercheur «perturbe» l'éco-système. C'est évidemment beaucoup plus complexe à gérer quand on est depuis longtemps dans l'entreprise avec des collègues que l'on connait bien. Mais il faut accepter qu'une distance s'installe qui peut aussi être faite de suspicion et d'inquiétude vis-à-vis de la personne et de son projet. Un chercheur cherche et les autres acteurs ne savent pas exactement quoi ni ce qu'il peut trouver!

Le chercheur-intervenant, particulièrement s'il est le collaborateur de l'organisation doit avoir conscience de ce phénomène et avoir deux objectifs:

- Communiquer le plus possible sur ce qu'il fait, de façon informelle, mais aussi avec des points plus formels qui permettront des échanges et de lever le voile sur ses activités. L'objectif est de rassurer et de garder ou de gagner la confiance.
- De considérer cette impossible neutralité comme un biais à garder en mémoire, à apprivoiser et même, à mobiliser pour appréhender de façon plus fine les phénomènes à l'œuvre.

ENCADRÉ 7.10

Sabrina comme Delphine, et Marine, ont eu à essuyer bien des critiques, bien des revers pour mener à bien leur mission. Les inerties étaient fortes, les jeux de concurrence aussi. Il leur a fallu comprendre que toutes ces manifestations désagréables étaient aussi des matériaux pour leur recherche.

Le langage: traduction et rétro-traduction

La question du langage est également au cœur de cette confiance à tisser. Le but est de se comprendre et d'avoir un langage commun pour éviter les incompréhensions ou pire les malentendus. Le chercheur-intervenant, surtout s'il arrive dans l'organisation doit peu à peu adopter le vocabulaire de l'entreprise fait de mots techniques, d'acronymes, d'expressions spécifiques, comme il doit chercher à exprimer son projet de recherche dans un langage accessible à ceux et celles avec qui il travaille. Or, le vocabulaire de la recherche est souvent compliqué, voire ésotérique et complètement obscur pour qui n'y est pas initié. L'utiliser est une prise de risque: cela peut donner l'illusion de se protéger, surtout si l'on n'est pas sûr de soi, mais c'est à terme la marginalisation assurée. Au mieux, le chercheur passera pour quelqu'un d'exotique et de décalé, au pire, il accentuera les inquiétudes préexistantes.

Le chercheur-intervenant interne va donc, tout au long de son intervention traduire et rétro-traduire ce qui est son matériau de base en sciences de gestion: les mots. La vigilance doit aussi le conduire à se construire un lexique qu'il partagera pour éviter les «mots valises» que chacun connait si bien mais avec des définitions et un sens différents. La recherche en management manipule les chiffres et les nombres comme les mathématiques, les mots techniques comme la médecine ou les sciences de la vie, mais avant tout et par-dessus tout le langage de tous les jours, ce qui peut amener à de nombreuses confusions qu'il faut savoir prévenir.

La manipulation

On vient de l'évoquer abondamment, le chercheur-intervenant interne est par définition immergé dans l'entreprise et au centre d'un réseau d'acteurs. Il est donc exposé à la manipulation, de façon certainement plus intense compte tenu de son statut et des enjeux de sa mission. Les situations sont multiples. On peut en recenser quelques unes plus fréquentes:

- Tout d'abord, il peut servir d'alibi à la direction qui lui a confié la mission. S'il n'a pas su reformuler la demande ou bien détecter les motifs cachés, lors de la négociation, il peut servir une cause qui n'est pas complètement celle qu'il imaginait.
- L'autre manipulation est celles des personnes qui lui servent d'informateurs et qui vont chercher à lui faire passer leurs idées, ou bien vont utiliser ce qu'il peut dire, même de façon furtive pour le discréditer ou «prêcher le faux pour savoir le vrai».

Cette manipulation existe toujours dans ce type de recherche, mais le risque est multiplié avec le temps passé au sein de l'organisation. La vigilance est de mise, sous peine de se voir rejeter par l'entreprise, ou de voir la mission annulée avant son terme. Là encore, si les conséquences de ce type de décision sont bien plus néfastes pour le chercheur-intervenant interne que pour un extérieur.

ENCADRÉ 7.11

Faut-il tutoyer ou vouvoyer? Peut-on se permettre de participer aux moments informels? Doit-on se joindre aux discussions à la machine à café? Sont des questions qui peuvent sembler anodines mais qui sont essentielles pour un chercheur-intervenant interne. Cette tension distance/proximité est très difficile à gérer. Que faire des confidences obtenues en off? Comment les incorporer à la recherche? Quel pouvoir de nuisance ont-elles sur l'intervention?

Le dispositif de décontamination

Il faut donc mettre en place des dispositifs de «décontamination» pour permettre au chercheur la nécessaire prise de distance avec le terrain. Une absolue nécessité est de garder des temps qui permettent de regarder l'organisation comme un «objet de recherche». Ce sont des moments de lecture de la littérature, d'exploitation des données, de réflexivité. Ces plages doivent s'inscrire dans l'emploi du temps et se négocient dès le départ: ainsi on peut demander une journée par semaine consacrée à la recherche. Si ces moments sont nécessaires, ils ne suffisent pas. Il faut obligatoirement aménager des dispositifs extérieurs à l'organisation et les mettre en place dès le départ, sans jamais y déroger. Le chercheur doit passer du temps hors de son terrain en rejoignant son laboratoire. Il pourra dans ce lieu-tiers lire, réfléchir, exploiter les données de façon bien plus libre que s'il reste dans les locaux de l'entreprise. Mais c'est surtout les échanges qu'il peut avoir avec ses collègues chercheurs, son directeur de recherche qui l'aideront à prendre le recul nécessaire à la sérénité de sa recherche. La présentation de propos d'étapes réguliers en réunions de laboratoire, au cours de rendez vous avec son directeur de recherche, comme dans des colloques ou des congrès académiques, est un puissant outil de décontamination et un véritable levier de développement de la recherche.

L'éthique

La question de l'éthique est centrale à une recherche qui a pour projet des changements dans l'organisation. Il faut régulièrement s'interroger sur le changement que l'on conduit et ses impacts. Car, en effet, si certains effets sont maitrisés et bien identifiés, certains sont indirects et restent invisibles car plus diffus ou à plus long terme. Le chercheur-intervenant est convaincu du bien fondé de son travail mais n'y a-t-il pas des dérives? Ou bien une normativité cachée qui peut se révéler néfaste? Cette question de l'éthique en recherche-action et recherche-intervention est essentielle avec les fameuses questions: «*Who will be affected? How will they be affected?*». En effet, jusqu'où ne pas aller dans le changement? La recherche d'intention scientifique ne justifie pas tout.

ENCADRÉ 7.12

Sarah conduit une recherche sur la révélation du handicap. Elle mène des entretiens auprès de nombreuses personnes et peu à peu se rend compte au cours d'un rendez-vous sur sa recherche doctorale qu'elle a une hypothèse cachée qui influence son travail: elle est convaincue de la nécessité de révéler son propre handicap qui l'influence dans son étude des cv, documents, lieux, interlocuteurs etc. et introduit un biais dans l'exploitation de ses données.

Cette deuxième partie a permis de réfléchir aux spécificités de la légitimité du chercheur intervenant dans son organisation. Nous avons mis au jour un certain nombre de points de vigilance qui ont comme seule vocation de conduire dans les meilleures conditions possibles le processus de recherche-intervention au sein de sa propre organisation.

LE PROCESSUS DE RECHERCHE-INTERVENTION INTERNE

Une recherche-intervention interne s'inscrit dans le temps, elle dure entre plusieurs semaines et plusieurs années. En cela, elle est un processus de recherche très spécifique qui présente de nombreux défis que le chercheur doit relever pour aller jusqu'au bout de son projet

Epistémologie: Changer pour connaitre

La recherche-intervention s'inscrit dans le projet du «changer pour connaitre», cela dans la droite ligne d'un des grands théoriciens du constructivisme comme Piaget pour qui «on ne connaît un objet qu'en agissant sur lui et en le transformant» in *Psychologie et épistémologie,* Paris, Denoël, 1970, p. 85. Elle se distingue de la recherche-action par le projet contractualisé entre le chercheur et son organisation, ils partagent une vision «idéalisée» de son devenir et vont mettre en œuvre une conduite du changement contractualisée pour l'atteindre (David, 1999).

ENCADRÉ 7.13

La mission d'intervention de Sabrina correspond à une conviction forte de la direction de l'organisation de mettre en place un management de la diversité; conviction que partage Sabrina. Pour les deux parties, une organisation plus diverse, plus égalitaire luttant contre les discriminations est une organisation où le bien être au travail est plus grand, les risques psycho-sociaux diminués, la motivation plus présente.

C'est dans ce cadre que le chercheur-intervenant va conduire sa recherche souvent pendant plusieurs mois.

Choisir l'objet dans le champ

Une question qui se pose très vite dans ce type de recherche est celle de l'objet de recherche. Très souvent, le chercheur confond champ et objet de recherche. En conséquence, souvent pendant des mois, le cadre est flou et surtout beaucoup trop grand et lâche pour pouvoir y trouver quelque chose de nouveau.

Il s'agit donc de se tenir en veille pour définir l'objet de la recherche ainsi que la première formulation de la question de recherche. Cela peut prendre plusieurs mois avec les angoisses qui vont avec ces hésitations. C'est seulement quand la question de recherche est stabilisée que le chercheur prend vraiment le pas sur l'intervenant. Plusieurs cas de figure se présentent: le champ c'est-à-dire l'organisation elle-même peut devenir l'objet de recherche mais très souvent, l'objet de recherche est une partie du champ, comme nous pouvons le voir dans l'encadré n°7.7. Une des difficultés est de choisir car, dans la recherche-intervention, le terrain propose une multitude de sujets tous passionnants et dignes d'une recherche en soi.

Il va falloir également accepter que la question de recherche évolue au fur et à mesure du temps. Il ne s'agit pas d'adaptation *adhoc* et arrangeantes, en vue, par exemple de la validation, mais bien d'en éprouver la robustesse au fur et à mesure des aller retour entre littérature et terrain. Ce procédé itératif que nous avons déjà décrit est à l'œuvre tout au long de la recherche, et même bien au-delà de l'intervention, car il faut distinguer le processus de recherche de l'intervention elle-même. Le chercheur-intervenant interne est donc amené à retravailler sa question de recherche comme il est amené à élaborer un corpus d'hypothèses évolutif. Avec la recherche-intervention, le chercheur est dans une recherche hypothético-abductive, en effet, il privilégie l'abduction pour explorer toutes le spectre possible des explications ou des interprétations des phénomènes observés (cf.

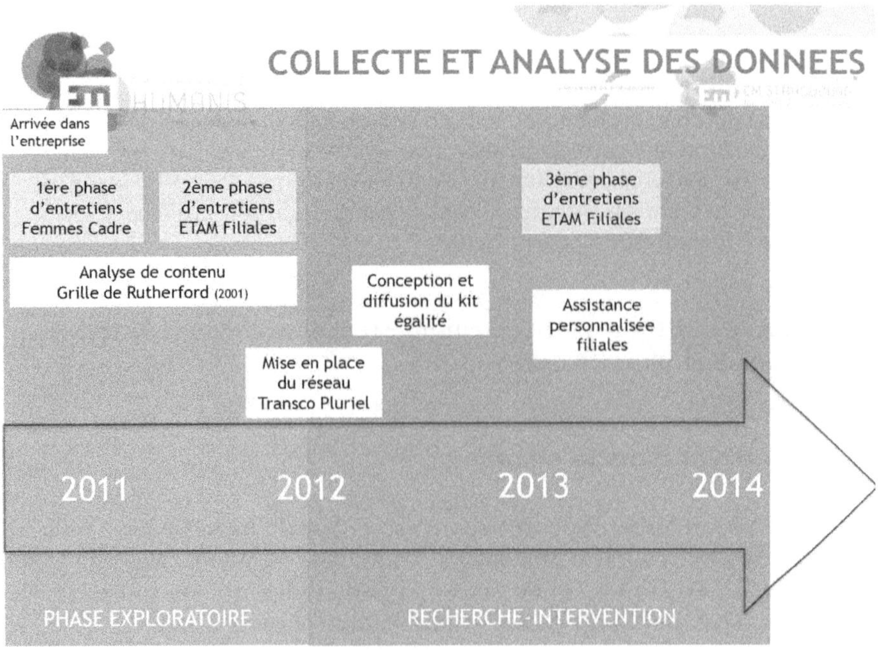

Figure 7.1 Planning de la recherche-intervention de Marine.

chapitre 4). Nous sommes loin de la recherche hypothético-déductive qui stabilise sa question de recherche, son corps d'hypothèses et son modèle AVANT d'aller sur le terrain, sur la base de la littérature et d'une étude exploratoire, en général, qualitative.

La construction et la validation des hypothèses

Le processus de construction des hypothèses s'inversent par rapport à la méthode hypothético-déductive. En effet, si des hypothèses naissent de la littérature de façon assez classique, beaucoup sont issues de l'observation des phénomènes de transformation du terrain. Le chercheur-intervenant s'expose à avoir des hypothèses «collant» au terrain et n'ayant aucun potentiel de description, d'explication ou de prescription, n'ayant, pour ainsi dire, pas le statut d'hypothèses. En effet, une hypothèse n'est pas la simple formulation d'une observation ou de l'explication d'un phénomène mais bien l'étayage de la construction de l'objet de recherche.

C'est par des processus itératifs et de confrontation que, peu à peu, s'acquière ce statut d'hypothèse par une formulation enrichie et adéquate. Cette évolution est le fruit de l'interaction entre le chercheur et son objet de recherche qui «bouge», «varie», se «transforme» avec le temps, le contrat du chercheur-intervenant est alors de retranscrire en mots cette variation pour construire au plus juste son objet complexe de recherche. Les corps d'hypothèses successifs constituent autant de grilles de lecture provisoires (Barth, 2004).

La dernière caractéristique de la recherche-intervention, est le processus de validation des hypothèses. Le chercheur intervenant mobilise un processus de double engendrement des hypothèses et de leur validation, dans le but d'élaborer un *pattern*, un modèle organisateur (Hanson, 1958).

Nous ne sommes plus dans une version binaire de l'hypothèse: validée ou réfutée, mais bien dans l'idée qu'une hypothèse peut évoluer dans sa formulation jusqu'à ce qu'elle décrive-explique-prescrive l'objet observé avec exhaustivité, motricité, intelligibilité, «informativité». Les hypothèses s'inscrivent alors dans une perspective temporelle, les millésimes se succèdent jusqu'à stabilisation et saturation du modèle.

Il faut admettre l'angoisse que provoque ce processus tant il est aux antipodes des méthodes *main stream*. Pour faciliter le dialogue avec la communauté scientifique, certain trouve alors plus simple de ne pas mobiliser le mot hypothèse même s'il est parfaitement adéquat, mais plutôt d'utiliser le mot «propositions» ce qui est très discutable (cf. Chapitre 1).

La suspension théorique

L'intervention avançant, se pose la question de la gestion du flux de données qui, en recherche-intervention ont deux caractéristiques: leur nombre et leur nature très hétérogène. Dans le cas de la recherche-intervention interne, se pose également la question de l'intimité que l'on peut avoir avec certaines informations. Si l'intervenant peut venir à bout de ces matériaux pour conduire à bien sa mission de conduite du changement, il s'agit souvent d'un véritable défi pour le chercheur qui se trouve souvent en difficulté. Il faut passer de la maîtrise de l'intervention à une posture de chercheur.

L'analyse commence sitôt les premiers matériaux rassemblé, le chercheur examine toutes les pistes prometteuses de compréhension, d'explication, de prescription. Les hypothèses sont sans cesse reformulées, comparées, regroupées, testées, mises à l'épreuve des nouvelles données. Elles valent *per se* mais surtout par leurs actions et interactions, par les phases et les degrés qu'elles structurent. Il se crée donc une zone intermédiaire entre théorie et données pendant que l'analyse porte sur l'élaboration théorique future. Le chercheur se situe alors dans des moments de «suspension théorique» (Pagès, 1979) où il accepte l'incertitude et doit, pour avancer, accepter des renoncements. Chaque concept découvert ou construit est considéré comme provisoire, il gagne peu à peu sa légitimité dans sa confrontation aux faits. Sa pertinence doit être sans cesse démontrée car pèse sur lui, le doute du chercheur. Dans la recherche-intervention, rien n'est jamais donné une fois pour toute. Il faut renoncer à la clôture du modèle. Ce qui pose la question de la «fin» de la recherche.

La question de la fin: la mission versus le processus de recherche

Une des grandes difficultés de la recherche-intervention, amplifiée dans le cas d'une recherche dans une organisation dont on est un collaborateur, est de «terminer». La recherche prend-elle fin avec la mission? Faut-il que la mission soit réussie pour que la recherche puisse prétendre à la production de connaissances?

La question est de taille car elle conditionne la rédaction de publications comme la thèse de doctorat ou autres articles de recherche. Le chercheur-intervenant a le sentiment de devoir attendre les «résultats» pour les partager! C'est une illusion et il faut, dès le départ, comprendre et accepter la dimension processuelle de ce type de recherche.

Ce processus de recherche ne s'arrête jamais. Même si l'intervention elle-même prend fin. Le flux d'activité continue. Les collègues continuent à travailler, le changement est à l'œuvre avec ses bienfaits et ses difficultés. Deux scénarios se profilent alors:

- L'intervenant quitte l'organisation, car son contrat se termine (par exemple cas du contrat CIFRE), ou parce qu'il est amené à changer de projet professionnel, il peut alors revenir de temps en temps pour évaluer les effets de son intervention et intégrer ses observations à sa recherche sous forme d'un bilan.
- L'intervenant stoppe sa mission comme il était prévu dans le planning mais reste dans l'organisation. Il est alors le spectateur captif de la continuité du changement et éprouve les plus grandes difficultés à mettre fin à sa recherche.

Ce dilemme est très difficile à résoudre et les dispositifs de prise de recul déjà décrits sont alors essentiels pour faire accepter ce qui est presque un «deuil» pour de nombreux chercheurs-intervenants. Il y aura toujours quelque chose à observer, des résultats arrivent qu'on n'attendait plus, des phénomènes inédits se dessinent... mais il est temps de passer à la rédaction de la thèse ou de l'article, et peut être aussi à un tout autre projet.

LE REBOUCLAGE DE LA RECHERCHE-INTERVENTION INTERNE

L'intervention est terminée, le processus de recherche continue, ou pas, selon le choix et les opportunités du chercheur, quel est le bilan d'une telle expérience? Il est de toute autre nature que dans le cas d'une recherche plus classique ou même d'une recherche-intervention menée de façon «externe».

Les livrables

La recherche-intervention a deux objectifs: la transformation des organisations pour les amener à un fonctionnement plus harmonieux et plus en phase avec leurs attentes, et la communication intelligible d'une connaissance actionnable. Cela conduit le chercheur-intervenant à adopter la notion de «livrables». Il faut envisager alors trois types de livrables:

- Les livrables liés à l'intervention elle-même et qui correspondent à la promesse de départ: mise en place d'un outil, obtention d'une accréditation, réorganisation d'un service ...
- Des livrables de narration managériale: rapports d'étapes, diagnostic, bilans, et évaluation via des indicateurs qu'il aura fallu choisir en amont. On peut aussi inclure dans cette catégorie des articles professionnels, ou des témoignages dans des media, des billets sur des sites Internet ....
- Des livrables académiques: thèses, communications dans des congrès, articles dans des revues scientifiques ...

L'objectif est de faire preuve du travail opéré et du chemin parcouru, de partager les résultats obtenus, mais l'écriture et la verbalisation ont aussi pour vertu de travailler à la réflexivité du chercheur comme des professionnels mobilisés tout au long de la recherche-intervention. Un autre rôle important est de valoriser l'entreprise et ses collaborateurs en leur donnant valeur d'exemple vis-à-vis des entreprises concurrentes ou collègues. Cette position d'innovateur et de pionnier dans un domaine est toujours attractive et forcément engageante. La construction de la légitimité passe par cette idée de «faire référence» dans un domaine donné, et profite à l'entreprise, comme à la méthode mobilisée au chercheur-intervenant.

ENCADRÉ 7.14: L'APPORT DE LA RECHERCHE-INTERVENTION À L'ORGANISATION

La création du centre entrepreneurial par Juliane a permis à son école de management de se positionner sur ce créneau, et de gagner des points dans les classements qui valorisent tous le nombre d'entreprises créées par des étudiants.

De même, la plateforme pédagogique conçue lors de la recherche de Delphine a pu donner à son institution une image plus innovante.

Le projet du chercheur: partir ou rester?

On ne ressort pas à l'identique d'une recherche-intervention conduite au sein d'une organisation. On ne quitte d'ailleurs pas complètement le processus de recherche. Sur ce dernier point, il est nécessaire pour la recherche de retourner sur le terrain pour mener des évaluations de l'intervention menée. Il n'est pas rare non plus qu'une recherche-intervention connaisse des prolongements sous forme d'une autre mission. Le chercheur ne quitte donc jamais tout à fait le processus de recherche, même s'il n'est plus physiquement dans l'entreprise. C'est le cas des dispositifs comme les contrats CIFRE qui sont à durée déterminée, et ne sont pas toujours suivis d'une intégration professionnelle. Avoir mené une recherche-intervention interne autorise à envisager des horizons professionnels distincts:

- Ce peut être une évolution professionnelle vers un métier d'enseignant-chercheur,
- Mais ce peut être aussi, grâce aux compétences acquises, d'aller vers les métiers de la consultance ou même des postes d'expertise plus opérationnelle en entreprises.

Il est rare que le collaborateur qui a connu une telle expérience revienne au poste qu'il occupait antérieurement. Outre le doctorat obtenu le cas échéant, il a évolué, acquis des compétences lié à la mission conduite, souvent centrées sur celle de l'accompagnement du changement. Il n'est plus le même et a de nouvelles envies professionnelles qu'il réalisera dans d'autres entreprises si la sienne ne peut lui offrir un nouveau cadre à sa mesure.

ENCADRÉ 7.15: LE DEVENIR DU CHERCHEUR-INTERVENANT INTERNE

Marine est recrutée par son entreprise pour de nouvelles responsabilités dans le cadre de la question de la diversité et de l'égalité. Elle partira pour une autre entreprise un an plus tard.

A l'issue de sa thèse, Gildas attend une évolution de carrière au sein de son entreprise, rien ne lui étant proposé, il quitte pour un autre projet professionnel plus à la hauteur de ses nouvelles ambitions.

Sabrina ne souhaite pas rester dans l'école de management où elle a évolué pendant 4 années. Malgré sa réussite, sa mission l'a exposée à des relations qu'elle a jugées insuffisamment positives pour avoir envie de rester.

La communication: un chercheur «omnicanal»

Le portefeuille de compétences de l'intervenant chercheur lui permet aussi d'évoluer vers une communication de «rayonnement». Sa capacité à dialoguer avec le monde managérial peut s'exprimer via les réseaux sociaux, les blogs, mais aussi des conférences ou des vidéos. Elle lui permet aussi de mobiliser des fonds financiers de la part d'entreprises pour financer ses recherches sous la forme d'une Chaire par exemple. Tous les

Prenons le cas de la recherche doctorale de Juliane. A peine soutenue, elle donne lieu à une vidéo de présentation des résultats en ligne sur le site Xerfi Canal.

Et à un petit film d'animation de 3 minutes sur la question de l'accompagnement pour les femmes entrepreneurs.

Figure 7.2

chercheurs en management peuvent naturellement connaitre cette évolution qui consiste à sortir du canal scientifique pour aller à la rencontre d'autres publics: les étudiants bien sûr, les apprenants, les professionnels mais aussi le grand public.

CONCLUSION

La recherche-intervention reste une modalité de recherche en devenir en sciences de gestion. Son projet fondateur est de faire des entreprises des partenaires de recherche et non pas seulement des lieux de recherche. Elle s'inscrit dans le cadre épistémologique théorisé par Piaget ou encore Lewin du «changer pour connaitre» qui s'opérationnalise par la conduite de changements au sein même des organisations. Elle a comme objectif de produire une connaissance «actionnable», ce qui n'exclut nullement ses capacités de décryptage et d'intelligibilité des phénomènes à l'œuvre. Il s'agit d'une recherche féconde, tournée vers l'innovation et sous-tendue par une posture exploratoire. Sa richesse va avec une grande exigence pour le chercheur qui a fait ce choix, et qui doit devenir également un «intervenant». Ce dédoublement se vit comme une dialectique constante au sein des couples: chercheur/intervenant, le processus intervention/recherche, les livrables académiques/professionnels, les objectifs professionnels/connaissances... Il faut du temps, du courage, de l'énergie et de la méthode pour bien maîtriser ce qui ne sont pas des oppositions mais bien des enrichissements mutuels.

Le cas du chercheur-intervenant interne à son entreprise est particulièrement intéressant car il amplifie la complexité du dispositif: gérer les distances qui s'imposent à lui est certainement une des plus grandes difficultés à appréhender et à résoudre. Il lui faudra apprendre à regarder son organisation, ses collègues, ses missions ... avec d'autres lunettes: celle du chercheur. Il lui faut aussi accepter de ne pas être un collaborateur parmi les autres mais de bénéficier (pour le meilleur et le pire) d'un statut à part. Au terme du processus, le chercheur-intervenant interne développe des talents et de projets nouveaux qui, souvent, l'éloignent de l'organisation qui l'a vu naitre comme chercheur. Les horizons sont nombreux: l'enseignement et la recherche mais aussi des postes en entreprise ou de consultance en cabinet. La connaissance qu'il aura su mettre au jour se met au service d'autres organisations car elle les aide à comprendre ce qu'elles font et à avancer dans leur activité. Quelle que soit l'issue de l'intervention, le processus de recherche est à l'œuvre, avec ses dimensions d'apprentissage en continu, et de réflexivité, au bénéfice du chercheur-intervenant comme de son organisation.

NOTES DE FIN

1. Le contrat CIFRE est un contrat destiné à financer la recherche en entreprise. Celle-ci recrute un chercheur pour une durée de trois ans et bénéficie de fortes aides de l'Etat. L'objectif est de mener une recherche en entreprise.

BIBLIOGRAPHIE

Barth, I. (2001). The sale of consulting: Proposal for a structured and structuring negotiation process. *Knowledge and value development in management consulting*, 30 et 31 Mars, Lyon.

Barth, I. (2004) La construction de l'objet de recherche dans la recherche-intervention socio-économique. Un processus dialectique à l'œuvre. *Colloque RMD-ISEOR* ,18-20 Mars, Lyon.

Barth, I. (2007). Rôle, objectif et processus de formation des hypothèses dans la représentation de l'objet de recherche en sciences de gestion. Cas de la recherche-intervention.» *Academy of Management*, 26-28 Mars 2007, Lyon

Cappelletti, L. & Baker, R.C, (2010). Measuring and developing human capital through a pragmatic action research: a French case study. *Action Research*, *8*(2), 211–232.

David, A., Hatchuel, A. & Laufer, R. (2001). *Les nouvelles fondations des sciences de gestion: éléments d'épistémologie de la recherche en management.* Paris: Vuibert.

Hanson, N. (1958). *Patterns of discovery.* Cambridge University Press Pages

Pagès, M., Bonetti, M., Gaulejac (de), V. & Descendre, D. (1992). *L'emprise de l'organisation.* Paris: PUF.

Piaget J., (1972). *Epistémologie des sciences de l'homme.* Gallimard

Perugien, S. (2015). *Pratiques d'égalité des chances, de diversité et de non-discrimination dans l'enseignement supérieur. Cas de la construction d'une culture organisationnelle en faveur de la diversité au sein d'une business school française.* Thèse de doctorat.

Richard, S. (2016). *Pour une compréhension du processus de révélation institutionnelle du handicap: de l'enseignement supérieur à l'intégration du monde professionnel.* Thèse de doctorat.

Santoni, J. (2016). *Contribution à la compréhension de l'intention entrepreneuriale des femmes: Etude de l'influence de l'accompagnement entrepreneurial sur le sentiment d'auto-efficacité entrepreneuriale.* Thèse de doctorat.

Savall, H. & Zardet, V. (2004). *Recherche en sciences de gestion: approche qualimétrique, observer l'objet complexe.* Economica.

Theurelle-Strein, D. (2017). Comment favoriser l'acquisition de compétences 'qui ne s'apprennent pas'? Etude d'un dispositif d'identification et de développement des soft skills managériales. *Documents de travail 2ème année de thèse.*

CHAPITRE 8

RÉALISER UNE RECHERCHE-INTERVENTION DANS LE SECTEUR SOCIAL

Cas d'une recherche sur l'illettrisme et l'emploi

Marc Bonnet

Il est de plus en plus demandé aux sciences de gestion de ne pas se limiter à une recherche fondamentale publiable dans les revues académiques traditionnelles, mais aussi de répondre à une demande sociale. Comme en médecine, où une souffrance créée par une pathologie difficilement curable appelle de nombreuses recherches, il est nécessaire en sciences de gestion de mettre au point des protocole permettant d'améliorer des situations douloureuses dans la vie des organisations et des entreprises, et de diffuser les résultats dans des revues lues à la fois par des praticiens et par des enseignants-chercheurs.

C'est le cas par exemple de la souffrance créée par l'illettrisme dans le cadre de l'emploi. L'illettrisme, défini de façon plus large que

La Recherche-Intervention Dans les Entreprises et les Organisations, pages 175–187

l'analphabétisme, affecte des personnes qui ont pu être scolarisées, mais qui manquent de savoirs de base dans les domaines de la lecture, de l'écriture et du calcul. Ces personnes qui présentent ces lacunes ont du mal à trouver un emploi, ne serait-ce qu'au moment d'écrire une lettre de motivation et un CV. Par ailleurs, les entreprises qui ont une partie de leur personnel en situation d'illettrisme rencontrent des difficultés pour agir face à ce handicap, surtout dans un contexte de recours croissant à l'écrit et de digitalisation des activités productives. Elles ne recrutent donc que très peu de personnes illettrées, et elles peuvent être tentées de mettre à l'écart ou de licencier les employés de faible niveau de qualification, ou celles qui ne sont plus adaptables à la digitalisation des activités.

Nous proposons de présenter le protocole d'une recherche-intervention mise en œuvre pour traiter cette problématique et d'exposer les publications faites sur ce matériau parues sous forme de chapitres sur le thème de la remédiation de l'illettrisme dans le cadre du travail et de l'emploi (Bonnet & Moulette, 2000; Savall, Bonnet & Moulette, 2000).

ORIGINE DE LA DEMANDE SOCIALE

La demande de recherche-intervention présentée dans ce chapitre a été exprimée par une agence inter-ministérielle qui s'interrogeait sur les politiques publiques pour faire face au problème épineux du maintien dans l'emploi ou de l'insertion dans l'emploi de personnes qui manquent de savoirs de base ou encore «illettrées».

Définition de l'objet observé «illettrisme et emploi»

Il s'agissait d'une problématique importante pour trois raisons:

- De nombreuses personnes (plus de 10 % des jeunes) sortent du système scolaire sans maîtriser les savoirs de base en lecture, écriture et calcul. Même dans le cas des jeunes qui sortent avec ces bases, ces savoirs ont pu s'éroder au fil des années par manque de pratique. Ces lacunes rendent inopérantes les tentatives de formation professionnelle, car il faut maîtriser des bases, ne serait-ce que pour lire un manuel de formation ou utiliser un ordinateur.
- La complexification de la civilisation urbaine et moderne rend le recours à l'écrit de plus en plus nécessaire si l'on veut éviter l'exclusion: il faut savoir lire un plan, remplir des formulaires en ligne ou faire des démarches, rédiger des courriers ou des procédures. Dans le cadre des emplois, la montée des exigences en

compétences est aussi de plus en plus rapide. Il faut savoir programmer des outils de travail, analyser des données sur Excel et même comprendre un peu d'anglais lorsque les instructions sur les équipements ne sont pas traduites. Par exemple même un gardien de salle municipale doit aujourd'hui savoir gérer un planning sur des logiciels appropriés, alors que ce type d'emploi ne nécessitait aucun recours à l'écrit dans le passé. L'illettrisme a ainsi une définition relative: une personne ne sachant pas remplir une déclaration d'impôts sur internet peut aujourd'hui rentrer dans cette catégorie, ce qui n'était pas le cas en 2000.

- Il existe un cercle vicieux dans le domaine de la prévention de l'illettrisme: les personnes illettrées n'avouent pas facilement leur handicap et adoptent des stratégies de contournement: par exemple, elles retiennent par cœur une procédure qu'elles doivent mettre en œuvre régulièrement, mais elles se trouvent désemparées lorsqu'un changement survient, et elles n'osent pas demander des renseignements afin de ne pas avoir la honte de dévoiler leur lacune. En outre, les personnes illettrées ont souvent vécu des situations d'échec scolaire, ce qui les rend réticentes à demander des formations, perçues comme un retour à l'école et au mauvais souvenir qu'elles en conservent. Ces personnes sortent donc des «radars» de la plupart des systèmes de formation, ce qui laisse passer les chances de rattrapage et accentue la fracture entre les personnes les plus et les moins qualifiés.

Au niveau de l'action publique, les personnes illettrées se retrouvent souvent dans le noyau dur du chômage de longue durée, car elles sont difficilement employables dans les entreprises qui ont besoin de gens qualifiés. Lorsqu'elles sortent de l'emploi après un licenciement économique ou une restructuration, ces personnes ayant de grandes difficultés à se reconvertir, elles se retrouvent ainsi le plus souvent dans l'assistanat permanent qui pèse sur les comptes publics et constitue un manque à gagner pour le développement économique. Face à cette situation, les politiques publiques menées par chaque ministère trouvent des limites: le ministère en charge de l'emploi juge que c'est à l'Education Nationale de prévenir l'illettrisme, mais alors que fait-on de ceux qui sont sortis du système scolaire depuis des années ? Quant à l'Education Nationale, elle renvoie la responsabilité de l'échec scolaire à d'autres facteurs, notamment à la pauvreté et au manque de diversité sociale dans les zones d'exclusion. Les politiques du ministère en charge de l'emploi se retrouvent ainsi dans une impasse, en tentant de financer des parcours de réinsertion, mais en constatant que les taux de sortie vers l'emploi sont très faibles. Le ministère en charge du budget clôt le débat en n'attribuant qu'un budget limité pour les actions de remédiation de l'illettrisme.

La mission inter-ministérielle en charge de l'illettrisme était ainsi en panne d'idées pour proposer un plan d'action, même si des spécialistes en sciences de l'éducation, en sociologie ou en économie apportaient des éclairages intéressants sur les causes des problèmes. Les méthodes d'action proposées étaient spécialisées, mais n'abordaient pas le problème de façon systémique et opérationnelle. Ne manquait-il pas au débat l'apport des sciences de gestion, en tant que science de l'action et de la décision ?

La négociation d'une recherche-intervention sur la dialectique illettrisme et emploi

A l'occasion d'une conférence sur le sujet organisée au Sénat sur le thème de la formation des personnes de faible niveau de qualification, nous avions présenté le cas du management socio-économique, en montrant des résultats obtenus d'une action de formation intégrée avec transformation de l'organisation du travail dans une entreprise de verrerie. A cette occasion, les débats furent tendus, représentants des syndicats et du patronat se rejetant la responsabilité des échecs des politiques publiques et invoquant des arguments d'ordre idéologique. Les responsables de la mission inter-ministérielle sont venus nous rencontrer à la fin de la conférence pour demander de les aider à formaliser des solutions et à favoriser un débat constructif, en partant d'expérimentations réussies. A la suite de plusieurs rencontres pour préparer une proposition, une contractualisation de la recherche a été signée avec l'ISEOR (Institut de Socio-Economie des Entreprises et des Organisations), qui a accepté un prix inférieur au coût complet, car ce projet faisait partie de la politique scientifique du centre de recherche, en explorant notamment les conditions d'impact sur les politiques publiques des recherches-interventions socio-économiques menées dans les entreprises (cf. Chapitre 5). Le contrat prévoyait deux actions complémentaires:

- La réalisation d'une expérimentation pilote dans une entreprise au travers d'une recherche-intervention;
- L'identification des points communs des réussites des actions menées au niveau des régions et des directions départementales en charge de l'emploi, en analysant aussi ce qui pourrait être amélioré en termes d'évaluation socio-économique des actions.

Une équipe de recherche-intervention a alors été constituée avec un budget temps, comprenant le directeur du laboratoire au niveau du groupe de pilotage (une dizaine d'heures), un intervenant-chercheur confirmé pour une centaine d'heures, un doctorant intervenant-chercheur pour deux cents heures et deux étudiantes de master de gestion en alternance pour trois cents heures.

LE PROTOCOLE SUIVI POUR RÉALISER UNE RECHERCHE-INTERVENTION SUR L'ILLETTRISME

La première partie de la recherche-intervention a consisté à mener une expérimentation dans une usine de chimie avec laquelle l'ISEOR avait eu des relations.

Une expérimentation dans une entreprise pilote

Les employés âgés de plus de quarante ans de cette entreprise avaient des difficultés à s'adapter aux évolutions technologiques et au recours à l'écrit requis par l'informatisation des process et par la multiplication des procédures de gestion de la qualité. Une partie des employés était aussi d'origine étrangère et avait été un peu scolarisée dans le pays d'origine, mais leur maîtrise du français était défaillante. Les personnes recrutées plus récemment dans l'usine avaient au contraire un niveau de formation initiale nettement plus élevé. Compte tenu du nombre de jeunes recherchant un emploi, l'entreprise avait recruté au cours des dernières années des jeunes diplômés sur-qualifiés par rapport au contenu des postes de travail, ce qui entraînait d'autres difficultés, car il n'était pas possible de promouvoir rapidement ces jeunes dans des postes de responsabilité. En outre, un clivage s'établissait entre personnes de faible niveau de qualification ou illettrées, et les jeunes davantage qualifiés. Face à ces difficultés, la direction de l'usine avait tenté de former les personnes illettrées au travers de programmes de remise à niveau, mais la plupart des employés concernés s'étaient montrés réticents, et avaient l'impression de devoir revenir à l'école. La direction de l'entreprise se demandait s'il ne fallait pas tenter de reclasser les personnes illettrées dans d'autres entreprises, ou même de les licencier, quitte à payer de fortes indemnités.

Un protocole de recherche-intervention de type socio-économique

En accord avec la direction, la recherche-intervention socio-économique s'est déroulée selon les règles et protocoles habituels: étape de diagnostic comportant des entretiens avec toutes les catégories de personnel pour recenser les dysfonctionnements et leurs coûts cachés, puis étape de projet pour bâtir et mettre en œuvre un plan d'action en élaborant une balance socio-économique pour évaluer la rentabilité de l'investissement immatériel des actions. L'effet-miroir réalisé à l'issue du diagnostic socio-économique a permis à la direction et au personnel de réaliser que ce n'était pas les personnes illettrées qui coutaient cher, mais le manque d'actions préventives appropriées: par exemple, des erreurs de mélange de produits chimiques étaient courantes par manque de suivi rigoureux des procédures, ce qui entrainait des coûts cachés de non qualité (Savall, 1974, 1980). Un autre exemple était le temps passé en glissements de fonction par l'encadrement par manque de confiance dans le travail des personnes illettrées. Ces pertes de temps avaient pour conséquence des risques de retard de mise à jour des essais de nouveaux produits et de mise à jour des plans de prévention des risques industriels. Le plan d'action socio-économique a alors consisté à préparer des manuels de formation intégrée avec l'encadrement. Ces manuels consistaient à expliquer de façon simple, concrète et imagée la façon d'appliquer les procédures et instructions de travail. La préparation de ces manuels de formation intégrée a amené l'encadrement à se mettre lui-même à jour sur les innovations techniques dans l'entreprise, en coopérant avec les services de maintenance et de recherche et développement. Ce travail préparatoire leur a fait prendre conscience de l'intérêt et de l'importance stratégique de consacrer du temps à l'innovation plutôt qu'aux glissements de fonction. Les séances de formation du personnel ont alors été réalisées par l'encadrement lui-même en les dénommant «séances d'explication des procédures de travail» pour éviter d'employer le terme de «formation» qui créait des réticences et des blocages, car le mot renvoyait les personnes illettrées à leurs échecs et à leurs humiliations passées.

Les résultats de la recherche-intervention

Lors de la mise en œuvre des séances, une nouvelle relation de confiance et de délégation s'est mise en place entre l'encadrement et les employés: les personnes illettrées comprenaient les explications apportées car elles s'appuyaient sur leur expérience concrète et non sur une théorie désincarnée. Elles étaient aussi sensibilisées à l'importance d'apprendre des formules de chimie, ce qui leur ouvrait un nouvel appétit pour demander de suivre des stages de formation de remise à niveau scolaire. Surtout, ces personnes retrouvaient confiance en elles et découvraient leur encadrement sous un autre jour que celui des reproches habituels pour incompétence. L'encadrement a aussi appris à écouter les remarques des personnes illettrées, en découvrant les idées très pertinentes qu'elles donnaient lors des séances d'explication sur les améliorations à apporter sur les procédures et les équipements. L'évaluation de l'action (Savall, Bonnet, Moulette; 2000, p. 177) a montré que le retour sur investissement de l'action de remédiation de l'illettrisme était inférieur à 4 mois, ce qui était bien plus performant que les tous les autres investissements de l'entreprise. A titre d'exemple, les améliorations recensées étaient les suivantes:

- Réduction des erreurs et des pertes de productivité
- Gains de temps de l'encadrement réalloué aux essais de nouveaux produits
- Gain de temps de la maintenance réalloué à la mise au point de nouveaux équipements
- Gains de temps du service qualité réalloué aux actions de perfectionnement des produits

L'action a aussi contribué à améliorer dans la durée le dialogue social dans l'usine, en montrant à toutes les catégories de personnel que la direction se préoccupait non seulement de la rentabilité de l'usine, mais aussi des conditions de vie au travail et de l'avenir du personnel.

Il était en outre possible de recenser des performances externées (ou externalités positives), telles que l'impact d'une remobilisation des personnes dans le contexte familial, les parents redonnant à leurs enfants le goût et la fierté de réussir à l'école. Par la suite, cette usine a montré au groupe dont elle faisait partie qu'elle maîtrisait les processus de montée en compétences et en capacité technologique. Cela a conduit à en faire l'usine pilote de l'ensemble du groupe mondial pour une partie des produits chimiques et l'usine a continué à progresser en effectifs au fil des ans, alors que l'intention initiale du groupe était de délocaliser l'activité. Le résultat de cette recherche-intervention a ainsi appris aux décideurs des raisonnements contre-intuitifs et contraires à ce qu'ils avaient appris dans les programmes de formation à la gestion. Ils ont en effet découvert que ce n'était pas les salariés de faible niveau de qualification qui coutaient cher, mais le manque d'action appropriée de management socio-économique, et que le déclin industriel dans le contexte de la compétition internationale n'était pas une fatalité.

Identification des points communs des expérimentations de remédiation de l'illettrisme

Pour influer sur l'action publique, il est difficile de diffuser les résultats d'une seule expérience, en partant de l'exemple d'une recherche-intervention réussie dans une usine de chimie. En effet, les cartes mentales des décideurs sont caractérisées par une approche généralement analytique et spécialisée, le plus souvent de type juridique en ce qui concerne les décideurs publics, et par une prédominance des raisonnements de rentabilité financière à court terme pour les décideurs du privé. En outre, les effets de mimétisme et d'isomorphisme bien connus des approches néo-institutionnelles rendent les décideurs incrédules ou aveugles à des dimensions cachées de la rationalité. Lors des présentations de résultats au niveau nationale, ils se contentaient le plus souvent de dire en guise d'excuse: « l'expérience était intéressante, mais le succès est lié à la spécificité du contexte, et cela n'est pas reproductible pour de nombreuses raisons ». Dans la théorie socio-économique, ce type d'argument est jugé caractéristique de structures mentales déformées par le « virus » de la fragmentation managériale (Savall, 2015). Il fallait donc compléter la recherche par une analyse plus large qu'un seul cas d'intervention.

Pour cela, il a été proposé d'évaluer d'autres actions réussies dans une variété de situations et de localisations géographiques pour tenter de trouver des points communs relatifs aux facteurs de réussite. Il ne s'agissait pas seulement de comparer les actions en termes de contenu des actions et des «meilleures pratiques», mais de déchiffrer les principes théoriques sous-jacents qui pouvaient éclairer les facteurs-clés de succès. Cette recherche d'une théorie du management socio-économique appliquée à la remédiation à l'illettrisme correspond au principe de « contingence générique » dans le cadre de la méthode de recherche-intervention qualimétrique (cf. chapitre 1) (Savall & Zardet, 2004). En effet, chaque cas de recherche-intervention produit deux types de connaissances: une connaissance contingente, spécifique au cas de l'entreprise ou de l'organisation, et une connaissance générique, à vocation plus scientifique et reproductible quel que soit le contexte.

En lien avec l'agence inter-ministérielle et les correspondants dans les différentes régions du pays, une douzaine d'expériences ont été évaluées en profondeur. Ces expériences reflétaient une variété de situations: entreprises industrielles, entreprises de services, services à la personne et nettoyage, artisanat, entreprises agricoles, coopératives, organismes de formation et organisations syndicales. Le protocole d'intervention ne consistait pas à accompagner la réalisation des expériences, mais à en évaluer les résultats avec les acteurs concernés, pour produire ensemble des monographies dignes de foi à la fois aux yeux des dirigeants, des employés et des financeurs des actions. Cette approche reposait sur les principes d'interactivité cognitive dans la méthode de recherche-intervention qualimétrique (faire exprimer les connaissances tacites des acteurs de terrain) et d'intersubjectivité contradictoire (parvenir à une représentation partagée des actions complexes qui ont été réalisées).

LES PUBLICATIONS RÉALISÉES SUR LA BASE D'UNE RECHERCHE-INTERVENTION CENTRÉE SUR L'ILLETTRISME

Les publications réalisées à partir de cette recherche-intervention sur l'illettrisme ont été nombreuses et démontrent qu'une recherche-intervention est une méthodologie qui permet d'être productif, si on le souhaite, sur un plan plus académique.

La construction d'un manuel de cas

Le premier produit de ce travail réalisé avec l'aide d'étudiants de master en alternance a été de créer un manuel de cas à l'usage des correspondants de l'agence inter-ministérielle pour qu'ils puissent répondre à des questions des acteurs socio-économiques telles qu'une demande revenant fréquemment sous la forme suivante: «Je suis confronté à des situations d'illettrisme dans l'entreprise que je dirige, et les conseillers en formation ne savent pas quoi me proposer. Pourtant, c'est un frein au développement de l'entreprise et je n'ai pas envie de procéder à des licenciements. Pouvez-vous me donner des références d'actions réussies dans un domaine proche du mien?».

La réalisation d'une thèse de doctorat et de chapitres d'ouvrage

Un deuxième travail plus académique réalisé à l'ISEOR a été une thèse de doctorat de sciences de gestion (Moulette, 2002) portant sur l'identification des points communs des différentes actions réalisées. Deux chapitres d'ouvrage tirés de cette thèse ont également été écrits et publiés par le Ministère du Travail dans «La Documentation Française». Ces travaux ont mis en jour en particulier cinq principes génériques qui étaient implicites dans le cas de la recherche-intervention dans l'entreprise de chimie. Ces cinq principes étaient les suivants:

- S'appuyer sur l'expérience et l'interaction dans les modalités pédagogiques: dans tous les cas analysés, il ne servait à rien de revenir à des modalités de formation scolaire, mais il fallait s'appuyer sur des situations vécues par les personnes illettrées ou de faible niveau de qualification. Ces personnes avaient en effet structuré leurs connaissances et leur intelligence à partir de leur expérience pratique, qui a une valeur irremplaçable lorsque l'on doit aborder des situations complexes. Reconnaître cette intelligence et bâtir de nouvelles connaissances à partir des points forts de ces personnes permettait de débloquer des apprentissages de connaissances plus théoriques et de compenser les lacunes de formation aux savoirs de base.

- Impliquer l'encadrement: l'impact de la confiance a été validé dans tous les cas comme un facteur crucial pour permettre la mise en application des savoirs acquis au cours des actions de formation. Sans cela, la mémorisation ne s'opère pas et l'investissement en formation est en grande partie perdu au terme de quelques semaines. Un exemple est celui d'un artisan confiant à son employé illettré la réalisation des factures sous le logiciel Excel après l'avoir formé sur la base d'une fiche d'instructions simplifiée. L'employé a eu alors l'occasion de pratiquer quotidiennement cette tâche, ce qui a renforcé l'apprentissage, tout en permettant à son patron de passer plus de temps pour répondre dans les délais aux demandes de devis.
- Intégrer la remédiation à l'illettrisme dans un plan d'action multidimensionnel de montée en compétence des organisations. Les actions les plus réussies ne consistaient pas à cibler de façon spécifique les personnes illettrées, mais à mener un plan d'ensemble, tout en s'appuyant sur les savoirs tacites des personnes en situation d'illettrisme. A titre d'exemple, la formation intégrée aux procédures et instructions de travail dans une entreprise d'ameublement a permis de faire progresser tout le personnel dans la rigueur et l'expertise, ce qui a conduit à l'obtention de la certification ISO 9000 avec les félicitations des auditeurs.
- Evaluer les actions pour accélérer l'apprentissage organisationnel: l'évaluation des actions réussies, même quand il y avait des limites, a permis de changer les mentalités et les regards sur le potentiel de progrès, apportant ainsi un message d'espoir qui contrebalance le désespoir induit par les pratiques managériales toxiques de comptabilité et de contrôle de gestion centrées sur la réduction des coûts visibles. Dans une entreprise de nettoyage par exemple, le dirigeant a déclaré à la suite de l'évaluation de l'action: « Nous avons découvert que nous avions un gisement extraordinaire de personnes à fort potentiel».
- Coordonner les actions réalisées dans l'emploi avec un parcours d'accompagnement des personnes illettrées: le handicap de l'illettrisme est souvent lié à plusieurs autres difficultés familiales et sociales, et les entreprises et organisations ne sont pas seules responsables des plans d'action personnalisés permettant de construire un parcours progressif de requalification. Cela suppose un management au niveau du territoire, par exemple lorsqu'une entreprise recrute une personne issue des dispositifs d'insertion par l'économique et que cette personne continue à être accompagnée

sans idéologie anti-entreprise par des formateurs et travailleurs sociaux.

Ces cinq facteurs constituent ainsi un début de règles d'intention scientifique pour la préconisation d'actions, en se différenciant des recettes que tentent d'appliquer des praticiens en transposant simplement le contenu d'une seule expérience réussie, sans en avoir identifié les principes qui sont à la racine du succès.

Contributions et rétributions des parties-prenantes de la recherche-intervention

La recherche-intervention constitue une recherche socialement responsable, comme dans le cas de la médecine, où la recherche bénéficie aux patients, aux familles, à la faculté et aux étudiants, et à l'ensemble de la société. Il s'agit en outre d'une recherche qui peut s'autofinancer en partie, à condition de savoir négocier les modalités de relation au terrain et en respectant des règles déontologiques et de rigueur épistémologique.

Dans le cas de la recherche-intervention qualimétrique, sept catégories de bénéficiaires de la recherche ont été recensées, comme cela est explicité dans le tableau 8.1 ci-dessous.

Enseignements retirés de la recherche-intervention pour les publications

La publication par le Ministère du Travail des deux chapitres d'ouvrages dans «La Documentation Française» a été accompagnée par d'autres formes de diffusion des résultats de la recherche: une dizaine d'interventions dans des colloques régionaux et nationaux et quelques interviews radio-diffusées (BFM). Il y a aussi un chapitre d'encyclopédie consacré à la Gestion des Ressources Humaines dans le contexte de l'illettrisme et de la gestion des personnels de faible niveau de qualification. Toutefois, deux limites ont été observées:

Au niveau des publications, la recherche a paru trop appliquée à l'époque pour être publiée dans une revue académique. Deux remarques ont ainsi été formulées dans ce cadre: « recherche pas assez théorique» et «échantillon insuffisamment représentatif de la base de données pour être traité par des équations structurelles». On constate toutefois depuis quelques années des signes très nettes d'ouverture des revues académiques classées vis à vis des recherches-interventions, notamment en raison de la pression croissante des institutions de formation au mangement pour

TABLEAU 8.1 Contributions et rétributions de chaque partie prenante de la recherche-intervention

Parties prenantes de la recherche	Apports de la recherche-intervention sur la remédiation à l'illettrisme	Contribution
Enseignants-chercheurs	Accumulation de données scientifiques de grande qualité	Travail d'accompagnement du recueil de données et conceptualisation
Centre de recherche	Contribution à la diffusion des théories et à la notoriété	Autofinancement partiel sur budget de recherche
Doctorant et étudiants en master en alternance	Recueil des données d'observation scientifique pour la thèse et les mémoires	Temps passés (rémunérés) et travail de positionnement par rapport à la littérature sur le sujet
Entreprises et organisations où les recherches ont eu lieu	Progrès dans la qualité du management et la survie à long terme des entreprises	Temps passés dans l'action, largement autofinancé, comme cela est démontré par les balances socio-économiques
Société, et en particulier les personnes illettrées et leur entourage.	Changement de regard et messages d'espoir pour lutter contre la fatalité des situations d'illettrisme et d'exclusion sociale	Financement partiel de la recherche par la société
Consultants, formateurs et correspondants des services des ministères	Formation à des méthodes scientifiques de remédiation à l'illettrisme, et contribution à la politique du plein emploi.	Participation à l'évaluation et aux retours d'expérience
Etat	Contribution à une meilleure pertinence et à un moindre coût de l'action publique	Financement partiel de la recherche

réaliser des recherches ayant des impacts managériaux et sociétaux. Cela suppose bien sûr un travail de traduction et d'habillage des données collectées pour les faire accepter aux relecteurs qui restent parfois focalisés sur des approches non systémiques et qui n'ont pas pour la plupart une expérience de terrain ni de recherche-intervention.

Au niveau des impacts sur la gestion publique, la recherche a été arrêtée après un changement de gouvernement, les ministères ayant changé. Les nouveaux responsables de l'agence inter-ministérielle ont voulu mettre la priorité sur des études relatives à la prévention de l'illettrisme au niveau de l'école, compte tenu des débats politiques relatifs à la mise en cause de l'Education Nationale pour l'échec scolaire. Il est cependant regrettable qu'une recherche-intervention n'ait pu être menée sur ce thème, en montrant comment l'Education Nationale pourrait coopérer avec d'autres acteurs sur chaque territoire pour remédier à la multiplicité des causes de l'échec scolaire, sans chercher à dresser les acteurs les uns contre les autres, comme cela devrait être de la responsabilité de l'action publique.

CONCLUSION

Les apports et les limites de ces publications sur la base de recherches-interventions permettent d'illustrer l'immense responsabilité sociale des sciences de gestion pour innover tant au niveau des entreprises et organisations que dans le domaine du management public. Il faut remarquer que le tableau 8.1 relatif aux contributions de la recherche-intervention des divers acteurs met en avant la carrière des enseignants-chercheurs, car la plus grande préoccupation des chercheurs en sciences de gestion risque de porter sur les publications davantage que sur la qualité des recherches elles-mêmes. Si l'on devait écrire sur le même sujet des publications dans le domaine de la recherche en médecine, l'ordre du tableau paraîtrait choquant et l'on aurait sans aucun doute placé en premier l'impact de la recherche au bénéfice des patients, en l'espèce les personnes de faible niveau de qualification ou illettrées.

BIBLIOGRAPHIE

Bonnet, M. & Moulette, P. (2000). Requalifier les salariés en situation d'illettrisme. Enseignements tirés d'une douzaine d'expériences dans des entreprises. *Illettrisme et monde du travail.* La Documentation Française, pp. 193–202.

Moulette, P. (2002). «Contribution à la gestion de la remédiation aux situations d'illettrisme en entreprise». *Thèse de doctorat de sciences de gestion,* sous la direction de Marc Bonnet. ISEOR, Université de Lyon.

Savall, H. (1974-1975). *Enrichir le travail humain dans les entreprises et les organisations.* Paris: Dunod.

Savall, H. (1979). *Reconstruire l'entreprise: Analyse socio-économique des conditions de travail.* Paris: Dunod.

Savall, H. (1981-2010). *Work and people: An economic evaluation of job enrichment.* New-York: Oxford University Press; 2nd ed. Charlotte, NC: Information Age.

Savall, H. (2015). "TFW Virus Concept History." *Decoding the Socio-Economic Approach to Management.* Charlotte, NC: Information Age.

Savall, H., & Zardet, V. (2004–2011). *Recherche en sciences de gestion: Approche qualimétrique. Observer l'objet complexe.* [*Research in management sciences: The qualimetrics approach: Observing the complex object*]. Paris: Economica.

Savall, H., Bonnet, M., & Moulette, P. (2000). Méthode socio-économique de requalification et d'insertion des personnes illettrées dans l'emploi. *Illettrisme et monde du travail.* La Documentation Française, pp. 171–182.

PARTIE II

PUBLIER UNE RECHERCHE-INTERVENTION ET LA DIFFUSER: DÉCRYPTAGE ET EXEMPLES

CHAPITRE 9

CONCEPTUALISER ET PUBLIER DES RECHERCHES-INTERVENTIONS SUR LES ORGANISATIONS

Anthony F. Buono

Réfléchissant sur les défis de l'observation qualitative du travail, John Van Maanen (1998, p. XXV) a noté qu' «il existait probablement des règles pour écrire un article de recherche qualitative convaincant, remarquable et publiable mais que personne ne les connaissait». De la part d'un éminent chercheur qualitatif, sa remarque pourrait être plus que décourageante pour ceux qui commencent à travailler dans ce domaine. Le commentaire de Van Maanen souligne le défi inhérent à la réalisation de travaux qualitatifs de haute qualité. Il n'y a pas de critère ou de procédure clair pour aboutir à un document remarquable publiable. D'une façon générale, il n'y a pas de «boîte à outil» type–pas de modèle standardisé–pour formaliser et présenter une recherche qualitative (Pratt, 2009). Ces considérations sont aussi applicables à la recherche-intervention qui s'appuie généralement sur des méthodes mixtes qualitatives et quantitatives.

La Recherche-Intervention Dans les Entreprises et les Organisations, pages 191–208

Dans ce contexte, le chapitre explore la dynamique sous-jacente à la publication de la recherche-intervention, en mettant l'accent sur la nature de la recherche-intervention et les connaissances qu'elle produit et en conceptualisant son processus de publication, de l'écriture initiale du design au cadre de l'analyse et de l'article lui-même. A partir d'une vision critique sur la façon dont de nombreux articles de recherche-intervention sont présentés, le chapitre discute également des raisons pour lesquelles les revues peuvent rejeter ce type de soumissions et les moyens d'y faire face. Il se termine par une réflexion sur certaines tactiques utiles au processus de publication et sur l'éthique à adopter dans la conduite et la publication d'articles de recherche-intervention.

RECHERCHE-INTERVENTION ET CONNAISSANCE ACTIONNABLE

Une des missions de l'Academy Of Management (AOM)–la plus grande association savante du monde pour la recherche en management et gestion des organisations–est de veiller à ce que les connaissances scientifiques soient pertinentes et responsables, fournissant des idées qui apportent une contribution réelle à la société et à ses institutions. En d'autres termes, un objectif essentiel est de produire des connaissances véritablement utiles–transcendant des préoccupations purement scientifiques et permettant aux membres de l'organisation de tirer partie de ces idées pour faire des choix éclairés et pour mettre en œuvre efficacement des solutions aux défis qu'ils doivent relever.[1]

Au fil des années, la majorité des chercheurs de l'Académie a fait un travail approfondi de création de connaissances scientifiquement rationnelles et méthodologiquement rigoureuses. En effet, les chercheurs en gestion ont généré un corpus impressionnant de théories sur la gestion de l'organisation. Cependant, les critiques affirment que ces chercheurs ont été beaucoup moins efficaces pour s'assurer que cette connaissance soit appliquée dans les entreprises et diffusée à un large public, la connaissance créée ne parvenant pas à franchir le gouffre entre la recherche et la pratique en restant trop académique voire ésotérique. En conséquence, peu de praticiens s'intéressent à la recherche académique et savent apprécier sa valeur pratique. Ils privilégient plutôt pour guider leurs actions les articles publiés dans des magazines généralistes plus faciles à lire ainsi que leur propre expérience.

Un objectif sous-jacent de la recherche-intervention est de réduire ce gouffre entre théorie et pratique en mettant l'accent sur (1) l'aide d'un groupe ou d'une organisation spécifique pour traiter efficacement ses problèmes et ses défis actuels ainsi que (2) tirer partie de cette expérience

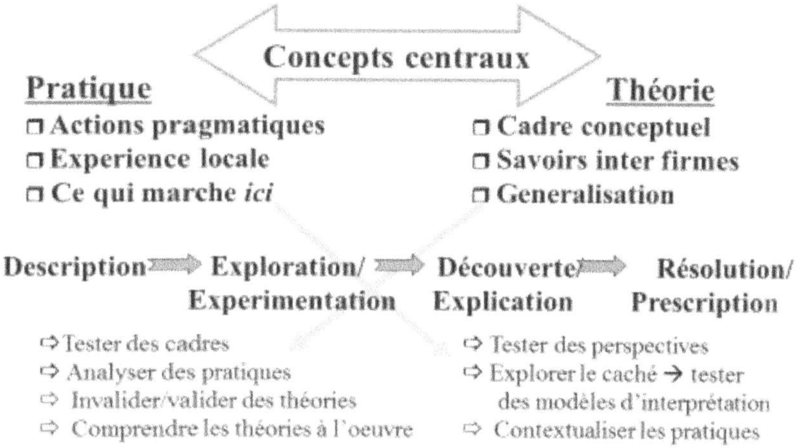

Figure 9.1 Recherche-intervention et connaissances actionnables.

pour contribuer à une compréhension plus large de la dynamique sous-jacente de la performance organisationnelle et de l'efficacité et (3) de communiquer d'une manière claire et compréhensible pour un large public. Comme l'illustre la figure 9.1, afin de contribuer à de nouvelles idées sur les façons d'améliorer les performances, un ressort majeur est l'itération entre la pratique et les concepts, allant de ce qui fonctionne ici et maintenant à ce qui est généralisable dans un large éventail d'entreprises et de situations. Un objectif fondamental de la recherche-intervention est de produire de telles connaissances utilisables ou dites «actionnables», ce qui permet une meilleure lecture de la théorie et une meilleure compréhension de la pratique dans un contexte social plus large.

Comme l'ont affirmé de nombreux chercheurs, cependant, l'idéal de la recherche appliquée reste quelque chose d'assez insaisissable (voir, par exemple, Aldag, 2012; Nielsen, Buono & Poulfelt, 2017). Les débats sur les recherches actionnables (ou utiles) amorcées par Pearce et Huang (2012) montrent que les «ressources gaspillées» de la recherche, c'est-à-dire ses produits non actionnables, restent importants. Bartunek et Egri (2012, p. 245) rappellent qu'«un objectif important de la recherche scientifique est d'informer sur la gestion et la pratique de l'organisation, d'encourager les universitaires à trouver de nouvelles façons de rechercher et d'identifier des questions de recherche pertinentes, ainsi d'améliorer la traduction et la communication de leurs résultats auprès des publics non universitaires ». Le défi d'informer et d'éclairer les praticiens et les chercheurs qui est l'essence de la recherche-intervention soulève donc des questions sur la façon de conceptualiser une recherche dite de «qualité».

La recherche de qualité : optique traditionnelle versus optique «actionnable»

La manière traditionnelle de conceptualiser la qualité dans la recherche a évolué autour de trois points fondamentaux : (1) la mesure dans laquelle la recherche fournit une théorie formelle sur les phénomènes (2) en utilisant des modèles analytiques rigoureux ancrés dans la littérature établie (3) pour tester des hypothèses avec des données valides et fiables (généralement quantitatives). Bien que cette approche ait produit un nombre incontestables de résultats scientifiques, elle se concentre en grande partie sur les besoins de la communauté universitaire elle-même, fournissant des contributions supplémentaires aux connaissances académiques mais avec moins de pertinence pour le monde de la pratique.

L'idée de savoirs actionnables suggère une vision alternative de la recherche de qualité. En partant de l'approche traditionnelle de la création de la connaissance–ce que l'on appelle la recherche de mode 1 (c'est-à-dire la production d'une connaissance fondée sur une discipline pour son propre bien), la connaissance actionnable se reflète dans ce que Gibbons et ses collègues (1994) ont appelé la recherche de mode 2 dans laquelle une vision pluridisciplinaire est appliquée à des problèmes spécifiques du monde professionnel pour produire de nouvelles connaissances. Dans un contexte de mode 2, la recherche de qualité aborde des problèmes et/ou des défis managériaux d'importance, de leur description initiale et leur explication à leur résolution et à la prescription qui en découle (cf. figure 9.1). L'objectif est de découvrir des phénomènes qui font que diverses entités sociales (organisations, institutions, société) puissent évoluer vers "un état préférable" modifiant par la même la façon dont nous pensons les phénomènes étudiés pour traiter à la fois des préoccupations immédiates des organisations tout en contribuant à la connaissance générale.

Comme le résume le tableau 9.1, il existe des tensions entre ces deux perspectives de la recherche de qualité—traiter les préoccupations contingentes tout en contribuant aux connaissances génériques—qui rejoignent celles entre la pertinence et la rigueur. Au fil du temps, probablement, le désir de rigueur scientifique nous a éloigné de la pertinence qui

TABLEAU 9.1 Les tensions d'une recherche de qualité

• Rigueur des modèles mathématiques	• Richesse des données descriptives/multisources
• Tester des hypothèses	• Construire des cadre d'analyse
• Paradigmes	• Modèles
• Signification statistique	• Signification substantive
• Disciplinaire	• Multi-/transdisciplinaire
• RIGUEUR	• PERTINENCE

est l'essence de la pratique (George, 2014). La recherche-intervention de qualité est justement destinée à être à la fois pertinente et rigoureuse de manière utile aux praticiens et aux universitaires.

CONCEPTUALISER UN ARTICLE DE RECHERCHE-INTERVENTION DE QUALITE

L'approche traditionnelle de l'écriture d'une recherche quantitative, qui peut être considérée comme une enquête étape par étape (cf. figure 9.2), suit généralement une structure bien définie, depuis l'introduction et la revue de la littérature, jusqu'à des hypothèses et des méthodes de recherche/ conception d'étude, résultats, discussion et conclusion. Essentiellement, ce type de recherche reflète l'exécution fidèle d'un plan soigneusement conçu fondé sur le raisonnement déductif, un processus de raisonnement à partir d'une ou plusieurs hypothèses pour parvenir logiquement à des conclusions. Un document de recherche-intervention, en revanche, nécessite une approche différente, se rapprochant plus d'un récit structuré issu d'un raisonnement inductif, en partant d'études de cas ou de situations spécifiques pour aboutir à des conclusions généralisables.

La structure appropriée d'un article de recherche-intervention

Le point de départ d'une recherche-intervention est qu'une entreprise cliente a besoin d'aide. Mais est-ce que son problème et la recherche qui

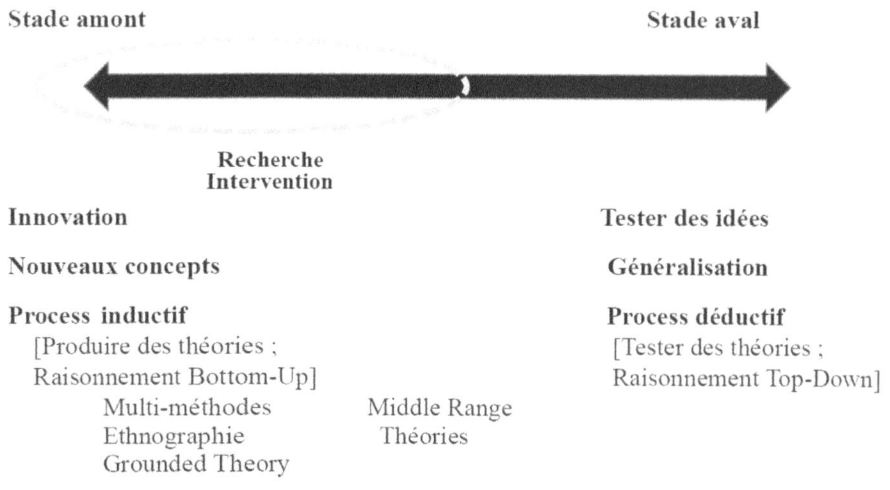

Figure 9.2 Conceptualisation de la recherche-intervention de l'amont à l'aval.

va en découler forment une histoire digne d'intérêt scientfique? Toutes les interventions ne fournissent pas nécessairement la profondeur ou l'intérêt suffisant en particulier s'il s'agit de viser pour publier des revues dites de «rang A» pour lesquelles la contribution à la théorie et à la connaissance sont essentielles de même que la signification, la nouveauté, la curiosité, la portée et l'opportunité de la question étudiée (Colquitt & George, 2011). Souvent désigné comme le facteur «So what?» (Melnyk & Morrison-Beedy, 2012), une clé importante pour démontrer la force contributive de la recherche est de bien conceptualiser la problématique traitée, l'impact de l'intervention et l'importance potentielle des résultats (c'est-à-dire l'amélioration des connaissances dans le domaine d'étude de l'article) et cela d'une manière qui captivera le lecteur. Dans ce contexte, un certain nombre de questions émergent lorsque l'on commence à conceptualiser un papier de recherche-intervention. Par exemple, de quoi le client a-t-il besoin et dans quelle mesure cela pourrait conduire à un article intéressant? Qui est le lectorat visé? Quelle est la signification de l'ensemble des données? Qu'en est-il du contexte social et culturel autour de la problématique? Pourquoi le lecteur serait-il intéressé? Existe-t-il suffisamment de données pour mettre en valeur le cas étudié, c'est-à-dire dépassant quelques données arbitraires pour permettre une évaluation plus systématique de la situation? Le degré de transparence de l'intervention et de l'analyse est-il suffisant? Bien que l'avantage de la recherche-intervention soit que les observations faites impliquent généralement une pluralité de méthodes et de multiples sources de données, son défi consiste à saisir cette richesse de manière à ce que le lecteur puisse suivre sans se perdre la logique de ce qui a été fait. Lors de la définition du cadre conceptuel du papier, un défi de base sera d'expliquer comment l'induction permet de mener à une théorisation. C'est pourquoi en décrivant l'intervention, il est important de construire une étude de cas convaincante : quelle est l'histoire? Pourquoi le sujet est-il important? L'introduction de la situation étudiée, l'explication de sa portée théorique et la démonstration de l'intérêt de l'intervention permettront au lecteur de mieux comprendre les phénomènes en question. Ainsi, un bon papier de recherche-intervention commence par une question iconoclaste mise en perspective par une histoire et un récit pour attirer l'attention du lecteur et lui fournir un cadre d'analyse pour les données et l'information produites. Un objectif est de soulever des questions qui remettent en cause la compréhension actuelle d'un phénomène donné pour ouvrir la voie à la création de nouvelles idées–générant potentiellement la base de nouvelles façons de voir le phénomène étudié–et à des dispositifs pratiques que l'on pourrait mettre en oeuvre pour progresser vers une meilleure situation de gestion. Ainsi, il convient de démontrer la portée innovante du papier de recherche sur la pratique actuelle, sur les hypothèses habituellement posées, sur la théorie qui sous-tend les lignes d'enquête classiques (Shaw, Bansal & Gruber, 2017).

Comme le note Bansal et Corely (2012), l'introduction d'un article de recherche-intervention devrait cadrer en ce sens le document, en prenant soin néanmoins de ne pas révéler ni trop d'informations–au point où la théorie ne semblerait pas pouvoir émerger des données – ni trop peu–au point où le document semblerait trop vague et non focalisé. La littérature mobilisée pour écrire l'article doit en ce sens fournir un cadre pour comprendre et apprécier les données collectées, exposer les lacunes théoriques détectées et définir la méthodologie et l'épistémologie de l'intervention.

Une difficulté avec une article de recherche-intervention est qu'il ne doit pas nécessairement débuter par une question intrigante en tant que telle mais par une question—certes de préférence intrigante—posée par l'organisation étudiée. L'objectif initial de l'intervention–axé sur ce qui pourrait fonctionner ici et maintenant–étant généralement de faciliter la capacité de l›organisation à relever son problème. Une fois la problématique exposée, l'étape suivante de l'introduction consistera à développer le contexte théorique de l'intervention qui dépasse donc le propre contexte de l'organisation étudiée (Fraser, Richman, Galinsky & Day, 2009).

L'introduction est ensuite suivie d'un compte rendu descriptif de l'intervention qui expose ses paradoxes, ses interrogations et ce qui a été fait. A ce point, il faut prendre soin de décrire clairement pourquoi l'intervention s'est produite et ce qui s'est passé pendant sa réalisation. Le contexte est très important ici. Étant donné que la plupart des interventions sont généralement itératives et génératives, toutes les idées doivent être placées dans leur contexte culturel et social plus vaste. La discussion, par exemple, devrait prendre en considération les besoins et les aspirations des différents acteurs impliqués dans la situation, si, et pourquoi, ils ont changé pendant l'intervention, les différentes barrières (individuelles, socioculturelles, structurelles, etc.) qui existaient ainsi que les contraintes organisationnelles et les facteurs contextuels plus larges (par exemple les normes et les tabous, les conflits et les coopérations, les facteurs réglementaires, les limites financières etc.) auxquelles l'intervention a du faire face (George, Howard-Grenville, Joshi & Tihanyi, 2016).

En discutant de l'intervention, il est crucial d'être aussi détaillé et transparent que possible. Même si l'anonymat est généralement utilisé dans un article de recherche-intervention, il est important de fournir une description générale de l'organisation et son contexte plus large et la sociodémographie pertinente de la population d'intervention. Cette partie devrait également prendre en compte la nature de l'intervention elle-même : ce qui a eu lieu, combien de temps a-t-elle duré, qui a été impliqué dans quel rôle etc. Étant donné qu'une bonne partie de la recherche-intervention implique l'interaction et l'engagement des membres de l'organisation, il est également important d'être clair sur les rôles qu'ils ont joués, en particulier dans la collecte et l'interprétation des données.

Le récit des données devrait fournir ainsi une histoire claire sur le processus de collecte des données, en se concentrant sur le type d'information recueillie, la façon dont elle a été accumulée et les caractéristiques des sujets, menant à l'analyse et aux résultats. Si un échantillon de l'organisation est étudié pour l'intervention, il est important d'indiquer comment les répondants ont été sélectionnés, leur longévité avec l'organisation et d'autres caractéristiques pertinentes.

Compte tenu de la complexité d'un tel travail sur le terrain, il existe une grande latitude sur les méthodes appropriées : des entretiens qualitatifs et des observations, des enquêtes et des questionnaires quantitatifs, des évaluations des données financières, des notes sur le terrain et des ethnographies. Encore une fois, il n'y a pas de «boîtes à outils» standards, ni aucun modèle prescrit pour servir de liste de contrôle. Comme le montre la figure 9.1, les phases d'exploration et de découverte peuvent souvent être très riches et, en tant que telles, la rigueur de la recherche doit être transmise au lecteur par l'authenticité avec des descriptions riches des données qui sont les «traces de preuves scientifique» transmises tout au long du document (Bansal & Corley, 2011). Par rapport à la recherche quantitative traditionnelle, où l'auteur peut exploiter des ensembles de données bien connus et des tests statistiques appropriés, un papier de recherche-intervention de qualité doit fournir un compte rendu détaillé du «voyage» de l'intervenant, du lancement du projet à la finalisation du manuscrit (Bansal & Corley, 2012). La clé sous-jacente est de transmettre pleinement au lecteur le «qui, quoi, où, quand, et comment» de ce voyage pour lui permettre de saisir et de comprendre comment l'intervenant est passé des données à l'analyse, puis de l'analyse à la contribution théorique.

Dans le cadre d'un récit bien construit, la théorie devrait donner un sens aux données alors que les données fournissent un contexte pour la théorie. Un défi de base réside donc dans la présentation des données et de la théorie sous-jacente. Une lacune typique d'un papier de recherche-intervention est lorsque le dosage entre la théorie et les données est déséquilibré. Dans de nombreux cas en effet, les auteurs exposent leurs données puis livrent leurs interprétations mais sans suffisamment de détails sur les données elles-mêmes (Golden-Biddle & Locke, 2007 ; Pratt, 2009, p. 857). À l'autre extrême, les auteurs peuvent se lancer dans des descriptions trop «analytique» des données, mais sans une réflexion conceptuelle suffisante sur ce que signifient les données et leur contribution à de nouvelles idées théoriques ou conceptuelles. Le "trop de données" n'est pas "montrer les données." La solution est d'explorer les idées dans un processus itératif, en s'appuyant sur un raisonnement inductif et interprétatif, une approche "intermédiaire" (Merton, 1949) à la construction théorique qui intègre les phénomènes empiriques avec la théorie existante, ce qui supposent des hypothèses de travail qui évoluent pendant les recherches et les observations.

La partie suivante d'un "bon" papier de recherche-intervention est l'analyse des observations faites qui demande également une description détaillée et robuste pour saisir l'expérience des acteurs et la façon dont les résultats ont été déterminés. En fonction du nombre d'interviewés impliqués dans le processus, une tendance croissante est de coder des données collectées à partir des interviews et des notes de terrain, en prenant soin de décrire précisément comment l'analyse de contenu a été réalisée, comment les catégories ont été déterminées et comment les réponses ont été réparties dans ces catégories. Dans ces cas, il est utile de construire des résumés des données primaires sous forme de tableau pour fournir au lecteur une meilleure compréhension de la recherche et une base plus claire pour comprendre l'analyse et l'interprétation des données. Lors de la présentation de cette information, il est important d'éviter de faire des passages implicites entre les données et les conclusions, comme si ce passage allait de soi, en utilisant des exemples spécifiques pour illustrer les concepts centraux et en montrant comment ces exemples représentent l'ensemble des données.

Le papier de recherche-intervention se conclut alors en mettant l'accent sur la façon dont les résultats sont apparus à partir des données et ont fait l'objet de l'analyse. C'est là que l'auteur doit effectuer un rebouclage avec les questions et les objectifs de recherche initiaux, en expliquant comment ces questions ont été traitées et les objectifs ont été atteints. Cette partie devrait décrire les implications et les enjeux plus larges de la recherche et les questions non résolues de l'intervention, en approfondissant la façon dont ces connaissances se rapportent aux problèmes de recherche majeurs en matière de gestion ou de sciences sociales.

Comme le montre la Figure 9.3, le processus d'écriture d'un article de recherche-intervention de bonne facture est de nature itérative, où le processus d'écriture fait partie d'un parcours exploratoire consistant à identifier les lacunes, les incohérences et les questions qui nécessitent une analyse et une discussion (Bansal & Corley, 2012). Ainsi, l'écriture effective d'un article de recherche-intervention ne commence pas lorsque l'intervention est terminée avec un chercheur qui réfléchit sur ce qui s'est passé sur un mode réflexif. Les bons articles de recherche-intervention reflètent un processus plus dynamique, où le processus d'écriture commence dès les premiers stades du projet. Il s'agit de fabriquer un voyage qui permet au lecteur de mieux comprendre la «boîte noire» de la vie organisationnelle, en explorant les différentes réponses et les résultats issus des différentes actions et stimuli.

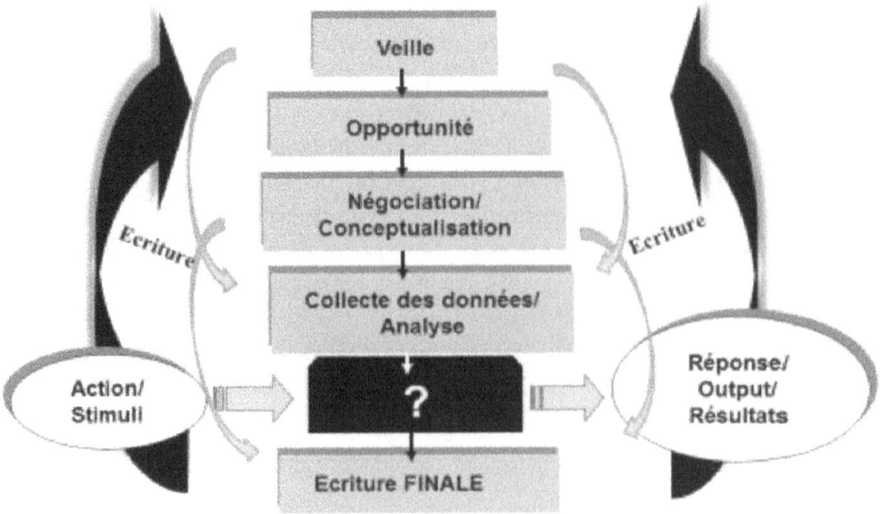

Figure 9.3 L'écriture et le processus de la recherche-intervention.

Pourquoi les éditeurs peuvent rejeter des articles de recherche-intervention

Lorsque les éditeurs rejettent un article, l'auteur(s) reçoit généralement une explication détaillée de la raison pour laquelle le document ne respecte pas les normes ou les attentes de la revue. Ces raisons reflètent l'intégration des réflexions de l'éditeur sur le document avec les commentaires et la synthèse des critiques. Bien que jamais agréable à recevoir, tous les chercheurs qui aspirent à publier dans un journal académique ont reçu au moins une fois une lettre de décision négative. Comme le suggère Irland (2009), apprendre de ces expériences négatives et de l'apport de ses pairs est une étape essentielle d'une carrière scientifique. La plupart des chercheurs astucieux utilisent du reste ces commentaires pour retravailler et réviser le document et, éventuellement, soumettre le manuscrit à une autre revue.

Il existe de nombreuses raisons pour lesquelles les éditeurs rejettent un document de recherche notamment des conceptions de recherche imparfaites, des questions de mesure des données, une recherche considérée comme erronée où la question de recherche, la théorie, la méthode et l'analyse de données ne sont pas cohérentes ou clairement présentées. Dans une large mesure, les rejets se produisent en raison de la mauvaise opérationnalisation des problèmes abordés par exemple un décalage entre la question de recherche et la conception de l'intervention, un hiatus entre les mesures et les données (par exemple, en utilisant des données transversales trop lointaines pour analyser un changement donné ou bien en mobilisant uniquement des mesures tirées d'une source unique) ou bien une recherche insuffisamment fondée sur la littérature.

Une autre préoccupation peut être que la question de recherche elle-même n'est pas clairement définie ou conceptualisée. Dans certains papiers en effet, les concepts centraux sont mal présentés ou utilisés de façon incohérente et la méthodologie et la conception de l'étude ne sont pas claires ou vagues. En conséquence, le document est considéré comme trop descriptif plutôt que de nature analytique. Dans d'autres cas, la collecte de données est mal réalisée et/ou présentée et les données ne sont pas suffisamment contextualisées. L'analyse souffre donc du fait que le document tire des conclusions erronées et/ou des généralisations non fondées–en substance, il y a des passages trop intuitifs ou implicites des données aux conclusions du document. Enfin, trop de papiers sont mal écrits ou trop longs. S'appuyer sur l'oeil critique tiers comme des collègues de confiance peut alors être très bénéfique pour améliorer son papier, car un auteur n'est pas spécialement le meilleur relecteur de ce qu'il a écrit voyant plutôt ce qu'il aurait voulu écrire que ce qu'il a écrit réellement par manque de recul.

QUELQUES TACTIQUES POUR PUBLIER UN ARTICLE DE RECHERCHE-INTERVENTION

La publication réussie d'un papier de recherche-intervention relève plus d'un art que d'une science. Les développements précédents ont tenté de définir le processus de conceptualisation et d'élaboration d'un papier de recherche-intervention et de donner une idée générale de l'approche à adopter dans ce type de recherche. Il existe également ce que l'on pourrait considérer comme un certain nombre de "tactiques" utiles à connaître qui peuvent influencer le processus de rédaction et / ou d'évaluation par les pairs, du choix de la bonne cible de revue aux considérations éthiques dans le processus de recherche et de publication.

Les commentaires préparatoires

La plupart des articles sont rarement soumis à un journal sans commentaires préalables de collègues. S'appuyer sur des collègues et des chercheurs de confiance permet en effet de détecter des lacunes potentielles ou de soulever des problèmes qui auraient été négligés. Une autre tactique dans ce sens est bien entendu la soumission de l'article sous forme de communication aux congrès d'associations savantes, par exemple l'AOM ou EGOS parmi les congrès les plus reconnus. Bien qu'être accepté à ces congrès soit difficile les soumissions passant par un processus de révision sélectif, les commentaires des réviseurs ainsi que les discussions avec les participants lorsque la communication est présentée après avoir été acceptée sont généralement très utiles pour développer davantage le papier en vue d'une publication.

Soigner l'accroche du papier

Une fois que le document a été écrit, il est important d'examiner attentivement le titre et le résumé car ce seront les premiers éléments du papier que l'éditeur des journaux ciblés et les examinateurs liront. Bien que cela puisse paraître évident, de nombreux auteurs en effet se précipitent pour titrer et faire le résumé de leur papier manquant ainsi une occasion unique d'accrocher et de guider le lecteur.

Le titre du papier devrait résumer son thème principal et, dans la mesure du possible, refléter sa contribution au domaine. Le résumé devrait également être soigneusement conçu, attirant brièvement le lecteur sur l'objectif et la portée de l'intervention, les problèmes clés à résoudre, les méthodes utilisées pour collecter les données, les principaux résultats, les limites et les implications pour la théorie et la pratique.

Un autre aspect important, mais souvent négligé, est la lettre de soumission à l'éditeur de journal. Beaucoup pensent que le résumé suffit à attirer l'attention sur le contenu du document, mais une lettre de motivation en sus offre l'occasion de convaincre les éditeurs que la recherche-intervention vaut la peine d'être examinée. Une bonne lettre d'accompagnement, qui doit être courte et précise—environ une demi-page—devrait décrire le thème principal et l'orientation du document, soulignant sa nouveauté et expliquant brièvement sa pertinence pour le journal ciblé (Shaikh, 2016).

Trouver la bonne revue

L'une des premières choses à considérer pour sélectionner le journal pour soumettre un article est le type d'article que l'on a écrit : le document est-il plus conceptuel ou basé sur des données ou a-t-il une approche combinée? Pour faire cette sélection, il est utile de repérer des revues possibles, en examinant les buts et la portée de la publication et les critères du journal envisagé (par exemple, les taux d'acceptation, l'impact, la portée géographique, le délai d'examen par les pairs, la ligne éditoriale). Beaucoup d'éditeurs ont des spécialistes de revues à qui l'on peut soumettre un titre de papier, un résumé et un champ d'étude pour des suggestions de leur part sur les revues appropriées.

Revues en accès ouvert versus revues par abonnements

L'Internet modifie considérablement le paysage des publications académiques. Les journaux sont généralement basés sur les abonnements, uniquement réservés donc aux abonnés et aux membres d'une organisation ou d'une association savante particulière ou bien désormais accessibles en ligne avec des directives pour le partage et l'utilisation du contenu. Bien qu'il existe des revues hybrides qui sont une combinaison d'accès ouvert en ligne et d'abonnements, il convient d'être vigilant avec les journaux dits "author-pay", ou l'auteur paie pour être publié. Certes, mais c'est différent, certains éditeurs de revues donnent déjà aux auteurs le choix de payer une redevance s'ils souhaitent accéder librement à un article, qui n'est alors disponible que pour les abonnés si cette option n'est pas prise. Cependant, les chercheurs néophytes en publication doivent se méfier de la présence croissante sur le marché de la publication académique d'un nombre d'acteurs croissants où les journaux (ainsi que les conférences) sollicitent des manuscrits, présentent des indicateurs tronqués sur leur audience et le lectorat du journal et exigent des auteurs qu'ils paient pour publier (ou présenter) leur document.

Faire attention aux éditeurs "prédateurs"

Ces nouveaux acteurs de la publication académique qualifiés "d'éditeurs prédateurs" facturent des frais de publication sous la forme d'un accès ouvert à leur publication mais sans le type de service éditorial associé aux revues académiques légitimes. De telles revues ont un processus d'examen falsifié, avec la promesse de «révision en temps opportun» (généralement une semaine), mais sans aucun feedback associé au processus d'examen par les pairs, avec une composition discutable du comité de rédaction ou les mêmes noms apparaissant dans plusieurs revues. Les néophytes de la profession, en particulier ceux des pays en développement, sont particulièrement vulnérables à de telles invitations flatteuses à publier leur travail devenant les «pions» de ce qui est véritablement une nouvelle arnaque commerciale (Straumsheim, 2017). Référencés comme "publication à accès libre», de nombreux journaux à accès ouvert ont commencé à proliférer pour rendre disponibles à tous les documents scientifiques. Cette prolifération, cependant, a abouti à des milliers de faux journaux à accès libre (Kolata, 2017). Ainsi Jeff Beall, bibliothécaire scientifique à l'Université du Colorado, a inventé le terme «d'éditeur prédateur», démasquent une liste de ces journaux qui ne répondent pas aux normes académiques attendues, dont certains ont même été indexés dans une «liste noire» de journal (Butler, 2013 ; Van Noorden, 2014). Inutile de dire que publier dans de tels journaux, loin d'accroitre sa notoriété de chercheur, contribue plutôt à la ruiner, les institutions légitimes du monde académique n'étant pas dupes. Bien que cette liste noire ait pris fin au début de 2017 en raison des menaces d'actions en justice des revues qu'elle listait, des versions pirates de la liste sont toujours disponibles en ligne (par exemple, les archives Internet «waybackmachine»). Bien sûr, tous les journaux à accès libre ne relèvent pas de cette catégorie de publications frauduleuses, mais la prudence est recommandée. Certes il faut publier pour faire carrière mais pas n'importe ou ni avec n'importe qui. Si un auteur n'est pas familier avec un journal, il est fortement recommandé qu'il en discute avec ses collègues expérimentés et qu'il prenne connaissance des classements des journaux réalisés par des institutions légitimes (voir, par exemple, «thinkchecksubmit.org») avant de prendre une décision de soumission.

L'examen par les pairs

Pour les chercheurs qui débutent dans la publication, le processus d'examen par les pairs lui-même peut être redoutable. Lorsqu'un document est soumis à un journal, le processus typique commence par une lecture attentive et une décision préliminaire de l'éditeur. Dans certains cas, le manuscrit peut être rejeté dès ce stade préliminaire—désigné comme un rejet du bureau—en fonction de l'avis de l'éditeur sur un document qui n'est pas adapté à la ligne éditoriale de son journal. Dans ces cas néanmoins, l'éditeur, s'il estime que malgré tout le document est prometteur, proposera à l'auteur d'autres solutions de soumission qui semblent mieux adaptées. Si le document franchit cette étape d'évaluation préliminaire, il est ensuite envoyé pour révision (généralement deux ou trois réviseurs). Bien que le processus de révision puisse varier selon le journal, l'approche typique implique des réviseurs respectés avec une expertise dans le domaine du document proposé. Les examinateurs se concentrent généralement en premier sur la qualité globale du document, éliminant les manuscrits mal conçus puis ils se concentrent sur l'apport et la validité de l'étude. En ce qui concerne la présentation générale du document, les bons examinateurs fournissent également des recommandations sur des façons spécifiques d'améliorer encore le document.

Cette évaluation peut être très utile pour les auteurs car les documents sont rarement acceptés au cours du premier tour de révision. L'auteur(s) recevra soit un rejet, soit une révision pour une nouvelle soumission. Dans la plupart des cas, l'éditeur informe également l'auteur du risque de rejet final impliqué dans le processus de resoumission. Lorsqu'un auteur reçoit une révision de «risque élevé», cela signifie généralement que, même si le manuscrit est prometteur, il existe des lacunes importantes concernant l'étude elle-même qui pourrait ne pas être surmontée lors du processus de révision. Dans la plupart des cas, il est conseillé néanmoins de suivre un processus de révision et de soumettre à nouveau le document. Il n'est pas rare qu'un article passe par deux voire même trois tours de révisions avant l'acceptation finale.

Une révision et une nouvelle proposition devraient toujours être considérées positivement. En retravaillant le manuscrit, il est important de mettre en évidence les changements apportés en réponse aux commentaires des examinateurs, en étant très clair quant à ce qui a été fait en réponse. L›auteur(s) du document peut être en désaccord avec les commentaires des réviseurs, mais s'il souhaite affirmer ce désaccord, il doit être très explicite quant à la raison pour laquelle il n'a pas suivi les recommandations.

Considérations éthiques dans les articles de recherche-intervention

Il existe des principes éthiques généraux et des lignes directrices pour toute recherche impliquant des sujets humains, comme le reflète le rapport Belmont.[2] Ce rapport contient trois principes fondamentaux que les chercheurs doivent suivre selon nous : 1) le respect des personnes, qui vise à protéger l'anonymat et l'intégrité des sujets humains qui doivent être traités avec courtoisie et respect et dans la recherche de leur consentement éclairé ; 2) la bienveillance, en essayant de minimiser tout risque, guidé par une philosophie de «ne pas nuire» et un engagement à maximiser les bénéfices de la recherche ; et 3) la justice, en veillant à ce que des principes raisonnables, non exploitants et bien réfléchis orientent la recherche et la sélection du sujet. Une faiblesse de certaines recherches-interventions est que l'intervention n'est pas conçue avec ces trois facteurs à l'esprit mais qu'elle est axée beaucoup plus attentivement sur la résolution du problème rencontré par l'organisation. Par exemple, la sélection du sujet est généralement influencée par la relation entre le rôle et la position d'un individu ou d'un groupe par rapport à la question étudiée plutôt que le type d'examen qui consiste à sélectionner les sujets d'une population plus large. En outre, étant donné que les participants sont membres (employés) de l'organisation, le consentement éclairé est rarement recherché. Pourtant, malgré ces difficultés, les chercheurs-intervenants devraient suivre selon nous l'esprit du rapport Belmont, en veillant à ce que les sujets avec lesquels ils travaillent soient traités de manière éthique et responsable.

L'éthique de la publication

Il existe plusieurs tabous dans le processus de publication sur des pratiques déviantes ou manquant d'éthique : des présentations simultanées du même article à plus d'un journal à la fois, au plagiat et à la fraude de recherche (fabrication et falsification), à la non divulgation de conflits d'intérêts possibles (ce qui pourrait empêcher quelqu'un d'être impartial). Étant donné que l'examen par les pairs est généralement un processus exigeant beaucoup de temps, les éditeurs de journaux s'attendent à ce que le document proposé pour examen ne soit pas simultanément envoyé ailleurs. Si un document est rejeté, l'auteur est alors libre de le soumettre à un autre journal.

Alors que le plagiat et la fraude sont des préoccupations au fond assez simples à cerner, il existe des zones grises qui compliquent le processus. Par exemple, les auteurs sont souvent tentés de transformer un seul document en plusieurs soumissions, un processus appelé «tranches de salami». Bien que cette pratique soit généralement considérée comme contraire à l'éthique pour des recherches quantitatives, écrire sur différentes phases d'un projet qualitatif longitudinal est une pratique acceptable tant scientifiquement qu'éthiquement et cela tant que chaque nouvelle publication ajoute de la valeur-ajoutée aux précédentes. Une pratique plus discutable est lorsqu'un article est conçu à dessein pour différents publics en variant pour chaque public la théorie et le développement conceptuel du document ainsi que les implications pratiques et les prescriptions. Parfois appelée publication en double ou redondante, la principale préoccupation est lorsque les auteurs produisent des articles hautement similaires avec des modifications minimales ou tentent d'écrire plusieurs articles quand un seul serait suffisant (King, 2001). Une autre préoccupation éthique concerne la questions des auteurs, d'autant plus qu'une bonne recherche-intervention est souvent effectuée en équipe dont les membres devrait être inclus comme co-auteurs des publications réalisées. D'autre part, dans quel ordre les auteurs doivent-ils être répertoriés? Il n'y a pas de réponse claire sur ces questions. Dans les meilleures pratiques, l'intégrité du chercheur est le meilleur guide, en essayant d'être aussi ouvert et transparent que possible pour prendre de telles décisions.

CONCLUSION

Comme l'a montré le chapitre, la recherche-intervention est une méthodologie délicate, incitant le chercheur à répondre aux besoins de deux "maîtres"—les praticiens et les universitaires traditionnels—qui ont souvent des perspectives différentes sur la qualité et l'utilité de la recherche. Bien qu'un modèle standard de structuration d'un article de recherche-intervention n'existe pas, le chapitre propose des grandes orientations de structuration destinées à faciliter le processus d'écriture. Le caractère itératif de la recherche-intervention de haute qualité, allant de la pratique à la théorie, en explorant ce qui fonctionne dans le présent et en supposant des ramifications avec des idées qui peuvent être généralisées, se reflète également dans le processus d'écriture d'un article de recherche-intervention. Si l'on pense au processus de recherche-intervention en tant que voyage, celui qui se déploie continuellement à mesure que l'intervention et ses résultats émergent, les chercheurs peuvent se positionner pour saisir les contributions empiriques et conceptuelles qui se concrétisent de manière à satisfaire les besoins des deux publics.

NOTES DE FIN

1. Cette discussion est tirée du thème de la réunion de 2004 de l'Academy Of Management, axée sur les connaissances actionnables. Voir http://aom.org/Meetings/annualmeeting/past-meetings/theme2004.aspx.
2. Voir le rapport Belmont : principes éthiques et lignes directrices pour la protection des sujets humains de recherche, rédigés par la Commission nationale pour la protection des sujets humains de la recherche biomédicale et comportementale. Cf. https://www.hhs.gov/ohrp/regulations-and-policy/belmont-report/

BIBLIOGRAPHIE

Aldag, R. J. (2012). Bump it with a trumpet: On the value of our research to management education. *Academy of Management Learning & Education, 11*(2), 285–292.

Bansal, P., & Corley, K. (2011). The coming of age for qualitative research: Embracing the diversity of qualitative methods. *Academy of Management Journal, 54*(2), 233–237.

Bansal, P., & Corley, K. (2012). What's different about qualitative research? *Academy of Management Journal, 55*(3), 509–513.

Bartunek, J. M., & Egri, C. P. (2012). Can academic research be managerially actionable? What are the requirements for determining this? *Academy of Management Learning & Education, 11*(2), 244–246.

Buono, A.F. (2009). Introduction. In A.F. Buono (Ed.), *Emerging trends and issues in management consulting: Consulting as a Janus-faced reality* (pp. vii–xx). Charlotte, NC: Information Age.

Butler, D. (2013). Investigating journals: The dark side of publishing. *Nature, 495*(7442), 433–435.

Colquitt, J.A., & George, G. (2011). Publishing in AMJ—Part 1: Topic choice. *Academy of Management Journal, 54*, 432–435.

George, G. (2014). Rethinking management scholarship. *Academy of Management Journal, 57*(1), 1–6.

George, G., Howard-Grenville, J., Joshi, A., & Tihanyi, L. (2016). Understanding and tackling societal grand challenges through management research. *Academy of Management Journal, 59*(6), 1880–1895.

Gibbons, M., Limoges, C., Nowotny, H., Schwartzman, S., Scott, P., & Trow, M. (1994). *The new production of knowledge.* Thousand Oaks, CA: SAGE.

Golden-Biddle, K., & Locke, K. (2007). *Composing qualitative research.* Thousand Oaks, CA: SAGE.

Fraser, M.W., Richman, J.M., Galinsky, M.J., & Day, S.H. (2009). *Intervention research: Developing Social Programs.* New York, NY: Oxford University Press.

Ireland, R.D. (2009). When is a "new" paper really new? *Academy of Management Journal, 52*(1), 9–10.

King, C.R. (2001). Ethical issues in writing and publishing. *Clinical Journal of Oncology Nursing, 5*(3), 19–23.

Kolata, G. (2017). A Scholarly Sting Operation Shines a Light on 'Predatory' Journals. *New York Times,* March 22 < https://www.nytimes.com/2017/03/22/science/open-access-journals.html?hp&action=click&pgtype=Homepage&clickSource=story-heading&module=second-column-region&region=top-news&WT.nav=top-news/&_r=0>Accessed May 24, 2017.

Melnyk, B.M., & Morrison-Beedy, D. (2012). Setting the stage for intervention research: The 'so what' factor. In B.M. Melnyk & D. Morrison-Beedy (Eds.), *Intervention research: Designing, conducting, analyzing, and funding* (pp. 1–10). New York, NY: Springer.

Merton, R.K. (1949). *Social theory and social structure.* New York, NY: Simon & Schuster.

Nielsen, R.K., Buono, A.F., & Poulfelt, F. (2017). At the knowledge interface: Developing co-created research competency. *Paper presented at the Academy of Management annual meeting,* Atlanta, GA, August.

Pearce, J.L., & Huang, L. (2012). Toward an understanding of what actionable research is. *Academy of Management Learning & Education, 11*(2), 300–301.

Pratt, M.G. (2009). For the lack of a boilerplate: Tips on writing up (and reviewing) qualitative research. *Academy of Management Journal, 52*(5), 856–862.

Shaikh, A.A. (2016). *7 steps to publishing in a scientific journal.* Elsevier Publishing, April 4 < https://www.elsevier.com/connect/7-steps-to-publishing-in-a-scientific-journal> Accessed September 29, 2016.

Shaw, J.D., Bansal, P., & Gruber, M. (2017). New ways of seeing: Elaboration on a theme. *Academy of Management Journal, 60*(2), 397–401.

Straumsheim, C. (2017). No more 'Beall's list.' Inside Higher Education, (January 18) <https://www.insidehighered.com/news/2017/01/18/librarians-list-predatory-journals-reportedly-removed-due-threats-and-politics>Accessed May 24, 2017.

Van Maanen, J. (1998). Different strokes: Qualitative Research in the Administrative Sciences Quarterly from 1956 to 1996. In J. Van Maanen (Ed.), *Qualitative Studies of Organizations* (pp. ix–xxxii). Thousand Oaks, CA: SAGE.

Van Noorden, R. (2014). Open-access website gets tough. *Nature, 512*(7512), 17.

CHAPITRE 10

PUBLIER LES RÉSULTATS D'UNE RECHERCHE-INTERVENTION

Le cas d'une publication dans la revue *Organizational Research Method*

Henri Savall

Le processus de recherche-intervention génère des matériaux *nombreux et variés* que le chercheur accumule au fil du temps. Une recherche-intervention se construit d'abord sur un *objet initial* de recherche puis la démarche du chercheur, en interaction avec le terrain d'observation scientifique, produit des informations susceptibles d'être rangés dans une *arborescence de sous-objets* qui se déclinent de l'objet initial. Ainsi, partant d'un *thème central* de recherche, le processus fait émerger de nombreux et *multiples sous-thèmes* qui constituent autant d'opportunités potentielles de publications monothématiques. *Un même cas* de recherche-intervention peut ainsi fournir un éventail de publications sur des thèmes variés. La recherche-intervention exige un *investissement en temps* conséquent de la part du

La Recherche-Intervention Dans les Entreprises et les Organisations, pages 209–214

chercheur mais le *retour* sur investissement est très élevé, grâce aux opportunités de publications originales qu'elle offre.

CONSEILS AU CHERCHEUR-INTERVENANT «AUTEUR»

Toutefois, deux obstacles surviennent, correspondant à des risques de nature différente. Le *premier* résulte de la tentation du chercheur-intervenant, de poursuivre l'accumulation de matériaux de terrain, et de différer le moment de la publication. Il tend à repousser ainsi le moment où la rédaction exigera un *coût d'entrée* et une prise de *recul* par rapport aux convictions que le chercheur a acquises au cours du processus expérimental et d'apprentissage qu'il a vécu. La publication est moins une production de connaissance qu'un exercice de *communication lisible* des résultats de recherche. Celle-ci vise des lecteurs qui n'ont pas vécu le processus d'élaboration des résultats et n'ont *aucune raison de croire a priori* le discours du chercheur. Ils se montreront d'autant plus exigeants quant à la démonstration de la validité scientifique des résultats proposés à la publication.

La pratique de la recherche-intervention exige une anticipation des temps de travail scientifique, nécessaire à la démarche du chercheur sur le terrain d'observation, ce qui implique des réflexes de *programmation précise* dans son emploi du temps. Lorsque le moment sera venu de préparer une publication, le *même impératif* de programmation de temps suffisant pour l'écriture constitue un facteur-clé de succès pour la publication.

La *deuxième* difficulté provient de l'alternance entre l'exploitation rigoureuse des matériaux collectés et l'analyse de la *littérature pertinente* avec l'objet de recherche et le thème de la publication ainsi que de l'indispensable humilité du chercheur auteur qui devra convaincre ses rapporteurs puis ses lecteurs au moyen d'une véritable *démonstration*. Cette difficulté est d'ordre psychologique, elle provient du contraste entre la conviction du chercheur imprégné de ses matériaux et résultats de recherche et la *légitime incrédulité a priori* des rapporteurs. Ceux-ci exigent une argumentation robuste par rapport à l'état de l'art issu de la littérature. Le *chercheur-intervenant-auteur* doit donc se préparer mentalement à accepter toutes les remarques ou suggestions des rapporteurs, désignés par la revue ciblée pour évaluer la qualité de l'article à publier ou par l'organisateur du colloque dans le cas d'une communication. Lorsque l'auteur reçoit les rapports légitimement critiques, son *irritation* est une première réaction naturelle et «universelle». Il est conseillé de laisser passer quelques jours et de considérer que le rapporteur est un *micro-échantillon* du lectorat que vise le chercheur et que le rapporteur a donc « toujours raison ». Notre expérience de 40 années comme fondateur et directeur de la revue *Recherche en sciences de gestion-Management sciences-Ciencias de gestión,* a montré que même un rapport jugé «malveillant» par un auteur irrité, contient des idées précieuses et *exploitables* en vue d'améliorer la qualité de la publication. La probabilité qu'un lecteur quelconque, au-delà des rapporteurs, ait ultérieurement les mêmes réactions n'est pas nulle.

La recherche-intervention se pratiquant souvent *en équipe*, il importe de souligner quelques règles déontologiques concernant les publications. Il arrive que les chercheurs soient tentés de se spécialiser, certains dans la conduite du processus de recherche-intervention sur le terrain d'observation scientifique et d'autres, dans l'analyse de la littérature et la rédaction de la publication. L'expérience montre qu'une telle *spécialisation* produit souvent des frictions voire des conflits. On observe ainsi un écart polémique qui s'installe entre, d'une part, le chercheur qui préfère le travail de terrain, prend rarement le temps d'explorer la littérature et de peaufiner l'écriture de la publication et, d'autre part, le chercheur qui préfère l'écriture, exercice plus confortable qui exige moins de dépenses d'énergie et qui cultive un goût démesuré pour l'abstraction.

Une autre règle importante à observer est soit l'anonymat de l'entreprise ou organisation, terrain d'observation scientifique, soit une autorisation écrite de sa part, dûment négociée et anticipée. En effet, le chercheur-intervenant a l'obligation morale de ne pas publier, sans son consentement, ce qu'une organisation accueillante a révélé de son «intimité». Le chercheur-intervenant qui ne respecterait pas cette règle éthique serait sanctionné, ainsi que ses congénères, par le refus d'accès ultérieur à des terrains d'observation scientifique.

EXEMPLE D'UN ARTICLE PARU DANS UNE REVUE CLASSÉE RANG A AUX ÉTATS-UNIS, ISSU D'UN PRODUIT DE LA RECHERCHE-INTERVENTION (SAVALL, ZARDET, BONNET, & PÉRON, 2008)

Le développement puis la réplication de la méthodologie de recherche-intervention d'ordre qualimétrique, nous a conduit à concevoir et à développer avec nos chercheurs de l'ISEOR, une *méthode d'analyse de contenu* très rigoureuse, tenant compte du phénomène de *polysémie* des mots traités dans l'analyse qualitative. Cette polysémie, qui fait qu'un même mot a un contenu différent selon les acteurs (tant émetteurs que récepteurs), rend partiellement inopérante l'analyse *lexicale* et crée des *biais* considérables d'interprétation. Notre méthode d'analyse de contenu permet de tenir compte de la *diversité* des *langages naturels* des acteurs que rencontre le chercheur-intervenant au cours de sa recherche. Elle permet aussi de combiner ces langages variés avec le *langage à vocation scientifique* codifié par le chercheur pour construire ses énoncés d'intention scientifique.

Plus de 100 000 entretiens de diagnostic socio-économique réalisés par les chercheurs-intervenants de l'ISEOR ont montré que les acteurs dans les organisations s'expriment dans des *registres* de langage *différenciés*, selon les milieux fonctionnels (départements) de l'organisation, selon les niveaux d'instruction et d'éducation, voire selon le degré d'illettrisme qui affecte certaines personnes. Dans notre méthode d'analyse de contenu, ces *verbatim* sont classifiés sous des *idées-clés* énoncées par le chercheur-intervenant, dans son langage *normé*, utile au traitement de l'objet de sa recherche. Les *verbatim* sont dénommés *phrases-témoins*, car les acteurs qui les ont exprimés sont témoins des pratiques qui constituent la «matière première» traitée par le chercheur. Le passage du verbatim à l'idée-clé en langage normé exige de la part du chercheur une véritable *traduction contextualisée* du sens qu'il a capté chez les acteurs-témoins qui se sont exprimés. L'analyse lexicale n'est pas utilisée dans la recherche-intervention appliquée à la théorie socio-économique, car elle présente des limites considérables du fait de la polysémie des mots et des idées utilisées par les acteurs dans leurs pratiques professionnelles. L'ISEOR (Institut de Socio-Economie des Entreprises et des Organisations) a dû construire un *logiciel système-expert* dénommé SEGESE permettant de construire une *nomenclature arborescente* de thèmes/sous-thèmes pertinente pour l'objet de recherche, dans un registre de langage élaboré par le chercheur. Cette nomenclature permet de classifier les phrases témoins recueillies par le chercheur, en interaction avec les acteurs qui les expriment. Les groupes de phrases témoins dans chaque sous-thème sont ensuite *traduits* en un énoncé *synthétique* sous forme d'idées-clés. Cela permet de respecter la polysémie des mots utilisés par les acteurs, de restituer au chercheur la responsabilité de leur compréhension. En effet, le chercheur-intervenant est témoin des circonstances et de la stratégie de discours de l'acteur, ce qui lui permet de contextualiser et de relativiser l'interprétation des phrases-témoins. L'automatisme du système expert apporte une valeur ajoutée dans la classification d'idées par le chercheur-intervenant, mais il ne se substitue pas à l'intelligence humaine, il n'écrase jamais l'indispensable interprétation des idées collectées auprès des acteurs-témoins sur les pratiques étudiées.

La revue *Organizational Research Methods* est une des 10 premières revues de management, classées aux États-Unis (de rang A), soutenue par l'*Academy of Management*. Elle publie une très forte proportion d'articles quantitatifs, ce qui a fait sa réputation. Elle a toutefois décidé de publier en 2008 un numéro spécial sur les méthodes qualitatives. Nous disposions d'un matériau original de 474 rapports rédigés par 56 évaluateurs sur une période de 28 années d'articles utilisant une méthode qualitative, publiés dans la revue Recherches en sciences de gestion-Management sciences-Ciencias de gestión. Cette revue que j'ai co-fondée avec le grand économiste français François Perroux, en 1978, comportait délibérément un modèle de rapport extrêmement simple composé de quelques rubriques très larges et ouvertes. Mon objectif était de ne pas orienter l'évaluation des rapporteurs. La revue ne prescrivait aucun critère de qualité explicite.

Notre projet de publication originale fut d'appliquer notre méthode d'analyse de contenu issu de nos très nombreuses recherches-intervention, à l'étude de ces 474 rapports afin de découvrir si des *régularités* émergeaient de leur analyse de contenu. Les 56 évaluateurs auteurs de ces rapports appartiennent à des universités et centres de recherche très variés, de différents pays et composent le comité scientifique de la revue. Il s'agissait donc de faire émerger des *critères implicites* utilisés par les rapporteurs d'articles de recherche qualitative, à partir des phrases-témoins dans des langages variés utilisés librement par les évaluateurs dans leurs rapports. L'analyse de contenu a permis de définir une arborescence de thèmes et sous thèmes pertinente par rapport à l'objet de cette recherche, à savoir la *qualité des articles* publiés dans cette revue. L'analyse approfondie des phrases-témoins spécifiques contenues dans les rapports a permis de formuler des idées-clés génériques qui expriment, tantôt des qualités repérées par les évaluateurs, tantôt des défauts.

Cette recherche a consisté d'abord à élaborer un logiciel générique utilisant la *même structure* que le logiciel *système-expert SEGESE* utilisé pour les diagnostics socio-économiques dans près de 2000 organisations, puis de classifier les phrases-témoins en les saisissant dans le logiciel. L'analyse des résultats a permis d'identifier 19 *points critiques* des articles mis en évidence dans les rapports, ainsi que 10 *critères génériques de qualité*. Ces éléments ne résultent pas d'une instruction à caractère normatif qui aurait été donné *a priori* au rapporteur par la direction de la revue. Ils ont émergé spontanément au fil de 28 années d'une pratique très souple et très autonome d'évaluation des articles, sans qu'il y ait eu aucune communication entre les différents rapporteurs sur leurs pratiques respectives.

Les 19 points critiques d'un article sur lesquels les rapporteurs ce sont exprimés spontanément sont la *problématique* et question de recherche, les *hypothèses* de la recherche, les choix *méthodologiques*, les choix épistémologiques, les *idéologies* sous-jacentes, le *processus* méthodologique, les *références* de la littérature, l'état de l'art et l'analyse bibliographique, l'analyse *théorique* et conceptuelle, les *concepts* et les théories mobilisées; les *matériaux* de terrain, la *méthode* de recherche sur le *terrain* et l'exploitation des données et matériaux; l'*interprétation*; le *positionnement* par rapport aux questions de recherche de la littérature; la *connaissance générique* explicitée; les *recommandations* et implications opérationnelles; la *discussion*, l'analyse critique des résultats et l'exposé des limites; la capacité de *communication* de l'article dans son ensemble; le *fil conducteur* et la structure générale; la conclusion et le *bouclage* avec le titre. Un auteur singulièrement en recherche-intervention peut utiliser ces éléments pour «radiographier» son projet d'article avant publication, dans une pratique d'*autocontrôle* de qualité.

Les 10 critères de qualité résultant de l'analyse de contenu sont: la *rigueur*; la *formulation*; la *cohérence*; l'*originalité*; la *pertinence*; l'*explicitation*; le *positionnement*; la *contribution*; le *raisonnement*; la *délimitation*. L'analyse matricielle des 19 points critiques couplés aux 10 critères de qualité a permis d'établir que les *trois* principaux critères de qualité auxquelles sont sensibles les évaluateurs sont la pertinence, l'explicitation et la contribution, six critères de *validité interne* ont été identifiés: explicitation, délimitation, rigueur, formulation, raisonnement, cohérence. Quatre critères relèvent de la *validité externe*: pertinence, contribution, positionnement, originalité. Les points critiques les plus souvent signalés par les évaluateurs sont la problématique de recherche, la méthode d'investigation sur le terrain et l'exploitation des matériaux, le fil conducteur, l'état de l'art, la connaissance générique.

Cet article a été publié au terme d'un processus de 2,5 années et trois révisions successives. La quatrième et dernière version contient moins de 20 % du texte d'origine soumis à la revue. L'amélioration de son contenu résulte d'un véritable dialogue des auteurs avec les trois rapporteurs.

BIBLIOGRAPHIE

Boje, D.M., Oswick, C., & Ford, J. D. (2004). Language and organizations: The doing the discours.. *Academy of Management Review, 29,* 571–577.

Esterby-Smith, M., Thorpe, R., & Lowe, A. (2002). *Management research.* London, England: SAGE.

Golden-Biddle, K., & Locke, K. (1997). *Composing qualitative research.* Thousand Oaks, CA: SAGE.

Gephart, R.P., (1993). The textual approach: risk and blame in disaster sensemaking. *Academy of Management Journal, 36*(2).

Krippendorff, K. (2004). *Content analysis: an introduction to its methodology.* Thousand Oaks, CA: SAGE.

Savall, H., Zardet, V., Bonnet, M., & Péron, M. (2008). The emergence of implicit criteria actually used by reviewers of qualitative research articles. Case of a European journal. *Organizational Research Methods, 11*(3), 510–540.

CHAPITRE 11

DE LA RECHERCHE-INTERVENTION À LA PUBLICATION

Le cas d'une publication dans la revue *Gérer et Comprendre*

Véronique Zardet

En 2015, sont parus les résultats issus d'une recherche-intervention conduite par une équipe d'intervenants-chercheurs entre 2010 et 2012 dans la revue *Gérer et Comprendre*, que nous avons choisie pour son positionnement éditorial très clairement orienté vers la compréhension et l'observation des situations concrètes de gestion cf. Delattre, M., Petit, R., & Zardet, V. (2015).

Cette recherche-intervention avait préalablement fait l'objet de plusieurs communications dans des congrès internationaux, avant de soumettre une proposition d'article à la revue. Le processus d'évaluation et de correction s'est étalé sur environ deux ans, il a comporté trois étapes de demande de modifications de la part des évaluateurs suivies d'une nouvelle version. Ce

La Recherche-Intervention Dans les Entreprises et les Organisations, pages 215–220

chapitre résume la recherche-intervention conduite, puis l'identification de la problématique retenue pour l'article, enfin, le processus d'élaboration et de correction de l'article.

RÉSUMÉ DE LA RECHERCHE-INTERVENTION DANS DES CABINETS D'ARCHITECTES

Durant une année et demie, une équipe de trois intervenants-chercheurs a conduit une recherche-intervention dans 18 cabinets d'architectes. Initiée à la demande d'un Conseil Régional de l'Ordre des Architectes, son objectif était d'accompagner un ensemble des microstructures—agences d'architecture—volontaires pour développer leurs compétences stratégiques, organisationnelles, managériales, économiques et de gestion. La méthodologie contractualisée a consisté à combiner une formation des gérants architectes, sur base de leur expérience personnelle et professionnelle, aux principes managériaux portant autant sur le pilotage des activités que le management des personnes de leurs agences, et une recherche-intervention transformative dans chacune des agences. Ce 2e volet de la recherche comportait un travail avec chaque gérant et l'ensemble de son équipe. Une étape préalable de diagnostic socio-économique a permis de libérer la parole sur la qualité de fonctionnement, la qualité de vie au travail et le développement stratégique de l'entreprise, à travers des entretiens semi directifs, complétés par une identification des principaux «coûts cachés», source majeure de déperdition de valeur ajoutée dans les activités réalisées et de pertes d'opportunités de développement commercial. Après un effet-miroir collectif portant sur les dysfonctionnements et leurs impacts économiques mesurés en termes de coûts cachés, une 2e étape d'accompagnement méthodologique s'est alors enclenchée, pour aider les gérants et leurs collaborateurs à définir et à mettre en œuvre au fur et à mesure des actions d'amélioration du fonctionnement, du management et de la stratégie. La démarche s'est étalée dans chaque agence sur 8 à 10 mois à raison d'environ une demi-journée par mois. À la fin de ce processus, une évaluation contradictoire et participative a été réalisée pour identifier les réalisations marquantes qualitatives, et mesurer l'évolution des performances économiques à partir du compte de résultat de l'agence, en particulier l'évolution du chiffre d'affaires, des charges fixes et variables, du résultat net et des effectifs.

S'agissant d'une démarche volontaire, 18 agences ont été intéressées et ont démarré ce processus par groupe de 6. C'est la raison pour laquelle l'ensemble de cette recherche-intervention s'est étalé sur environ un an et demi.

IDENTIFICATION DE PROBLÉMATIQUES À PARTIR DE LA RECHERCHE INTERVENTION

Cette recherche-intervention conduite dans 18 entreprises par 3 chercheurs différents a été une source féconde de différentes thématiques pour formaliser et publier des résultats de recherche-intervention. De façon concrète cette recherche a permis de faire émerger selon un processus inductif différentes problématiques, chacune d'elles pouvant donner lieu à une publication distincte ; les principales ont été les suivantes:

- quand la responsabilité sociale commence par une responsabilisation économique
- l'envahissement des normes de construction et du bâtiment et leurs impacts sur le métier d'architecte
- l'évolution du métier d'architecte vers un métier de manager architecte ?
- la contribution des formations supérieures techniques dans la compétitivité actuelle des petites entreprises. Applications aux entreprises libérales (médecine, notaires, architectes, avocats, infirmiers, kinésithérapeutes, experts judiciaires, huissiers, vétérinaires, etc. etc.)
- la coopération inter-organisationnelle dans le secteur de la construction.

À ce jour les trois premières ont fait l'objet de publications sous forme de communication dans des congrès, articles dans des revues et de chapitres d'ouvrage, en français, anglais et espagnol, selon les compétences linguistiques des différents chercheurs de l'équipe.

Le choix de la thématique d'un article est intimement lié à la ligne éditoriale d'une revue. Ainsi des problématiques orientées vers le management des personnes et la gestion des ressources humaines trouvent une place, dans le monde francophone, dans des revues telles que: *@GRH, Revue de Gestion des Ressources Humaines, Revue RIPCO, Management et Humanisme*... Celles qui sont davantage orientées vers le management stratégique pourront trouver une place dans les revues *Management et Avenir, Finance Contrôle Stratégie, Management International*... Toutefois au-delà de la thématique, un critère essentiel pour le choix d'une revue s'avère être son intérêt pour les méthodologies de recherche qualitative et de recherche-intervention. Force est de constater en la matière que certaines revues sont plus accueillantes que d'autres, parce qu'elles sont plus tolérantes quant à la variété des méthodologies déployées voire, pour certaines d'entre elles, qu'elles s'intéressent spécifiquement à ces méthodologies. Nous pensons en particulier aux revues telles que *Gérer et Comprendre, Finance Contrôle Stratégie, Recherche en Sciences de Gestion, @GRH, Management et Avenir* pour ne citer que des revues classées. A contrario d'autres revues sont nettement moins accueillantes pour ce type de méthodologie. Il convient que le chercheur-intervenant ne perde pas de temps à leur adresser un projet d'article!

Nous avons décidé de proposer un article à la revue *Gérer et Comprendre* pour différentes raisons: nous n'avions pas de publication récente dans cette revue, nous portions une appréciation *a priori* positive à sa ligne éditoriale, très orientée vers l'observation distanciée des pratiques managériales: « *La série Gérer & Comprendre privilégie une approche humaine de l'organisation des entreprises, grâce à des analyses qui ne fondent pas sur les seuls outils de gestion, mais empruntent aussi à la sociologie des moyens de compréhension indispensables aux responsables d'entreprises. Son fonctionnement est celui d'une revue académique à comité de lecture* ». Enfin, cette revue est managée par des collègues de formation première ingénieur et donc que nous pouvions penser être potentiellement intéressés par l'évolution d'un métier technique vers un métier gestionnaire.

LA CONSTRUCTION DE L'ARTICLE POUR LA REVUE VISÉE

La conception de l'article a commencé par la lecture des différents articles publiés dans la revue *Gérer et Comprendre,* afin de s'imprégner de la ligne éditoriale, et des éventuelles recommandations voire prescriptions quant à la structuration de l'article. Il nous est assez rapidement apparu que la revue *Gérer et Comprendre* accepte des structures d'articles très variées et comportant une présentation de la problématique, un cadre théorique de référence, un énoncé précis de la méthodologie de recherche, une présentation des résultats et leur interprétation .

La problématique que nous avons choisie, à savoir *comment l'introduction d'outils de management dans des agences d'architecture interpelle les architectes quant à leur métier actuel et futur,* a émergé d'un contraste observé dans les différentes agences sur la remise en cause personnelle du métier de gérant architecte. Le peu d'articles disponibles en gestion sur le secteur de l'architecture nous a paru de bon augure. Enfin l'utilité sociale de cette problématique nous semblait *a priori* cohérente avec le double objet de la revue reflété dans son titre: *gérer* et *comprendre.*

L'équipe d'intervenants-chercheurs qui avait travaillé ensemble pendant un an et demi a décidé d'écrire conjointement cet article. La méthode retenue a consisté à établir *ensemble* un plan de l'article, puis à *sélectionner* des matériaux parmi l'abondance de données disponibles. C'est probablement une des plus grandes difficultés que de choisir un tout petit nombre de matériaux pertinents, en ayant conscience qu'une même recherche-intervention permettra d'écrire plusieurs articles différents. Ainsi, nous avons décidé de ne retenir que 6 cas sur 18, pour lesquels nous disposions de données complètes et d'une évolution de leur trajectoire stratégique sur deux années.

Ensuite un plan détaillé avec idées clés (Savall & Zardet, 2004) a été élaboré conjointement en réunion par les co-auteurs. L'étape de rédaction a ensuite été répartie entre les trois co-auteurs, avant de procéder à une dernière phase très importante et délicate: une relecture croisée, visant à contrôler la cohérence entre les différentes parties et à s'ajuster à la taille de l'article, prescrite par la revue. Cette phase laborieuse exige des négociations entre auteurs.

L'article a été ainsi structuré:

- une description succincte de la méthode de recherche-intervention, depuis le stade de la négociation jusqu'aux principaux résultats obtenus ;
- l'exposé de la problématique, en montrant comment a émergé selon un processus inductif cette réflexion et évolution contrastée des architectes gérants ;
- une présentation des résultats d'abord sous forme chronologique afin de restituer au lecteur les principaux phénomènes de la recherche-intervention longitudinale ;
- enfin une interprétation de type compréhensif, visant à proposer une grille de lecture de l'évolution du rôle et du métier du gérant architecte, en s'efforçant de montrer la diversité des situations rencontrées.

LES INTERACTIONS AVEC LES RAPPORTEURS ET LE RÉDACTEUR EN CHEF

Depuis plusieurs années, le processus de publication d'un article est toujours très long: notre article a été envoyé en décembre 2012, il a été publié à la mi-2015 soit environ 2,5 ans de processus de travail, alternant des périodes de silence de la part de la revue et l'envoi des évaluations, assorti d'une demande de correction dans un délai relativement court. Notre article a fait l'objet de trois révisions successives avant d'être accepté pour publication. Les évaluations des deux rapporteurs qui nous ont été communiquées étaient contrastées: un rejet et un avis plutôt favorable ; le rédacteur en chef a donc joué un rôle décisif en acceptant notre article sous réserve de modifications profondes.

La rancœur et l'aversion que ressent un auteur en lisant une évaluation qu'il juge très sévère, en considérant qu'il a été incompris après avoir passé tant d'heures à concevoir un article doivent vite être surmontées. Nous considérons qu'il faut postuler la bonne foi des rapporteurs et entreprendre un travail minutieux de décorticage et d'analyse des critiques des rapporteurs afin d'y apporter une réponse substantielle. En cas de divergence des rapporteurs, nous avons pris une position et l'avons explicitée dans un document de synthèse qui a été adressé avec la version révisée. Ce document a repris point par point les critiques ou les suggestions des rapporteurs et la nature des modifications faites, ainsi que dans certains cas les raisons pour lesquelles nous ne faisions pas de changement. Le 2e et le 3e tours de révision nous ont permis de constater que les rapporteurs avaient positivement évalué notre travail de modification et que nous avions des chances d'arriver à une version finale publiée.

Les principales modifications attendues des rapporteurs portés sur le besoin de mieux éclairer le lien entre le processus longitudinal de la recherche et les résultats obtenus. Ainsi la dernière partie sur l'évolution des trajectoires des gérants-architectes a été fortement transformée entre la version 1 et la version 2.

BIBLIOGRAPHIE

Delattre, M., Petit, R., & Zardet, V. (2015). Architectes et management: histoires d'introduction d'outils de management chez les architectes. *Annales des Mines-Gérer et comprendre, 2,* 4–15.

Savall, H, Zardet, V. (2004). *Recherche en sciences de gestion: approche qualimétrique. Observer l'objet complexe.* Paris: Economica.

CHAPITRE 12

PUBLIER UNE RECHERCHE-INTERVENTION DE TYPE ETHNOMÉTHODOLOGIQUE

Le cas d'une publication dans la revue *Journal of Business Ethics*

Jean-Michel Plane

En 2000, nous avons publié un article scientifique intitulé "The Ethnomethodological Approach of Management: A New Perspective on Constructivist Research" dans la revue *Journal of Business Ethics* (Plane, 2010) classée A par HCERES/FNEGE/CNRS sur le thème de la contribution de l'intervention ethnométhodologique à l'analyse des organisations et ses implications méthodologique et épistémologique.

UNE PUBLICATION FONDÉE SUR DES RECHERCHES-INTERVENTIONS ET DES EXPÉRIMENTATIONS AU SEIN D'ORGANISATIONS

Le texte est consacré à la discussion de problèmes épistémologiques et méthodologiques posés par l'observation des pratiques de management

La Recherche-Intervention Dans les Entreprises et les Organisations, pages 221–228

stratégique dans les entreprises et les organisations fondée sur une approche ethnométhodologique des organisations. Dans cette perspective, les savoirs de l'ethnométhodologie pour la gestion des organisations et la complexité de l'implication du chercheur sont analysées à travers les questions de la neutralité des intervenants-chercheurs en management et de l'inévitable dialectique immersion-distanciation vis-à-vis des objets étudiés. L'objectif de cet article était de chercher à montrer l'intérêt épistémologique de la recherche-intervention en management. Le texte mettait en évidence les processus d'interactions qui peuvent se produire entre des chercheurs et des acteurs dans le cadre d'interventions réalisées au sein de diverses organisations. Il s'appuie sur des expérimentations en management conduites sur une dizaine d'années (1990–2000). Celles-ci présentent un caractère approfondi illustré par la diversité des prestations réalisées et le volume de temps consacré à celles-ci.

L'approche se fondait principalement sur les observations réalisées au sein des organisations suivantes: une compagnie d'assurances, un laboratoire de recherche pharmaceutique, deux organisations de service public, une association et quatre PME (une société de production audio-visuelle, une entreprise spécialisée dans la production de composants électroniques, une société de conseil en organisation).

UNE RÉFLEXION SUR LES FONDEMENTS DE LA RECHERCHE-INTERVENTION

L'article a montré en premier lieu que le concept de recherche-intervention, bien qu'ambivalent dans la mesure où il tente de rendre compatible théorie et intervention, occupe une place de plus en plus importante dans les sciences sociales et en particulier en sciences de gestion. Les sciences humaines se trouvent en présence d'une situation épistémologique et de problèmes méthodologiques qui leur sont plus ou moins propres (Piaget, 1972). Les sciences de l'homme, en effet, présentent la particularité d'être placées en cette position particulière de dépendre de l'homme à la fois comme sujet et comme objet, ce qui soulève une série de questions particulières, difficiles et surtout complexes. Bref, force est de constater qu'il y a du sujet dans l'objet. A propos de ces problèmes complexes, on peut relever que cette complexité est fortement liée au fait que le sujet qui observe ou expérimente sur lui-même ou autrui, peut être, d'une part, modifié par les phénomènes observés, et, d'autre part, source de modifications quant au déroulement et à la nature même de ces phénomènes.

Dans le cadre d'une intervention, le chercheur est un intervenant engagé dans un processus où il y a concurremment et simultanément création de connaissances et changement. Dans cette optique, la participation active des acteurs des organisations à la recherche elle-même peut se présenter avec des variantes. Souvent, les acteurs le font sans le savoir car le chercheur utilise l'action qu'il pilote afin de produire des connaissances mais ses interlocuteurs sur le terrain n'en sont pas conscients (ce n'est pas non plus nécessairement leur préoccupation première). Dans d'autres situations moins fréquentes, les acteurs contribuent à la construction même du processus de recherche. A travers ce type d'approches, les acteurs des organisations sont considérés comme détenant eux aussi une part de la connaissance et ayant des vues pertinentes sur la problématique à élaborer (Bournois et Al., 1993). Cette conception est assez proche de l'ethnométhodologie (Garfinkel, 1967). L'ethnométhodologie peut ainsi faire appel à un partenariat entre les intervenants-chercheurs et les acteurs des organisations (CARGESE-CNRS, 1990).

LES RELATIONS CHERCHEURS-TERRAIN DANS UNE RECHERCHE INTERACTIVE

L'article a aussi souligné que la nature des relations chercheurs-terrain a été théorisée depuis longtemps, notamment par des chercheurs dans le cadre d'interventions psychosociologiques (Dubost, 1987). On connaît trop les travaux d'Elton Mayo (Plane, 2017) pour les rappeler dans leur intégralité dans ce papier, dont le parti pris n'est pas de faire un «état de l'art exhaustif» mais de rappeler quelques idées fondatrices. Au plan méthodologique, les relations entre les chercheurs et les acteurs de l'organisation se manifestent par de fortes interactions et conduisent à infléchir la recherche voire à l'orienter vers d'autres directions plus fécondes que la problématique initiale. Cette option méthodologique constitue le propre de la démarche heuristique. Au plan épistémologique, l'expérience réalisée dans les ateliers Hawthorne, de la Western Electric de Chicago, montre que les chercheurs ont privilégié une conception phénoménologique de la recherche en étudiant les phénomènes observés à partir d'actions d'amélioration des conditions de travail sur les objets observés. Cette option épistémologique semble constituer le propre de la recherche transformative dans les organisations.

Progressivement dans ces interventions, les chercheurs ont privilégié le paradigme de l'interaction avec les acteurs qui les a conduit à une approche de recherche plus transformative de l'objet observé. Ainsi, dans cette perspective, les chercheurs de Hawthorne ont été conduits à plaider pour une nouvelle conception des relations humaines qui a été, depuis discutée à maintes reprises (Sainsaulieu, 1987). L'approche de Kurt Lewin (*Action Research*) s'inscrit dans la même perspective dans la mesure où l'on sait que Lewin montre que c'est en intervenant auprès des hommes qui veulent produire des changements que le scientifique sera à même d'observer, de mesurer et de comprendre des processus qui lui demeuraient autrement inaccessibles. Jacob L. Moreno, fondateur de l'école sociométrique, considère que les faits sociaux doivent être saisis comme des phénomènes interactionnels. Dans le cadre de ces travaux, Georges Devereux (1980), psychanalyste et ethnologue, discute cette question et note, à partir d'exemples, que tout étranger à un groupe humain se voit assigner un statut et occupe une place dans la structure sociale du groupe. Devereux montre qu'il est vital que le chercheur explicite la position qu'il occupe dans la structure sociale dans la mesure où ce qu'il observe présente un caractère *«fragmentaire»*, *«en fonction de ce que les sujets observés croient qu'il est»*. Cette analyse, en termes de transfert, du système de représentations des acteurs est incomplète si celle-ci n'est pas couplée avec une analyse en termes de contre-transfert. En effet, celui-ci montre que le chercheur doit traiter ses réactions personnelles à l'objet étudié comme des données fondamentales indispensables afin d'objectiver ses conclusions. On sait qu'on appelle transfert, en psychanalyse, tout processus psychologique, lié aux automatismes de répétition, qui tend à reporter sur des personnes ou des objets apparemment neutres des émotions et des attitudes qui existaient dès l'enfance. Il constitue donc pour l'analyste le plus puissant des instruments thérapeutiques (Lappassade, 1971,) Dans la cure psychanalytique, il s'établit entre le thérapeute et son patient un échange psychoaffectif, par où passe la communication. Le thérapeute n'est donc jamais, malgré son désir, le miroir fidèle qu'il voudrait être. Si le malade manifeste à son égard des sentiments amicaux, il est vraisemblable que l'analyste répondra de façon favorable; de même, si le transfert de l'analysé est négatif, il est possible que l'analyste réagisse par une sorte de rejet. Son comportement et ses attitudes en réponses à celles du patient sont appelés contre-transfert. A propos de la problématique de l'interaction intervenants-acteurs dans les organisation, on précisera que tout intervenant doit occuper une position répertoriée dans la structure du groupe observé, c'est-à-dire, une position pensable dans le système de représentations du groupe (Matheu, 1986,).

L'article a pris l'exemple d'un ethnologue telle que Favret-Saada qui a remarqué que les observations phénoménologiques sont possibles dès lors qu'elle a pu occuper une place pensable au sein du groupe observé. En effet, on sait qu'elle pu étudier le phénomène de la sorcellerie dans le bocage normand lorsqu'elle s'est rendu compte qu'il n'y a *«pas de place sur le terrain pour un observateur non engagé»*. Elle montre de quelles façons les paysans lui désignèrent une place sein du système que constitue la sorcellerie. L'auteur souligne dans ce sens qu'il n'a pu étudier ce phénomène que dans la mesure où il a pu entrer dans le «système de places» construit par les «autochtones» et relatif au phénomène en question (Favret-Saada, 1977). Ces problèmes épistémologiques et méthodologiques complexes ont également fait l'objet de nombreuses discussions scientifiques, en sciences de gestion.

L'article a également utilisé la profondeur de la réflexion de Girin, ancien directeur du centre de recherche en gestion (CRG) de l'Ecole Polytechnique, qui est stimulante intellectuellement et s'appuie sur l'idée que ce qu'il appelle la *«recherche interactive»* (Girin, 1986) reposant sur quatre points clés: les connaissances élaborées sont fondées sur un travail de terrain, le travail de terrain s'ajuste aux faits et aux situations pouvant l'infléchir, les autochtones, c'est-à-dire les gens du terrain, ont un rôle important sur le déroulement de la recherche mais les chercheurs sont responsables de l'interprétation des informations et des constructions théoriques qui en découlent. Cette conception est fortement marquée par la logique de la connaissance prônée par Levi-Strauss (1950)) qui montre que *«dans une science ou l'observateur est de même nature que son objet, l'observateur fait partie de l'observation»*. Cette option épistémologique revient à tenter d'apporter des éléments de réponse à la problématique centrale suivante: *«Peut-on tirer des connaissances valides à partir de données subjectives recueillies à chaud?»*. Compte tenu de cette problématique, la tentative de réponse apportés par Girin (1981, 1986, 1990) en sciences de gestion au plan épistémologique, à l'instar de Levi-Strauss (1950), ou encore Deveureux (1980) revient à noter qu'il est possible d'extraire des connaissances sur un terrain en les objectivant, c'est-à-dire, en les rapportant aux situations dans lesquelles elles ont été produites. En ce sens, les chercheurs ne considèrent pas les phénomènes de transfert et de contre-transfert, c'est-à-dire les projections faites par les acteurs de l'organisation sur les intervenants-chercheurs et réciproquement, comme des phénomènes perturbateurs qu'il faut éliminer ou pire occulter. En effet, dès qu'il y a interaction, il y a nécessairement des attentes, des préférences, des tabous, des non-dits... dont *«l'analyse peut être riche d'enseignements au regard du fonctionnement intime de l'organisation étudiée.»*

UNE CONCEPTION DE LA RECHERCHE EN GESTION

L'article publié dans la revue *Journal of Business Ethics* se fonde sur une conception de la recherche en gestion qui s'inscrit dans le perspective de recherches interactives au sein desquelles le chercheur produit des transformations observables, sources de changement et de création de connaissances. Henri Savall (CF. chapitre 1) a souvent discuté la problématique des relations chercheurs-terrains en sciences de gestion et a montré que le statut de terrain est encore très flou, voire contradictoire, selon les recherches. De façon synthétique, on peut distinguer deux types d'investigation. D'une part, des enquêtes légères conduites dans un certain nombre d'organisations afin de valider des modèles préétablis. D'autre part, des investigations réalisées dans plusieurs organisations considérées comme un champ de production de concepts et de méthodes. Cette conception de la recherche suppose une forte interaction entre les chercheurs et le terrain pour extraire des informations qui seront, ensuite, soumises à un traitement d'intention scientifique. Cette option épistémologique fondamentale donne au chercheur en sciences de gestion un rôle sociétal dans l'amélioration de l'efficacité socio-économique des organisations. Cette approche transformative du champ phénoménologique observé, dans le cadre d'expérimentations, facilite l'étude des différents stades de transformations permet l'élaboration et la construction de théories et de méthodes dans le cadre d'un travail d'intention scientifique. Cependant, comme le fait remarquer Bonnet (1987), *«les biais relatifs à l'observation et le risque de contamination des chercheurs sont importants et méritent d'être évoqués»*. L'intervenant en management socio-économique conduit des travaux d'expérimentations, en étant lui-même un acteur de type particulier. Dans cette perspective, le chercheur se forge un avis sur ses observations à l'aide de son expertise. Il confronte donc ses propres hypothèses avec celles des différents acteurs dans le sens où il met en évidence les convergences et analyse les divergences. Ce sont ces interactions et leur multiplicité qui peuvent générer des progrès de connaissances (Plane, 1994). La création d'hypothèses nouvelles nécessite une prise de recul par rapport au terrain (introspection), et requiert quasiment autant de travail que la présence effective dans les organisations. Enfin, la recherche-intervention apparaît comme une méthode de recherche scientifique légitime dans les épistémologies constructivistes qui postulent qu'il n'est de connaissances que des représentations artificielles construites intentionnellement et que l'on ne peut pas séparer l'observateur de l'observation (Le Moigne, 1990).

L'EXPÉRIMENTATION D'UNE GRILLE D'ANALYSE DU RÉEL: L'ETHNOMÉTHODOLOGIE

L'article présenté dans le chapitre s'est intéressé à l'approche ethnométhodologique des organisations qui conduit à envisager leur fonctionnement du point de vue des ethnométhodes (Garfinkel, 1967) qui désignent les méthodes et les savoirs profanes utilisés par les acteurs pour gérer leurs pratiques sociales. Le champ des recherches analysées conduit à discuter la pertinence de l'ethnométhodologie pour le management stratégique en intégrant cette dimension humaine.

L'article a montré que la mobilisation de cette grille d'analyse pour la gestion des organisations peut être discutée à partir de quatre concepts clés. La première notion est celle d'accomplissement pratique. Ce concept d'ordre constructiviste conduit à considérer que les faits sociaux ne s'imposent pas objectivement de l'extérieur aux individus. Ils se constituent dans les interactions pratiques des individus qui les accomplissent. Dans cette perspective, une démarche de recherche-intervention conduit à expliciter des pratiques de gestion implicites mais largement socialisées. La réflexivité constitue le deuxième concept original et peut être définie comme la manière dont les acteurs rendent compte de leurs activités. Autrement dit, c'est cette compétence que le chercheur peut découvrir sans surimposer un sens savant au sens ordinaire. Le troisième concept concerne les savoirs et les ressources tacites. Pour comprendre la signification réelle des accomplissements pratiques, l'intervenant-chercheur peut être conduit à mettre en évidence les savoirs et les ressources qui sous-tendent la réalisation des actions. Enfin, la quatrième notion est l'indexicalité. Ce concept conduit à considérer que la signification du langage ne peut être perçue qu'en le rapportant aux situations concrètes de son utilisation. En définitive, les mots sont en quelque sorte indexés sur le contexte spécifique de leur expression. Sur le terrain, on a été confronté en tant que chercheur à la difficulté de comprendre l'intersubjectivité entre les acteurs, c'est-à-dire, le sens donné à des actions de régulation collective fondées sur l'échange verbal.

CONCLUSION

Ce chapitre a pris l'exemple d'un article publié dans la revue *Journal of Business Ethics* consacré à une réflexion de nature épistémologique suscitée par la recherche-intervention et aux apports potentiels de l'ethnométhodologie à l'analyse des organisations. Les problèmes épistémologiques et méthodologiques dans ce texte sont fondamentaux et peuvent contribuer à l'amélioration des connaissances dans le domaine du management. Au total, le papier publié sur ces sujets a toujours été évalué très positivement (*working paper*, colloque, congrès, revue française puis internationale) tant la question des conditions de validité et de validation des connaissances produites par la recherche-intervention (en particulier le statut et la posture du chercheur) semble cruciale pour la gestion des organisations et peut donc faire l'objet de nombreuses soumissions pour publications.

BIBLIOGRAPHIE

Abel, A. (1981). L'intervention. *Actes de la recherche en Sciences Soiales*, n° 38, mai, p. 42–48.

Avenier, M.-J. (1989). Méthodes de terrain et recherche en management stratégique. *Economies et Sociétés, série Sciences de Gestion*, n° 14, 1989, p. 199–218.

Berry, M. (1981). Le point de vue et les méthodes de la recherche en gestion. *Annales des Mines,* juillet-aout, p. 19–29.

Bonnet, M. (1987). Liaisons entre organisation du travail et efficacité socio-économique. Analyse d'expérimentations dans des services de fabrication en milieu industriel. *Thèse de Doctorat d'Etat ès Sciences de Gestion,* Université Lumière Lyon 2, Janvier 1987, 504 pages.

Bournois, F. et al. (1993). Les nouvelles perspectives de la recherche. *Repenser la GRH?,* ouvrage collectif (pp. 213–247). Paris: Economica.

Devereux, G. (1980). *De l'angoisse à la méthode dans les sciences du comportement.* Paris, Flammarion.

Favret-Saada, J. (1977). *Les mots, la mort, les sorts.* Paris: Gallimard.

Lapassade, G. (1971). *L'analyseur et l'analy*ste. Gauthier-Villars, série Recherches Institutionnelles, Volume 3.

Girin, J. (1990). L'analyse empirique des situations de gestion: éléments de théorie et de méthode. *Epistémologies et Sciences de Gestion* (pp. 141–182), Paris: Economica.

Girin, J. (1987). L'objectivation des données subjectives. Eléments pour une théorie du dispositif dans la recherche interactive». *Actes du colloque FNEGE-ISEOR de novembre 1986: «Qualité des informations scientifiques en gestion. Méthodologies fondamentales en gestion»,* ISEOR éditeur, pp. 170–186.

Garfinkel, H. (1967). *Studies in Etnomethodology.* Englewood Cliffs, NJ, Prentice Hall.

Le Moigne, J.L. (1990). Epistémologies constructivistes et sciences de l'organisation. *Epistémologies et Sciences de Gestion,* Paris, Economica, pp. 81–140.

Levi-Strauss, C. (1950). Introduction à l'oeuvre de Marcel MAUSS. In *Marcel MAUSS, Sociologie et anthropologie,* Presses Universitaires de France, 1950, 5ème édition 1993.

Lewin, K. (1959). *Psychologie dynamique: les relations humaines.* Presses Universitaires de France, 1959.

Matheu, M. (1986). «La familiarité distante. *Gérer et Comprendre,* Annales des Mines, p. 81–94.

Moisdon, J.-C. (1984). Recherche en gestion et intervention. *Revue Française de Gestion,* n° 47–48, septembre–octobre, p. 61–73.

Piaget, J. (1972). *Epistémologie des sciences de l'homme.* Paris, Gallimard.

Plane, J.M (2000). The Ethnomethodological Approach of Management: A New Perspective on Constructivist Research. *Journal of Business Ethics, 26*(3), 233–243.

Sainsaulieu, R. (1987). *Sociologie de l'organisation et de l'entreprise.* Paris, PFNSP.

Savall, H. (1985). Où va la recherche en Sciences de Gestion? *Revue Française de Gestion,* n° 53–54 (Septembre–Décembre), 242–253.

Savall, H. (1989). Professeur-consultant. Le bilan d'une expérience. *Revue Française de Gestion,* novembre-décembre, n° 76, p. 93–105.

Vilette, M. (1988). *L'homme qui croyait en management,* Paris, Seuil.

CHAPITRE 13

PUBLIER LES RÉSULTATS D'UNE RECHERCHE-INTERVENTION

Le cas d'une publication dans la *Revue Gestion des Ressources Humaines*

Florence Noguera

En 2012, nous avons publiés un article fondé sur un programme de recherche-intervention dans la Revue Gestion des Ressources Humaines (RGRH) classée A HCERES/FNEGE/CNRS sur le thème de la normalisation du management des ressources humaines, le cas des professions libérales réglementées. Cf. Cappelletti, Noguera & Plane (2012).

UNE PUBLICATION FONDÉE SUR UNE RECHERCHE-INTERVENTION MENÉE AU SEIN DE PROFESSIONS LIBÉRALES RÉGLEMENTÉES

Cette publication est issue d'un programme de recherche-interven-tion réalisé auprès de 250 offices de notaires entre 2004 et 2010, soit un

La Recherche-Intervention Dans les Entreprises et les Organisations, pages 229–236

échantillon de 420 notaires et plus de 1 700 collaborateurs salariés. La problématique de l'article était la suivante: la gestion des organisations est-elle devenue davantage une affaire de normalisation qu'une question d'innovation managériale? Cette question quelque peu provocante se pose d'une certaine manière dans les débats contemporains (Hamel, 2008). Pour s'assurer de la satisfaction de leurs clients, de la conformité de leur produit ou de l'efficacité de leur organisation, les entreprises, même de petite taille, ont de plus en plus recours à un système de management de la qualité, qui tend à normaliser également leur gestion des ressources humaines (GRH) (Igalens et Joras, 2002).

Sur ce plan, les premiers travaux de normalisation menés au niveau international sur la gestion des ressources humaines ont commencé en 2010. La commission française ISO TC 260, dite X563, a été créée pour s'occuper de l'élaboration de normes internationales dans le domaine de la gestion des ressources humaines. Les travaux ont été demandés par l'organisme américain de normalisation l'ANSI (*American National Standards Institute*), (homologue d'AFNOR pour la France) soutenu par la SHRM (*Society for Human Resources Management*) qui a proposé au début 2011 aux pays membres de l'ISO d'ouvrir un nouveau programme de normalisation sur la GRH.

Dans ce contexte, l'article se proposait d'étudier la normalisation du management des ressources humaines dans les professions libérales réglementées au travers du cas de la mise en place de la norme qualité ISO 9001 dans les offices notariaux français. En effet, cette problématique est d'importance pour les professions libérales qui emploient plus de 2 millions de salariés en France, alors même que les recherches en gestion en font très rarement un terrain d'investigation scientifique. D'autre part, la profession notariale est tout à fait représentative de ce qu'est une profession libérale réglementée et de ses contraintes managériales. Ainsi, comme d'autres professionnels libéraux qui sont des chefs d'entreprises, par exemple les avocats, les pharmaciens ou encore les architectes, les notaires sont néophytes en management car ils n'ont pas eu de formation sur cette matière durant leurs études. Leur confrontation à la GRH se fait donc sur le terrain, de façon très empirique alors même qu'ils sont soumis, depuis le début des années 2000, à des contraintes stratégiques nouvelles: une responsabilité de plus en plus souvent engagée devant les tribunaux, l'exigence accrue des clients, l'attente des salariés en termes de plan de carrière, de formation, la concurrence interprofessionnelle très vive, des menaces de dérégulation de la commission européenne... Aussi, les offices notariaux doivent aujourd'hui améliorer la qualité de leur management stratégique et de leur GRH pour assurer leur capacité de survie-développement.

Cette problématique générale suscitait une série de questions également abordées dans l'article. Comment normaliser le management et la GRH dans les professions libérales réglementées et plus particulièrement les offices notariaux? Est-ce possible et est-ce souhaitable? N'y-a-t-il pas un paradoxe à harmoniser les pratiques de GRH dans une profession libérale dont la raison d'être est justement l'autonomie de gestion de son dirigeant? L'innovation managériale est-elle possible au sein de telles entreprises de petite taille même après une démarche de standardisation? Pour traiter ces questions, l'article s'est appuyé sur un programme de recherches-interventions conduit par une équipe de 15 chercheurs en réponse à l'appel d'offre lancé en 2003 par le Conseil Supérieur du Notariat (CSN), organe politique de la profession, pour développer la qualité et le management des ressources humaines dans les offices notariaux (Cappelletti, Delattre & Noguera 2007; Cappelletti, Khouatra & Noguera, 2011).

UN PROGRAMME DE RECHERCHE-INTERVENTION DE TRÈS GRANDE AMPLEUR

L'échantillon de 250 offices composant ce programme était représentatif de la population totale des 5000 offices notariaux français, sous l'angle de leur taille, de leur caractéristique géographique et de la nature de leur activité. Les offices de l'échantillon étaient en effet d'une taille comprise entre 1 et 55 collaborateurs, avec une moyenne de collaborateurs s'établissant à 7, comparable à celle du niveau national. La structuration d'un office de notaire est le plus souvent une structure simple.

Les offices de l'échantillon étaient à la fois implantés en zone urbaine, périurbaine et rurale. Enfin, l'échantillon était équitablement composé d'offices traditionnels, principalement centrés sur des activités monopolistiques (droit de la famille principalement), et d'offices plus innovants développant un niveau significatif d'activités concurrentielles, principalement la négociation immobilière. A partir de l'exploitation des recherches-interventions, des tendances ont pu être dégagées illustrant le mode de fonctionnement et de GRH des offices de notaire en termes notamment de management des RH, de conditions de travail et de définition des fonctions. Les recherches-interventions ont permis également d'identifier les impacts d'une démarche de normalisation sur les pratiques de GRH dans une entreprise libérale telle qu'un office de notaire.

L'article a mis en exergue que pour mettre en place une démarche qualité notariale, le CSN avait prévu une démarche progressive adaptée aux particularités des offices (cf. Figure 13.1).

Le déroulement de la démarche qualité notariale s'organisait en quatre étapes qui mises bout à bout pouvaient conduire un office à la certification ISO en douze à seize mois environ. La première étape consiste en la réalisation d'un autodiagnostic de la structure pour repérer les principaux dysfonctionnements touchant les processus, dont le processus GRH, et la

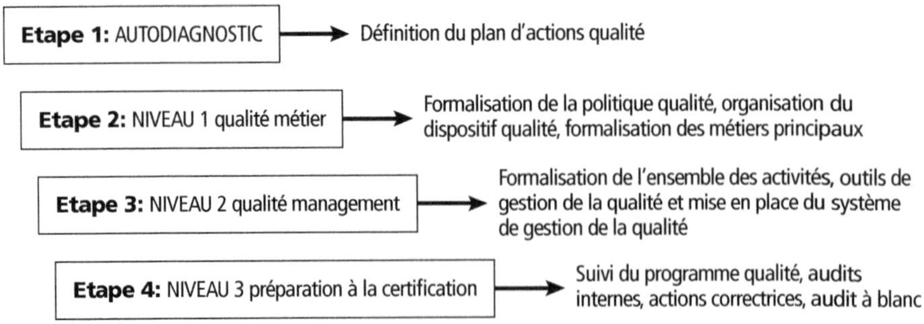

Figure 13.1 Les 4 étapes de la démarche qualité notariale (*Source:* CSN 2003–2010).

qualité de service au client. La deuxième étape consiste à normaliser les processus qui font le cœur du métier notarial, c'est-à-dire la rédaction des actes, les formalités et le classement des actes. La troisième étape consiste à normaliser les processus ressources d'un office de notaire, comme la GRH et la comptabilité, et à activer le système qualité. La quatrième étape consiste à préparer la certification notamment par la réalisation d'audits internes et la formalisation des processus selon les impératifs ISO.

L'article explique comment la démarche qualité notariale a été implantée dans les 250 offices de l'échantillon en utilisant une méthodologie adaptée de recherche-intervention. Dans une même région, les offices ont été réunis en plusieurs groupes de cinq à six offices. Chaque office de chaque groupe a été impliqué dans un dispositif intra-entreprise (travaux au sein de l'office) et un dispositif inter-entreprise. L'intervention a été coordonnée dans chaque région par un groupe de pilotage composé de notaires élus pour représenter la région. La méthodologie de recherche-intervention utilisée était composée de trois axes: un axe de changement constitué de dispositifs intra-entreprises, un axe de formation aux outils de la qualité constitué de dispositifs inter-entreprises, et un axe politique de synchronisation de l'ensemble (cf. Figure 13.2).

UN PROTOCOLE DE RECHERCHE-INTERVENTION MÊLANT DISPOSITIFS INTRA-ENTREPRISES ET INTER-ENTREPRISES DE RECHERCHE

L'article a décrit très précisément le protocole de la recherche comme il sied aux articles fondés sur des recherches-interventions (cf. chapitres 9 et 10). En l'espèce les dispositifs intra-entreprises ont été similaires dans les 250 offices. Ils ont comporté un mini-diagnostic centré sur les dysfonctionnements qui perturbent l'efficacité et l'efficience de l'office et de sa

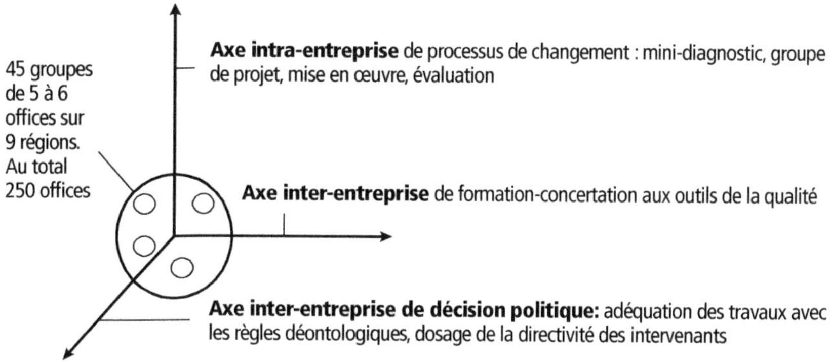

Figure 13.2 La méthodologie de recherche-intervention appliquée aux offices de notaires.

GRH. Dans chaque office notarial, les notaires d'une part et le personnel salarié d'autre part, ont été interrogés séparément sur les dysfonctionnements. Les résultats des mini-diagnostics ont servi de plateforme de travail à un groupe de projet, articulé en deux instances: un groupe restreint comprenant le ou les notaires de l'office, et un groupe plénier avec le(s) notaire(s) et ses(leurs) collaborateurs. Les séances d'assistance personnalisée aux outils de management étudiés lors des séances de formation-concertation, ont été couplées aux séances de groupe de projet des dispositifs intra-entreprises. Chacun des 250 offices a été également impliqué dans un dispositif inter-entreprise regroupant de 5 à 6 offices de taille variée, pour organiser des séances de formation-concertation aux outils fondamentaux de la qualité: cartographie des processus, formalisation des procédures, définition d'indicateurs, mesure de la satisfaction des clients, construction d'un tableau de bord qualité, réalisation d'audit interne... Chaque office est représenté par le ou les notaires dirigeants, et un à trois collaborateurs salariés selon la taille de l'office. Dans chacune des 9 régions, un groupe de pilotage a été constitué regroupant 4 à 6 notaires élus de la Chambre et un représentant du Conseil Supérieur du Notariat. Les intervenants ont animé ces groupes de pilotage en présentant des bilans anonymes des travaux réalisés dans les offices.

Le dosage des dispositifs a été élaboré pour optimiser l'efficacité et l'efficience des interventions dans chaque office. Il est apparu que pour chaque office d'un groupe de six, l'intervention devait se dérouler sur un délai de 12 à 16 mois, afin de permettre l'intégration des outils et la conception, la mise en œuvre et l'évaluation des actions d'amélioration mises en place. Pour chaque groupe d'offices, 5 séances inter-entreprises de formation-concertation aux outils de la qualité ont été organisées à raison d'une séance tous les trois mois environ, en alternance avec des séances intra-entreprises de diagnostic puis de groupe de projet et d'assistance à la mise en place des outils. Pour chaque office d'un groupe de six, 12 séances intra-entreprises de mise en œuvre des différents niveaux de la qualité notariale ont été organisées à raison d'une séance tous les mois environ. Enfin, 4 séances de groupe de pilotage ont permis de superviser l'avancée des travaux dans les groupes d'offices de la région à raison d'une séance tous les semestres environ. Les observations scientifiques qui ont servi de données à l'étude présentée ont donc été réalisées lors des diagnostics conduits dans chacun des 250 offices de l'échantillon et qui ont mobilisé 2100 personnes environ, notaires et collaborateurs (cf. Tableau 13.1). Ces données ont été complétées par les observations réalisées lors des séances intra et inter-entreprises de formation et de mise en œuvre de la qualité notariale, séances qui pendant 12 à 16 mois environ ont impliqué les notaires et les collaborateurs des 250 offices de l'échantillon.

IMPACT DU PROGRAMME DE LA RECHERCHE-INTERVENTION POUR LES SCIENCES DE GESTION

Le programme de recherche-intervention réalisé entre 2004 et 2010 à la demande du Conseil Supérieur du Notariat auprès 250 offices notariaux pour mettre en place une normalisation de leur fonctionnement et de leur GRH, en vue d'une certification ISO 9001 est riche d'enseignements que l'article présenté s'est efforcé d'expliciter. Ainsi les observations ont permis d'apporter des premières contributions à la problématique, peu traitée dans la littérature, de la GRH et de sa normalisation dans les entreprises libérales. Les résultats montrent qu'une démarche de normalisation peut être facteurs de progrès pour le management et la GRH dans des entreprises libérales comme les offices notariaux, néophytes, voire réfractaires, à ces disciplines. Ces progrès touchent principalement à l'amélioration du dialogue professionnel, au développement du travail en équipe, et à l'introduction de dispositifs fondamentaux de GRH dans des structures qui en étaient dépourvues. Finalement, il semblerait que normalisation du management et innovation managériale puissent être compatibles.

Mais il apparaît aussi qu'une démarche de normalisation de type ISO ne soit pas suffisante pour ancrer dans la durée des pratiques régulières de GRH au sein de telle structure, notamment en ne connectant pas les performances sociales et les performances économiques. Les résultats de la recherche-intervention montrent que l'implication du dirigeant notaire est en effet centrale pour mettre en oeuvre et pérenniser les dispositifs qualité prévus dans la démarche. Or l'implication durable du notaire demande des outils assurant la traçabilité entre les investissements réalisés et la création de valeur engendrée. En l'absence de tels outils, le risque est qu'au fil du temps le notaire

TABLEAU 13.1 Caractéristiques de l'échantillon d'observation scientifique

Régions	Nombre d'offices	Implantation géographique des offices	Nombre d'associés Notaires	Nombre de collaborateurs	Total de l'échantillon
Région 1 (34)	33	10 urbains	68	198	266
		10 péri-urbains			
		13 ruraux			
Région 2 (69)	18	10 urbains	38	147	185
		4 péri-urbains			
		4 ruraux			
Région 3 (41)	19	5 urbains	32	133	165
		9 péri-urbains			
		5 ruraux			
Région 4 (45)	14	4 urbains	29	110	139
		6 péri-urbains			
		4 ruraux			
Région 5 (73 et 74)	61	15 urbains	97	414	511
		31 péri-urbains			
		15 ruraux			
Région 6 (25)	65	17 urbains	91	413	504
		30 péri-urbains			
		18 ruraux			
Région 7 (26)	20	5 urbains	28	126	154
		10 péri-urbains			
		5 ruraux			
Région 8 (78)	5	3 urbains	12	110	122
		1 péri-urbain			
		1 rural			
Région 9 (22)	15	5 urbains	25	103	128
		7 péri-urbains			
		3 ruraux			
9 Régions	250	74 urbains	420	1754	2174
		108 péri-urbains			
		68 ruraux			

privilégie les opérations courantes directement génératrices de résultats, au détriment d'actions de développement des ressources humaines.

L'article a été soucieux de bien expliquer en quoi les résultats contribuaient aux théories de la normalisation des PME et des professions du droit. Ils confirment, comme les travaux de Vigour (2011), le rôle moteur de l'intervenant qui accompagne l'office de notaire dans son rôle de traduction de la norme ISO et de la mise en congruence des normes avec les spécificités de l'organisation. Sans cette fonction jouée par l'intervenant d'adaptation de la norme aux spécificités organisationnelles de l'office accompagnée, la norme ISO peut effectivement s'avérer décevante dans sa capacité à créer de l'innovation sociale pour ces structures de petite taille. Enfin, l'article s'est conclu en identifiant les perspectives de recherche engendrées par ces résultats. En particulier, elles appellent des investigations complémentaires pour savoir si la normalisation de la GRH et du management rencontrée dans le notariat touche d'autres professions libérales réglementées avec une intensité comparable, et si elle présente des convergences ou des spécificités avec des PME plus classiques.

En conclusion, il est remarquable de constater que l'article publié présenté dans ce chapitre a respecté scrupuleusement les dix critères de qualité d'un article fondé sur une recherche qualitative telle qu'une recherche-intervention décrit dans le chapitre 10 du présent ouvrage.

BIBLIOGRAPHIE

Cappelletti, L., Delattre, M. & Noguera F. (2007). Introducing the First Management Control System in Independent Professions: A Qualimetric Enquiry. *Tamara Journal for Critical organization Inquiry, 6*(3).

Cappelletti, L., Khouatra, D. & Noguera F. (2011). Management consulting in independent professions: evidence from the law-related sector. *Academy of Management Annual Meeting*, San Antonio.

Cappelletti, L., Noguera, F. & Plane, J-M. (2012). La normalisation du management des ressources humaines: Le cas des professions libérales réglementées. *Revue de Gestion de Ressources Humaines*, ESKA. N°82, pp. 36–52, 2012/3.

Hamel, G. (2008). *La fin du management. Inventer les règles de demain.* Paris, Vuibert.

Igalens, J. & Joras, M. (2002). *La Responsabilité Sociale de l'Entreprise.* Paris, Les éditions d'organisation.

Vigour, C. (2011). Un changement sous contrôle: L'introduction de la démarche ISO 9001 dans la justice. *Congrès AFS*, réseau thématique Sociologie de la gestion.

CHAPITRE 14

PUBLIER LES RÉSULTATS D'UNE RECHERCHE-INTERVENTION

Le cas d'une publication dans la revue *Management Accounting Quarterly*

Laurent Cappelletti

En 2009, nous avons publié dans la revue *Management Accounting Quaterly* (MAQ) classée HCERES/FNEGE/CNRS un article intitulé «Performing an Internal Control Function to Sustain SOX 404 and Improve Risk Management: Evidence from Europe» et référencé comme tel dans Google Schoolar Citations (cf. tableau 14.1). Par parenthèse, nous invitons les chercheurs-intervenants à piloter leurs indicateurs bibliométriques qui sont devenus des critères importants de leur évaluation dans ce type de référencements numériques qui mesurent notamment les indexes i10 (nombre de publications citées plus de 10 fois) et h (nombre h le plus élevé de publications citées au moins h fois).

La Recherche-Intervention Dans les Entreprises et les Organisations, pages 237–244

TABLEAU 14.1 Référencement de l'article dans Google Scholar Citations (au 04/17)

Performing an Internal Control Function to Sustain SOX 404 and Improve Risk Management: Evidence from Europe.

Auteurs
Laurent Cappelletti

Date de publication
2009/8/1

Revue
Management Accounting Quarterly

Volume
10

Numéro
4

Description
Abstract OVER THE PAST FEW YEARS, INTERNAL CONTROL FAILURES HAVE BEEN RAMPANT THROUGHOUT THE WORLD. IN THIS ARTICLE, BASED ON RESEARCH REGARDING HOW 15 EUROPEAN PUBLIC AND PRIVATE COMPANIES WERE WORKING TO ENHANCE THEIR RISK MANAGEMENT AND INTERNAL CONTROL SYSTEMS, THE AUTHOR PROPOSES A MODEL FOR SETTING UP AN INTERNAL CONTROL SYSTEM THAT WILL HELP COMPANIES COMPLY WITH VARIOUS GOVERNMENT REGULATIONS AND IMPROVE HOW THEY MANAGE RISKS.

Nombre total de citations Cité 19 fois

Articles Google Scholar
Performing an Internal Control Function to Sustain SOX 404 and Improve Risk Management: Evidence from Europe.
L Cappelletti–*Management Accounting Quarterly*, 2009

Pour réaliser cette publication en 2009, nous avons mobilisé une recherche-intervention dans une entreprise «GDP» de taille intermédiaire du secteur de la surveillance et de la sécurité conduite entre 2003 et 2004. Cette recherche nous a permis d'observer les dispositifs mis en œuvre pour mieux gérer le système de contrôle interne et de maîtrise des risques. Egalement de proposer un modèle de gestion de la fonction contrôle interne en maximisant nos observations au sein de GDP par celles convergentes réalisées sur des études de cas complémentaires antérieures. Pour réussir cette publication nous avons défini une stratégie de ciblage d'une revue pertinente (cf. chapitre 9) et construit notre article sur la base des dix critères génériques d'évaluation d'une recherche qualitative identifiés par Savall, Zardet, Bonnet et Péron (2008) (cf. chapitre 10). Le processus de publication expliqué dans le chapitre peut être une source d'inspiration pour réussir à publier dans une revue internationale à partir d'une recherche-intervention.

LA RECHERCHE-INTERVENTION MOBILISÉE ET SON OBJET D'INVESTIGATION

L'entreprise GDP vend, installe et maintient des systèmes de surveillance et de sécurité auprès d'entreprises françaises qui s'est trouvée confrontée à la nécessité d'améliorer son système de contrôle interne et de maîtrise des risques. Cet objet d'enquête est devenu un sujet sensible d'investigation dans le domaine du contrôle et de l'audit avec la mise en œuvre de nouvelles lois sur le contrôle interne des entreprises dans les années 2000 en particulier la loi Sarbannes-Oxley (SOX) aux Etats-Unis et à l'international et son succédané français la loi de sécurité financière (LSF).

Le cas d'une entreprise soumise à des nouvelles contraintes de contrôle interne

L'entreprise GDP comptait lors de la recherche-intervention, sur 800 salariés, une centaine de managers encadrant des équipes de 5 à 15 personnes. Le personnel était réparti dans quatre domaines d'activité principaux regroupés en département. Un domaine technique en charge de l'installation et de la maintenance des systèmes vendus. Un domaine commercial en charge de la vente des systèmes de surveillance. Un domaine administratif en charge de la gestion du personnel et de l'administration des ventes. Un domaine comptable et informatique, auquel est rattaché le département d'audit interne. Le personnel technique et commercial travaillait dans des agences technico-commerciales positionnées dans toute la France, les autres personnels étant basés au siège de l'entreprise. Le cœur de métier de GDP est de vendre du matériel de surveillance à des entreprises sous la forme de contrats d'abonnement d'une durée de quatre ans à paiements mensuels. La vente de matériel à des nouveaux clients se fait selon une technique dite de «*one shoot*», consistant à signer le contrat en un seul rendez-vous. Une fois le contrat signé, l'entreprise cliente fait partie du «parc client» et bénéficie des conseils et de la maintenance des techniciens. Au bout des quatre années de contrat, les entreprises clientes sont démarchées pour renouveler leur contrat.

Le protocole de la recherche-intervention détaillé dans l'article

La méthode de recherche choisie pour élaborer l'étude de cas a été celle de la recherche-intervention qui est apparue comme une méthode bien adaptée aux objectifs de la recherche, à savoir observer et décrire un système de contrôle interne avant la mise en œuvre de la loi SOX (LSF en France) puis les actions entreprises pour mettre en œuvre cette loi et améliorer la qualité du contrôle interne. Le caractère nécessairement longitudinal de cette approche (avant/pendant/après) imposait pratiquement une méthode de recherche intervenante. En effet, la recherche-intervention est une technologie de la recherche d'exploration et de confirmation qui consiste à pénétrer concrètement l'entreprise, non comme un simple observateur mais comme un acteur du jeu d'entreprise en charge de conduire un processus (cf chapitres 1, 2, 3 et 4). Le protocole de recherche-intervention a permis de confirmer la dimension organisationnelle du contrôle interne dans une entreprise, de décrire celui-ci avant la mise en œuvre de SOX/LSF et de poser des premières hypothèses quand à l'organisation de la fonction contrôle interne dans le cadre de la mise en œuvre de SOX/LSF.

Le mode opératoire de la recherche-intervention s'est déroulé selon les étapes suivantes:

- Au premier semestre 2003, les dysfonctionnements perturbant l'atteinte des objectifs et le déroulement des activités, ont été identifiés lors d'entretiens individuels avec la direction et l'encadrement de l'entreprise. Ce diagnostic a permis de décrire le contrôle interne de l'entreprise qui n'était pas organisé comme une fonction, et d'identifier ses failles.
- Puis des entretiens individuels de deux fois une heure ont été menés auprès de la direction et de l'encadrement pour évaluer qualitativement (quelles régulations?), quantitativement (quelle fréquence d'occurrence sur un an?) et économiquement (quelle perte de valeur ajoutée sur un an?) l'impact des dysfonctionnements.
- Les régulations ont été regroupées selon deux types d'activité: les activités humaines et les consommations de produits (biens ou services). Les quantités de consommations de produits ou services sont évaluées à partir des coûts effectivement supportés par l'entreprise. Les temps humains sont valorisés à la contribution horaire à la valeur ajoutée sur coût variable (CHVACV). La CHVACV est égale au rapport de la marge sur coûts variables sur le nombre d'heures de travail attendue, la marge sur coût variable étant égale à la différence entre le chiffre d'affaires réalisé et les charges variables avec le niveau d'activité.
- Au deuxième semestre 2003, à la suite de ce diagnostic des dysfonctionnements, des groupes de projet ont été constitués dans les quatre départements principaux de GDP pour proposer des solutions de réduction des dysfonctionnements et d'amélioration du contrôle interne, en particulier dans la perspective de la mise en œuvre de SOX/LSF. Le groupe de projet est un groupe de travail

hiérarchique animé par le responsable de département, appelé chef de projet. Quatre séances mensuelles de groupe de projet ont été organisées dans chaque département. Ces séances ont inclus la réalisation d'une étude financière faite par le chef de projet avec l'aide du contrôleur de gestion, et dénommée balance économique, pour évaluer si les solutions proposées dégagent une rentabilité suffisante au regard des moyens nécessaires à leur réalisation. Les solutions retenues pour réduire les dysfonctionnements et normaliser le contrôle interne ont alimenté les plans d'actions prioritaires du premier semestre 2004 des quatre départements de l'entreprise GDP.

- Au cours du deuxième semestre 2004, une action d'évaluation de la mise en œuvre des plans d'actions prioritaires a été réalisée dans les quatre départements concernés. A travers des entretiens avec la direction et l'encadrement des départements, le degré de réalisation des plans d'actions prioritaires a été évalué et l'impact des actions mises en œuvre en termes de réduction des dysfonctionnements et d'amélioration du contrôle interne a été mesuré qualitativement et économiquement, par la réduction des coûts des dysfonctionnements. Cette évaluation a permis plus particulièrement d'observer et de décrire l'organisation de la fonction contrôle interne dans le cadre de la mise en œuvre de SOX/LSF.

STRATÉGIE DE PUBLICATION ET RÉVISIONS APPORTÉES POUR LA PUBLICATION

Fort de cette recherche-intervention robuste, nous avons élaboré une stratégie pour cibler une revue internationale adaptée à la soumission d'un article fondé sur un tel matériau scientifique. Nous avons également adopté une stratégie particulière de construction de l'article pour maximiser nos chances de publication.

Le choix d'une revue internationale pertinente

Dans un premier temps, nous avons présenté notre travail sous forme de communication dans des congrès français et internationaux en particulier à *l'American Accounting Association* (AAA) en 2007. La présentation d'un travail lors de congrès permet en effet de l'améliorer en vue d'une publication et d'attirer l'attention de rédacteurs en chef de revues ou de collègues membres de comité de scientifique de revues présents à qui l'on peut demander des conseils (cf. chapitre 9). C'est ce qui s'est produit lors du congrès 2007 de l'AAA ou notre communication préalablement acceptée a intéressé le président d'alors de la section Management Accounting de l'AAA, le professeur Ken Euske de la Post-Naval Graduate School of Business de Monterey (USA). Autour d'une bière en fin de journée, comme il est d'usage dans les congrès qui sont aussi des lieux de réseautages conviviaux utiles pour publier à terme, Ken nous a conseillé de chercher à publier dans une revue américaine de contrôle de gestion, de bonne audience, certes classée mais plutôt en milieu de classement et cela pour une première tentative. Et de chercher à publier dans des revues de haut de classement plus tard en s'appuyant sur des publications antérieures de milieu de classement (stratégie de publication dite «de l'escalier»). Il nous a aussi recommandé de trouver une revue ouverte aux recherches de terrain et intéressée par des travaux européens. Cela l'a conduit à nous suggérer de soumettre dans la revue *Management Accounting Quaterly* (MAQ) qui correspondait bien selon lui à ces critères. Il m'a d'ailleurs présenté la rédactrice en chef d'alors de la revue, Kathy Williams, qui participait au congrès de l'AAA et qui m'a encouragé elle aussi à faire une soumission après un échange sur mon projet. Le choix de cette cible MAQ était donc fait grâce aux conseils de connaisseurs expérimentés.

L'utilisation de la grille des critères d'évaluation d'une recherche-intervention

Pour construire notre soumission dans MAQ nous nous sommes procuré d'une part des exemplaires de cette revue pour en repérer les normes éditoriales et les codes rédactionnels. D'autre part, nous avons veillé à ce que notre soumission corresponde bien aux dix critères génériques d'évaluation d'un article fondé sur une recherche qualitative identifiés par Savall, Zardet, Bonnet et Péron (2008) (cf. chapitre 10): la rigueur, la formulation, la cohérence, l'originalité, la pertinence, l'explicitation, le positionnement, la contribution, le raisonnement et la délimitation. Une fois la soumission achevée nous avons utilisé ces dix critères comme grille d'auto-contrôle qualité avant de l'adresser à la revue MAQ début 2008. Nous avons également fait corriger l'article à un «copy editor» anglo-saxon pour sécuriser le niveau de langue anglaise utilisée. Trois mois après l'envoi de la soumission le retour des réviseurs concluait en une acceptation de la soumission sous réserve de modifications assez mineures, preuve que la stratégie de publication que nous avions suivie était bonne. Les modifications demandées portaient toutes du reste sur des précisions à apporter sur chacun des dix critères de Savall, Zardet, Bonnet et Péron. Nous avons donc expliqué les corrections apportées aux réviseurs en utilisant la grille des dix critères et nous avons soumis notre texte corrigé pour une seconde évaluation mi 2008.

TABLEAU 14.2 La grille des dix critères d'évaluation d'un article fondé sur une recherche qualitative (Savall, Zardet, Bonnet & Péron, 2008). Cas de l'article (Cappelletti, 2009), «Performing an Internal Control Function to Sustain SOX 404 and Improve Risk Management: Evidence from Europe», *Management Accounting Quarterly*

	Corrections faites suite aux remarques des réviseurs (extrait)
Rigueur	L'article explique plus clairement qu'il consiste à compléter les travaux de Wilkins & Gupta: page 2, 2ème paragraphe, 7ème ligne: «Wilkins & Gupta suggested . . . »
Formulation	La problématique et les hypothèses ont été clairement formulées: page 2, 2ème paragraphe «Thus, the question . . . »
Cohérence	L'article a été réorganisé en quatre parties: I. Backgrounds II. Investigated Company III. Methodology of Research IV. Results, and Discussion about the Proposed Model
Originalité	La partie 4 page 13 explique précisément en quoi le modèle proposé est original et vient compléter les travaux de Wilkins & Gupta
Pertinence	En introduction, un petit historique des défaillances de contrôle interne intervenues chez EADS en 2006 et la Société Générale en 2008 a été ajouté, pour souligner la pertinence du sujet: voir le premier paragraphe de l'introduction
Explicitation	Le modèle a été mieux explicité à la fois page 12, juste après la figure 2, en partie 4 et en conclusion. La méthodologie de recherche explicitée est celle de la recherche action. La référence à l'étude de cas a été abandonnée pour ne pas troubler le lecteur.
Positionnement	Les travaux ont été mieux positionnés au regard des principaux travaux sur le contrôle interne, principalement en partie 1 (Holt, 2008 ; Coso 2006, 2007 ; Wilkins & Gupta, 2007)
Contribution	La contribution des travaux à la réflexion sur le management du contrôle interne a été plus clairement explicitée en introduction et en conclusion
Raisonnement	La nouvelle structuration de l'article (introduction, conclusion + 4 parties) semble plus pertinente en termes de raisonnement
Délimitation	La délimitation du sujet autour des concepts de SOX, contrôle interne et management du contrôle interne doit désormais apparaître nettement

Après ces corrections, l'article a été définitivement accepté et publié dans MAQ à l'été 2009, pour une recherche-intervention réalisée en 2003-2004, communiquée en 2006-2007 et soumise pour article début 2008, ce qui au fond, avec le recul, est une temporalité assez classique pour un travail fondé sur une recherche-intervention. Cette dernière nous ayant servi par ailleurs à publier sur d'autres objets d'observation dans d'autres revues en 2008, 2009 et 2010 comme le permet la recherche-intervention (cf. Chapitres 9 et 10).

BIBLIOGRAPHIE

Cappelletti, L. (2009). Performing an internal control function to sustain SOX 404 and improve risk management: Evidence from Europe. *Management Accounting Quarterly, 10*(4), 17–27.

Savall H., Zardet V., Bonnet M. & Péron M. (2008). The emergence of implicit criteria actually used by reviewers of qualitative research articles: Case of a European journal. *Organizational Research Methods, 11*(3), 510–540.

CHAPITRE 15

DE LA NÉGOCIATION D'UNE RECHERCHE-INTERVENTION À UNE PUBLICATION SCIENTIFIQUE

Le cas d'une recherche-intervention au sein de PME

Thierry Nobre

Ce chapitre présente l'intégralité du parcours qui conduit de la négociation de la recherche-intervention (RI) à une publication scientifique en prenant un cas réel pour mieux concrétiser les différents points abordés ci-dessus et donner corps aux différents principes énoncés. Il s'agit d'identifier les différentes étapes qui ont jalonné le cheminement partant des premiers contacts avec les acteurs de terrain pour aller jusqu'à l'*imprematur* académique délivrée par les pairs, valant reconnaissance scientifique et concrétisée par la publication dans une revue reconnue. Le cas que nous avons choisi d'analyser (Cf. Nobre & Zawadski, 2013) offre les garanties de la reconnaissance académique puisque l'article a été publié dans la principale revue

La Recherche-Intervention Dans les Entreprises et les Organisations, pages 245–250

francophone de son domaine, le contrôle de gestion, suivant les critères de ranking à savoir la revue C*omptabilité-Contrôle-Audit*» classée A par la FNEGE/ HCERES. L'intérêt de cet article réside dans la lisibilité de l'analyse du lien entre négociation, RI et publication. En effet cette publication est symptomatique des différentes étapes du processus de production de connaissance et illustre, non seulement les développements présentés ci-dessus, mais également les constats formalisés par le biais de la métaphore de la lecture en hypertexte des organisations par la RI (Nobre 2006).

Le processus du développement de la recherche puis de publication de cet article peut être découpé en trois phases. La première décrit l'émergence de la problématique à partir de plusieurs RI et d'une négociation n'ayant pas abouti, cette dernière ayant finalement joué un rôle central dans la validation de la pertinence de la problématique. La suivante décrit l'opérationnalisation de la problématique pour traduire l'idée en un design de recherche permettant de conduire la démonstration à partir d'une démarche collective pour aboutir à une première version de l'article. La dernière étape retrace le dialogue qui s'instaure entre chercheurs et évaluateurs pour faire évoluer la contribution et la hisser au niveau d'un article publiable dans la revue.

Au préalable, nous mettons l'accent sur une condition praxéologique et méthodologique déterminante pour faciliter la valorisation académique de la RI. Elle constitue, une ligne de conduite, un leitmotiv voire une obsession pour la publication en évitant un des principaux pièges mis en avant par les rédacteurs de revues pour ce type de recherche, à savoir la faible lisibilité de la question de recherche.

UN PRÉALABLE: LA LISIBILITÉ DE LA QUESTION DE RECHERCHE

En préambule, il est nécessaire de rappeler le principe «*un papier = une idée*» qui doit guider le processus initiant la conception d'un article. Il évite à l'auteur de se disperser et de proposer des contributions trop riches voir trop touffues qui sont en décalage, pour la forme par rapport au volume disponible dans les revues académiques et pour le fond aux attentes des comités scientifiques. La valorisation de la RI dans les revues scientifiques est particulièrement sensible à ce travers et cette difficulté, compte tenu de la richesse du terrain et des phénomènes observés. Il est difficile pour le chercheur de renoncer à la richesse de son terrain et d'exclure des éléments qui lui paraissent très intéressants. Il lui est donc indispensable de cibler son propos et d'identifier pour un article les éléments nécessaires à la cohérence de sa démonstration pour se focaliser sur une problématique ce qui lui permet ou lui impose pour valoriser la richesse du terrain d'envisager d'autres publications respectant également ce principe «*un papier = idée*».

De l'émergence de l'intuition à sa formalisation en problématique

Pour présenter la genèse de l'idée centrale développée dans l'article retenu nous mobilisons la notion d'hypothèse centrale qui finalement est l'intuition du chercheur qui doit être validée pour répondre à la question centrale résumée dans la problématique.

Nous empruntons à Lorino (2008) l'image de l'enquête pour détailler les étapes qui conduisent de l'émergence de l'idée centrale ou hypothèse centrale à la validation de l'intérêt de cette hypothèse centrale pour la production de connaissance. Ainsi nous montrons comment apparaissent les soupçons, puis s'accumulent des faits convergents et enfin se confirme la tangibilité du phénomène observable par des aveux d'un acteur central.

Des soupçons sur le rôle des rapports de pouvoir dans l'introduction des outils de contrôle de gestion dans les PME

Un tout premier constat informel a été établi à partir de RI, conduites dans sept petites entreprises, dont l'objectif scientifique était d'analyser le processus de structuration. Lors des échanges avec les dirigeants et les membres des équipes de direction il est apparu un phénomène qui paraissait contre-intuitif. Malgré des discours convergents sur la nécessité d'introduire des outils de contrôle de gestion (principalement des méthodes de calcul de coûts et la démarche budgétaire) d'une part les comportements des acteurs concernés, au premier chef le dirigeant et le DAF, n'étaient pas forcément alignés et d'autre part ce phénomène s'accompagnait d'un rôle ambigu de l'expert-comptable. Ce constat n'a pas eu de suite scientifique immédiate si ce n'est l'éveil de soupçons et finalement la prise de conscience d'un mécanisme à explorer.

Un faisceau de faits convergents

Quelques années et RI plus tard une recherche conduite dans une PME sur le thème du contrôle de gestion s'est traduite par une production pédagogique d'étude de cas. Dans le cadre de la collecte des informations de la RI puis de l'élaboration des études de cas le même phénomène a été observé qui a fait resurgir l'intuition résultant des observations réalisées dans les cas précédents. Une confrontation et une mise en relation informelle par le chercheur des différents cas, a permis de tisser un lien entre les constats et d'initialiser un début d'hypothèse centrale sur le rôle de ces trois acteurs et surtout de leurs relations pour le processus d'introduction d'outils de contrôle de gestion dans la PME.

Des aveux résultant d'une négociation non aboutie

Le programme de recherche centré sur l'introduction du contrôle de gestion dans les PME a conduit le chercheur à engager d'autres négociations de RI. L'une d'entre elles visait une PME ou il s'agissait d'instrumenter le contrôle de gestion. La négociation était principalement conduite dans une première phase par le DAF. Rapidement il est apparu une différence de positionnement entre le dirigeant et le DAF qui a entrainé un échec de la négociation. Néanmoins, les échanges conduits avec le DAF ont clairement permis de valider l'hypothèse émise dans les cas précédents. De plus, le DAF avait clairement exprimé ce qui deviendrait plus tard l'hypothèse centrale de l'article retenu à savoir: l'introduction des outils de contrôle gestions au sein de PME est dépendante des relations de pouvoir existant entre trois acteurs: le dirigeant, le DAF et l'expert-comptable. Dans son cas, ce mécanisme se faisait au détriment des tentatives qu'il essayait de développer. Malheureusement, la négociation ayant échoué il n'était pas possible de collecter le matériau empirique permettant de valider ou d'invalider cette hypothèse à partir d'une intersubjectivité croisée. Mais finalement, cette négociation non aboutie a permis par la liberté de parole que s'est octroyée le DAF, de concrétiser une intuition pour la transformer en hypothèse centrale.

L'OPÉRATIONNALISATION DE L'IDÉE PAR UNE OPPORTUNITÉ COLLABORATIVE

Par la suite, lors d'un séminaire de laboratoire un deuxième chercheur a présenté une communication où il s'interrogeait sur le cadre théorique à mobiliser pour valoriser un travail de terrain réalisé à partir d'une thèse CIFRE. Lors de la présentation du matériau empirique, il est apparu une forte similarité entre certains points présentés dans la communication et les constats fait dans les RI menées par le premier chercheur. Cette convergence a initié une collaboration pour une mise en commun des expériences à partir d'une problématique identique concernant le rôle des trois acteurs mentionnés plus haut. Cette échange a permis d'identifier rapidement le cadre théorique de la stratégie des acteurs de Crozier et Friedberg comme grille de lecture permettant d'analyser les phénomènes observés et de développer la démonstration concernant l'hypothèse centrale. Forts de ces éléments constitutifs de cette recherche, hypothèse centrale, problématique, cadre théorique, matériaux de terrain, les chercheurs ont choisi de se focaliser sur une seule étude de cas et de retravailler les données brutes accumulées dans les différents dispositifs de collecte d'information pour développer la démonstration. Cette étape montre l'importance des dispositifs de collecte d'informations brutes (journal de recherche, enregistrement, compte rendu de réunion, mémos, collecte de documents etc.) pour permettre une mobilisation ultérieure du matériel de recherche permettant une lecture en hypertexte des organisations et produire de la connaissance. L'ensemble de ces éléments ont permis d'aboutir à une première version de l'article qui a été soumis à la revue CCA.

UN DIALOGUE AVEC LES RÉVISEURS CONSTRUIT À PARTIR DE LA RICHESSE DU TERRAIN

La phase du passage de la soumission de la première version à la publication de l'article rappelle que cette étape doit être perçue comme un dialogue qui s'instaure et se développe avec les réviseurs pour affiner une proposition. Dès le premier envoi les réviseurs ont souligné «*la pertinence du sujet, avec un cas étudié qui semble riche d'enseignement et probablement assez exemplaire*». Ils soulignent «la recherche aboutit à un résultat intéressant une résistance socio-politique originale émanant non pas des salariés mais de la *dyade directeur expert-comp*table *bien qu'elle soit à l'origine de la démarche d'introduction d'outils*». C'est donc bien la richesse du terrain qui a permis la poursuite du processus d'évaluation et la publication de cet article. L'hypothèse centrale perçue par le chercheur sur le terrain est bien ce qui a retenu l'attention des réviseurs.

Néanmoins des modifications ont été demandées. Elles concernaient entre autre:

- la lisibilité de la méthodologie;
- l'approfondissement de l'utilisation du cadre théorique pour mieux opérationnaliser les concepts de Crozier et Friedberg et les mobiliser dans l'étude de cas.;
- l'utilisation de concepts qui pouvaient prêter à confusion.

Le processus de révision a nécessité deux autres versions après la version initiale.

Les réviseurs qu'il convient de remercier pour leur contribution et leur bienveillance ont permis aux auteurs de prendre du recul et de hiérarchiser leurs contributions. C'est une véritable discussion scientifique qui s'est instaurée et qui doit être vécue comme telle pour permettre la production de connaissance.

Cet exemple d'article scientifique permet de souligner plusieurs caractéristiques de la publication issue de la RI. Tout d'abord la dimension temporelle qui permet à différents projets de se compléter et d'être en résonnance et au chercheur de pouvoir mobiliser un projet sur plusieurs publications. Les intuitions et les problématiques recouvrent différentes temporalités allant de la plus rapide lors de projet biens identifiés à des cheminements plus tortueux issus de constats émergents. Ensuite, la démarche collaborative par les échanges qu'elle initie intensifie la capacité de production de connaissance du chercheur. Enfin, la richesse du terrain est une source d'opportunités pour le chercheur. Cela lui impose une posture d'éveil au monde qui l'entoure ainsi qu'une appétence et une envie d'aller à la rencontre des acteurs des entreprises et des organisations qui ont des attentes en termes de prise de hauteur et demandent à être bousculées pour innover dans leurs pratiques managériales.

BIBLIOGRAPHIE

Lorino, P. (2008). Méthodes de recherche en contrôle de gestion: une approche critique, Méthodes de recherche en contrôle de gestion: une approche critique. *Finance Contrôle Stratégie*, 11 (Numéro HORS SERIE): 149175.

Nobre, T. (2006). Pour une lecture en hypertexte des organisations par la recherche action: le cas du changement à l'hôpital. *Finance Contrôle Stratégie, 9*(4), 143–168.

Nobre, T., & Zawadsky, C. (2013). Stratégie d'acteurs et processus d'introduction du contrôle de gestion en PME. *Comptabilité Contrôle Audit, 1*(19), 91–116.

CHAPITRE 16

COMMENT PUBLIER DES ARTICLES DANS DES REVUES ACADÉMIQUES

à partir de thèses de doctorat fondées sur des recherches-interventions

Marc Bonnet

Un nombre croissant de thèses de doctorat est réalisé au travers de recherches-interventions, souvent par des praticiens expérimentés et parfois dans le cadre de DBA (*Doctorate in Business Administration*) ou de doctorats d'université français (diplômes nationaux) ou dans des doctorats anglo-saxons (Ph.D., Doctorate in Management, Education Doctorate in Management etc.) ou même dans le cadre de thèses de doctorat réalisées dans des disciplines voisines de la gestion, comme la sociologie d'intervention, la géographie-aménagement ou ou l'économie politique. Il s'agit dans ces cas de travaux de recherche qui ont un fort impact managérial en raison des défis des entreprises et organisations pour traiter des problèmes complexes pour lesquels il n'existe pas de remèdes à ce jour. Il faut donc trouver des

La Recherche-Intervention Dans les Entreprises et les Organisations, pages 251–262

solutions innovantes en management nécessite en expérimentant des processus de transformation des organisations et de leur modèle stratégique.

Ces thèses de doctorat apportent des connaissances très utiles pour toutes les parties prenantes des sciences de gestion en tant que sciences de l'action:

- Pour les doctorants eux-mêmes, écrire une thèse fondée sur la recherche-intervention permet de développer une approche réflexive à partir d'expérimentations innovantes conduites avec les acteurs, ce qui est particulièrement nécessaire dans un contexte d'environnement flou et complexe. Ce travail de réflexivité permet en effet prendre de la distance pour conceptualiser les résultats d'expérimentations réalisées sur le terrain d'observation scientifique afin de créer des connaissances et des théories structurées.
- Pour des directeurs de recherche, les thèses fondées sur la recherche-intervention permettent de rassembler des données de très bonne qualité, ce qui est particulièrement nécessaire quand il s'agit d'analyser des phénomènes de transformation organisationnelle, qui sont par nature immatériels, complexes et fluctuants. Dans ce cas, ce type de méthode de recherche est situé à l'opposé des méthodes de recueil de données par questionnaires, qui ne permettent pas de saisir des données fiables et manquent de qualité d'observation scientifique, bien que ces pratiques héritées du passé restent dominantes dans le monde académique en sciences de gestion, car elles donnent une apparence de scientificité à des données de mauvaise qualité quand il s'agit d'analyser les transformations des organisations.
- Pour les entreprises et organisations où la recherche-intervention est réalisée, c'est une opportunité de développement des innovations managériales, condition nécessaire pour favoriser l'agilité et la différenciation stratégique dans un contexte d'environnement hyperconcurrentiel.

Toutefois, on peut observer les difficultés rencontrées par les auteurs de thèses de recherche- intervention lorsqu'il s'agit de publier leurs résultats dans des revues académiques afin de faire reconnaître la scientificité des travaux réalisés. En effet, la plupart des revues classées dans le domaine du management sont spécialisées sur des domaines bien précis, aussi appelés "silos", alors que la recherche-intervention est systémique et souvent inter-disciplinaire. En effet, sa vocation est d'analyser les transformations organisationnelles, par nature complexes et multi-dimensionelles. Il est aussi plus facile de publier les résultats de ces recherches dans des journaux pour praticiens que des journaux académiques, car les recherches-interventions sont productrices d'impacts managériaux. Une telle situation peut être comparée à l'analogie proposée par Esope et reformulée par La Fontaine dans la célèbre fable du Renard et La Cigogne: la cigogne invite le renard à diner et lui sert un repas dans un vase beaucoup trop effilé pour le museau du renard (cf. Figure 16.1) alors que ce dernier avait invité la cigogne à manger des mets dans une assiette plate sur laquelle le bec pointu de la cigogne ne pouvait rien attraper. La recherche-intervention peut se comparer à l'assiette du renard: elle est large et non étroite comme le vase de la cigogne. Comme le renard, les doctorants ayant pratiqué la recherche-intervention ont ainsi des difficultés pour publier dans des revues spécialisées, où il faut proposer une analyse pointue, et non systémique et interdisciplinaire. Ce chapitre a pour objet de montrer comment il est malgré tout possible de publier des résultats de recherche-intervention mobilisée pour une thèse dans une revue académique. Il est illustré par le cas d'un article portant sur la mesure de la performance globale dans le journal anglo-saxon *Society and Business Review* (Cf. Voyant, Bonnet, Tabchoury, Datry, 2017). Cet article s'appuie sur une recherche intervention réalisée en coopération avec des doctorants en sciences de gestion.

Figure 16.1 Illustration issue de la fable du Renard et de la Cigogne, montrant de façon allégorique la difficulté du renard (intervenant-chercheur) pour publier les résultats d'une recherche dans une revue académique spécialisée.

CONTEXTE DE LA RECHERCHE INTERVENTION DANS UN HÔPITAL AU MOYEN-ORIENT

La recherche-intervention ayant servi de matériau scientifique pour l'article a été conduite dans un hôpital libanais dans le défi était de réduire les coûts tout en améliorant la qualité des soins et en investissant dans des équipements de pointe. Il s'agit d'un hôpital général de 180 lits, qui admet 38 000 visites de patients par an et effectue 4 800 interventions chirurgicales. Il emploie 350 infirmières et un équivalent de 45 médecins à temps plein. L'intervenant-chercheur était le dirigeant lui-même, assisté par le centre de recherche ISEOR (Institut de Socio-Economie des Entreprises et des Organisations). Ce dirigeant avait préalablement soutenu une thèse de doctorat portant sur le contrôle de gestion socio-économique dans les hôpitaux. L'objectif de la recherche-intervention était de procéder à une nouvelle expérimentation du contrôle de gestion socio-économique de la performance globale en prenant en compte à la fois la performance économique à court terme et à long terme et en s'appuyant sur une méthode qualimétrique des indicateurs de performance (cf. chapitre 1). La recherche-intervention a été réalisée selon les règles de la méthode de management socio-économique: effet-miroir comprenant les phrases-témoins exprimées par toutes les catégories d'acteurs, calcul des coûts caches, projet socio-économique avec une balance économique montrant le budget de conversion des coûts cachés en création de valeur ajoutée, mise en œuvre des outils de management socio-économique, avec en particulier le tableau de bord de pilotage et le Plan d'Actions Stratégiques Interne et Externe. L'intervention socio-économique s'était déroulée sur plus d'un an, comme le montre la Figure 16.2.

	Première année				Deuxième année											
	Septembre	Octobre	Novembre	Decembre	Janvier	Février	Mars	Avril	Mai	Juin	Juillet	Août	Septembre	Octobre	Novembre	Decembre
GROUPE DE PILOTAGE	1		2		3		4		5		6		7		8	
DIAGNOSTICS ET PROJETS	X	X	X		X		X		X							
FORMATION-CONCERTATION AUX OUTILS DE CONTRÔLE DE GESTION SOCIO-ÉCONOMIQUE DE LA PERFORMANCE GLOBALE	1		2		3		4		5		6		7		8	

Figure 16.2 Recueil de données d'observation scientifique au cours d'un processus longitudinal de plus d'un an.

Les données avaient été recueillies en suivant les trois principes épistémologiques de l'observation scientifique de l'approche qualimétrique (Savall & Zardet, 2004):

- L'interactivité cognitive: les étapes de diagnostic et de projet ont contribué à développer une intelligence collective au travers d'entretiens semi-directifs et de groups de projet pour élaborer des solutions innovatrices.
- L'intersubjectivité contradictoire: la mise en œuvre des outils de contrôle de gestion socio-économique a nécessité que tous les acteurs de l'hôpital parviennent à un accord sur les chiffres et les performances financières attendues à court et à long termes du plan d'action stratégique.
- La contingence générique: le comité de pilotage s'est assuré que la même méthode de contrôle de gestion de la performance globale pouvait être reproduite dans les autres hôpitaux du groupe. De la même façon, l'objectif du centre de recherche était de s'assurer que la méthode pouvait être répliquée dans le contexte tout à fait spécifique du Moyen-Orient.

Il faut mentionner les résultats impressionnants de cette recherche-intervention: le chiffre d'affaires a augmenté de 47% et la contribution horaire à la marge sur coûts variables est passé de 17$ à 24$, en plus des autres résultats qualitatifs et quantitatifs observés: amélioration des conditions de travail de tout le personnel, augmentation des salaires, meilleure satisfaction des patients et renforcement de la notoriété de l'hôpital.

CHOIX DU JOURNAL POUR PUBLIER

La première étape a consisté à sélectionner la revue ciblée. Il a été jugé préférable de s'orienter vers un journal acceptant des articles fondés sur des recherches qui ne sont pas purement positivistes comme *Academy of Management Journal*. Il ne fallait pas non plus choisir un support de publication à dominante interprétative comme *Organization Studies* ou *Academy of Management Review*. La revue *Society and Business Review* (publiée par Emerald) a été sélectionnée car sa ligne éditoriale montrait une ouverture vis à vis d'une science responsable et ayant des impacts. Il aurait aussi été possible de proposer une soumission à *Action Research* ou *Organizational Development Journal* ou encore à *Engaged Management Review*, mais ces revues n'étaient pas classées dans le domaine des sciences de gestion, ce qui par parenthèse peut paraître étrange dans le cas d'une communauté scientifique qui s'affiche en tant que science de l'action et de la décision (Byington & Felps,

2017). Nous avons suivi en cela le conseil donné Ann-Wils Harzing de ne pas tenir compte du niveau de classement des revues, mais de chercher à publier dans une revue qui accepte la recherche-action et la recherche-intervention, pourvu qu'elle soit classée." *Society and Business Review* a été considérée comme le un bon choix, car elle était classée par ABS et par Australian Business Deans Council (*ABDC Journal Quality List*). Il a fallu commencer par une lecture en profondeur de la ligne éditoriale, de façon à prendre en compte les spécificités de la revue qui était orientée vers les questions de responsabilité sociale. Passer en revue les publications des éditeurs et des membres du comité scientifique a aussi permis de s'assurer qu'il pouvait y avoir une bonne adéquation entre le projet d'article et les objectifs de la revue. Une sélection d'articles publiés sur des thèmes proches du sujet à traiter a été analysée pour comparer les approches et les résultats sur le même thème.

CENTRAGE DE LA PROBLÉMATIQUE SUR UN ASPECT SPÉCIFIQUE DE LA RECHERCHE-INTERVENTION

Comme cela a été indiqué, beaucoup de revues de sciences de gestion n'acceptent pas des analyses systémiques, qui nécessitent une description globale du contexte de la recherche-intervention, de ses tenants et aboutissants et de l'analyse longitudinale du processus de changement (Pettigrew, 2001). En revanche, le format d'une thèse de doctorat ou d'un livre est bien plus approprié pour présenter les résultats d'une recherche qu'un article d'une dizaine de pages. Par exemple dans le cas de l'hôpital où la recherche-intervention a eu lieu, ce n'est pas seulement le contrôle de gestion (objet de l'article), mais tout le système de management qui a été transformé, y compris la stratégie, le marketing, la gestion de la qualité et la gestion des ressources humaines. Une erreur habituelle des intervenants-chercheurs serait de vouloir restituer un résumé de tous les résultats dans le format réducteur d'un article, ce qui n'est pas recevable pour des revues académiques car elles sont centrées sur des sous-systèmes. En conséquence, il a été nécessaire de choisir un thème spécialisé qui intéressait la revue: il s'agissait dans ce cas du contrôle de gestion de la performance globale, et de bien faire référence à la littérature spécialisée dans ce domaine. A titre d'exemple, de nombreux auteurs signalaient qu'un système fiable de contrôle de gestion plus global était attendu de la part de nombreux acteurs pour favoriser la confiance, mais que les systèmes actuels n'étaient pas assez adaptés pour permettre une pratique socialement responsable du contrôle de gestion. La Figure 16.3 illustre la problématique de la recherche-intervention de type socio-économique qui a été choisie sous la

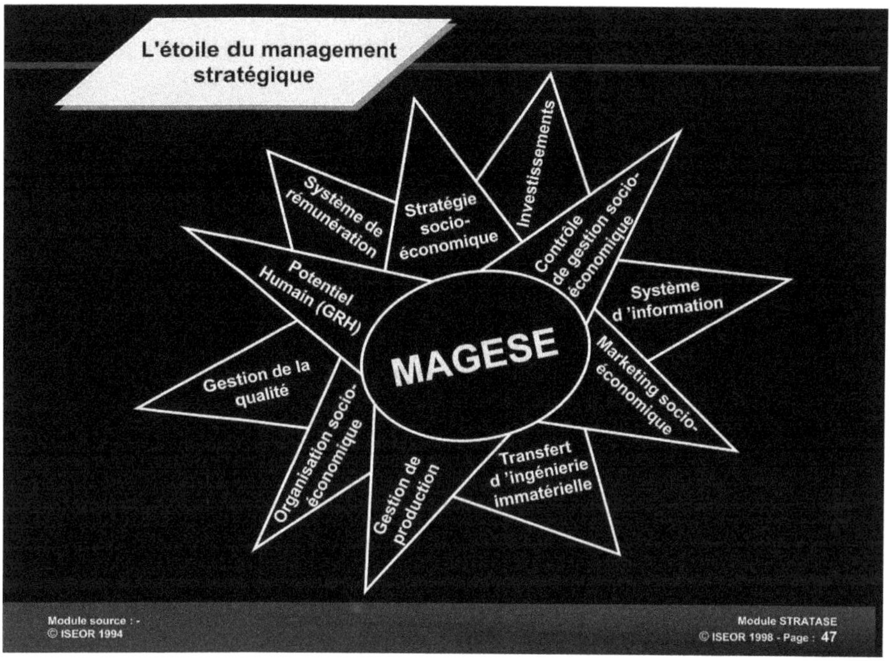

Figure 16.3 L'étoile du management socio-économique.

forme d'une étoile (Savall & Zardet, 2008): elle est multi-dimensionnelle tandis que l'article devait être centré seulement sur l'interaction entre le cœur de l'étoile et la branche du contrôle de gestion.

REFORMULATION DES HYPOTHÈSES

De la même façon que pour le recentrage de la problématique, il a été nécessaire de réduire le corps d'hypothèses tirés de la thèse de façon à le centre sur le thème spécialisé de l'article. Dans ce cas, l'hypothèse centrale concernant le contrôle de gestion de la performance globale a été reformulée de la façon suivante:

> Les approches actuelles de contrôle de la performance globale consistent davantage à juxtaposer des indicateurs plutôt que de les intégrer. Ils sont incomplets et sous-estiment les coûts et performances cachés liés aux jeux des pouvoirs informels. Par conséquent, il est nécessaire de mieux mesurer les indicateurs de performance globale en prenant en compte à la fois les coûts-performances visibles et les coûts-performances cachés.

Une telle formulation ne consistait pas à déformer l'hypothèse centrale de la recherche-intervention menée pour la thèse, mais à éclairer seulement l'une de ses dimensions.

PRÉSENTATION DE LA MÉTHODE DE RECHERCHE

A la différence des méthodes de recherche dominantes qui sont acceptées par les revues de sciences de gestion, les méthodes de recherche-action et de recherche-intervention sont moins aisément acceptées dans les revues bien classées, même quand leur ligne éditoriale plaide pour que les recherches présentées aient des impacts dans le contexte d'environnement complexe vécu actuellement par les entreprises et organisations. On peut en effet observer que le processus d'ouverture des revues académiques à des recherches fondées sur une observation scientifique rigoureuse est encore lent et que les recherches ayant des impacts managériaux sont encore parfois reléguées au rang de recherches appliquées et non académique, comme si la recherche fondamentale en sciences de gestion pouvait avoir du sens: cette différence n'existe pas dans les autres sciences de l'action comme la médecine et les sciences de l'ingénieur (Van de Ven, 1987). On peut attribuer cette anomalie, certes moins persistante ces dernières années, en sciences de gestion à des phénomènes d'isomorphisme et de mimétisme bien connus dans l'approche néo-institutionnelle (Powell & DiMaggio, 2012). Il faut aussi remarquer que les critiques s'amplifient à l'encontre du manque de rigueur scientifique des recherches en gestion publiées dans les revues très bien classées en raison du manque de qualité des données (Gephart, 1988).

Dans le cas de la recherche-intervention en sciences de gestion, pour ces raisons, il reste ainsi une obligation d'apporter la preuve de la scientificité de la méthode tant qu'elle ne sera pas une méthode dominante, alors que cela n'est pas demandé pour les autres méthodes de recherche, en particulier en ce qui concerne les méthodes quantitatives. Dans l'exemple de l'article publié sur la performance globale, il a donc été nécessaire de bien expliquer les principes de la méthode de recherche-intervention qualimétrique, en montrant son utilité dans le cas où les variables sont extrêmement nombreuses et instables. Le processus de contractualisation de la recherche a aussi été expliqué, en montrant comment toutes les catégories d'acteurs avaient été impliquées afin de respecter le principe de l'intersubjectivité contradictoire. (Savall & Zardet, 2011). Il a aussi fallu bien argumenter sur la rigueur scientifique de la méthode, en montrant comment elle répondait aux exigences de rigueur épistémologique (Argyris & al, 1985; Ullman, 1985; Collier, 1994; Pettigrew, 2001).

EXPLOITATION DES DONNÉES DU TERRAIN D'OBSERVATION SCIENTIFIQUE

La profusion de données de grande qualité produites par la recherche-intervention a nécessité de sélectionner un nombre limité d'exemples significatifs ayant trait au thème spécialisé proposé à la revue. Par exemple, des extraits de balances économiques mises en œuvre dans l'hôpital ont été présentés pour montrer comment avait pu être organisée la compatibilité entre les objectifs financiers de résultats immédiats et la performance globale. Chaque exemple a été introduit et commenté en articulant les données d'observation scientifique avec les hypothèses proposées.

POSITIONNEMENT PAR RAPPORT À LA LITTÉRATURE

Les journaux académiques accordent une place prédominante à la revue de littérature. Il convenait par conséquent de bien rendre compte des débats mentionnés dans la littérature sur le thème du contrôle de gestion de la performance globale. Cela a été fait en particulier dans la première partie de l'article en montrant la contribution d'une variété d'auteurs sur le sujet (Freeman, 1984 ; Elkington, 1997; Kaplan & Norton, 2001; Figge & al., 2002; Jensen, 2003; Butler & al., 2011; Cheng & al., 2014). La discussion sur les contributions possibles de la recherche-intervention à la littérature de management a été reprise en dernière partie de l'article, en comparant les données d'observation scientifique collectées au travers de la recherche avec les discours recensés dans la littérature sur le sujet. Cette dernière partie était aussi une opportunité pour clarifier la contribution du contrôle de gestion socio-économique à d'autres théories telles que le tableau de bord prospectif (*Balanced ScoreCard*) et celle du bilan économique-social et environnemental (*Triple Bottom Line*). Un exemple de discussion sur ce sujet portait sur la problématique de l'intégration des indicateurs de performance économique, sociale et environnementale, en montrant que cela ne peut être réalisé qu'en prenant en compte une comptabilité élargie aux coûts et performances cachés. Sans cela, les indicateurs sont seulement juxtaposés. L'avantage de la méthode de recherche-intervention est de permettre cette intégration au travers d'un processus de négociation des indicateurs avec tous les acteurs.

COÛTS				PERFORMANCES	
	Montants totaux	Durée d'amortissement	Coût annuel		Création de valeur chaque année
Création d'un bloc spécialisé pour la chirurgie orthopédique	300, 000 €	20 ans	15 000 €	L'amélioration des conditions de travail des infirmières et chirurgiens permet un gain de 20 minutes entre deux opérations, ce qui permet de réaliser 130 opérations de plus, avec un revenu supplémentaire de 500$ par opération.	65 000 €
Investissement en formation des infirmières du bloc	2040 €	3 ans	680 €	Réduction des infections nosocomiales	7 500 €
Recrutement d'une infirmière supplémentaire			34 000 €	20 opérations de plus par mois	60,000 €
MONTANT TOTAL			49 680 €	MONTANT TOTAL	132 500 €
				Création nette de valeur par an	**82 820 €**

Figure 16.4 Exemple de balance économique mise en oeuvre dans le bloc opératoire de l'hôpital (©ISEOR).

CONCLUSION

L'exemple de publication qui a été présenté dans ce chapitre illustre une réponse possible aux critiques de la recherche en gestion telles qu'énoncées par Andy Van de Ven (2016):

- Une pertinence contestable: dans le cas présenté, le contenu de l'article a été jugé pertinent à la fois par les praticiens et par les relecteurs de la revue.
- Manque de fiabilité (peu de réplications des expériences et faible validité): les résultats de la recherche-intervention ont été validés par toutes les parties prenantes, y compris les managers, les médecins et les infirmières. La méthode a aussi été reproduite dans d'autres hôpitaux et organismes sanitaires et sociaux au Liban et en France.
- Inutilisable: l'expérimentation au travers de la recherche-intervention a été réalisée et évaluée avant d'être publiée.
- Caractère étroit: la recherche présentée dans l'article est de type pluridisciplinaire.
- Carriériste: l'objectif premier de la publication n'était pas d'ajouter une ligne de publication au CV des auteurs de la recherche-intervention, mais de contribuer au sens large à la science et au bien commun.

La publication d'articles fondés sur la recherche-intervention contribue ainsi selon nous au défi de la recherche en gestion énoncé par Byington & Felps (2017): il s'agit d'encourager une recherche pertinente pour les praticiens au détriment des publications sans impact managérial et pour la société. Cela suppose la publication de résultats réplicables, avec une qualité de vérification et de robustesse des données à traiter.

BIBLIOGRAPHIE

Argyris, C., Putnam, R., & Smith, D. M. (1985). *Action science.* San Francisco, CA: Jossey-Bass.

Byington, E.K. & Felps, W. (2017). Solutions to the credibility crisis in management science. *Academy of management Learning and Education, 16*(1), 125–141.

Butler, J.B., Henderson, S., & Raiborn, C. (2011). Balanced Scorecard Integrating Green Measures into Business Reporting. *Management Accounting Quarterly. 12*(2).

Cheng, M., Greeen, W., Conradie, P., Konishi, N. & Romi, A. (2014). The international Integrated Reporting Framework: Key Issues and Future Research Opportunities. *Journal of International Financial Management & Accounting, 25,* 90–119.

Collier, A. (1994). *Critical realism: an introduction to Roy Bhaskar's philosophy*. Andrew Collier.

Elkington, J. (1997). *Cannibals With Forks: The Triple Bottom Line of the 21st Century Business.* Oxford: Capstone.

Figge, F., Hahn, T., Schaltegger, S. & Wagner, M. (2002). The Sustainability Balanced Scorecard-Linking Sustainability to Business Strategy. *Business Strategy and the Environment, 11,* 269–284.

Freeman, R.E. (1984). *Strategic Management: A Stakeholder Approach.* Marshfied, MA: Pitman.

Gephart, R. P. (1988). *Ethnostatistics: Qualitative foundations for quantitative research* (No. 12). SAGE.

Jensen, M.C. (2003). Paying People to Lie the Truth about Budgeting Process. *European Financial Management, 9*(3), 379–406.

Kaplan, R. & Norton, D. (2001). *The strategy-focused organization: How balanced scorecard companies thrive in the new business environment.* Boston, MA: Harvard Business School Press.

Löning, H. (ed), Malleret, V., Méric, J. & Pesqueux, Y. (2016). *Performance Management Control.* Paris: Dunod.

Pettigrew (2001). Management research after modernism. *British Journal of Management, 12,* 61–70.

Powell, W. W., & DiMaggio, P. J. (Eds.). (2012). *The New Institutionalism in Organizational Analysis.* University of Chicago Press.

Savall, H. (1975). *Enrichir le travail humain, l'évaluation économique.* Préface de J. Delors. Paris: Dunod. (Translated into English: Work and People. Oxford University Press. 1981)

Savall, H., Zardet, V. (1987). Maîtriser les coûts et performances cachés: le contrat d'activité périodiquement négociable. Paris: Economica.

Savall, H. & Zardet, V. (2011). *Qualimetrics: Observing the Complex Object.* Charlotte, NC: Information Age.

Savall, H., Zardet, V. & Bonnet, M. (2008). *Releasing the Untapped Potential of Enterprises through Socio-Economic Management.* Geneva: International Labor Organization.

Ullmann, A. R. (1985). Data in Search of a Theory: A Critical Examination of the Relationships Among Social Performance, Social Disclosure and Economic performance of U.S. Firms. *Academy of Management Review, 10*(3), 540–577.

Van de Ven, A. H. (2007). *Engaged scholarship: A guide for organizational and social research.* Oxford University Press.

Van de Ven, A. (2016). Saving social science. Address to the Department of Organization." *Copenhagen Business School.* 18 November.

Voyant, O., Bonnet, M., Tabchoury, P., & Datry, F. (2017). Contribution of the socio-economic management control to steering balanced and sustainable company overall performance. *Society and Business Review, 12*(2), 216–234.

CHAPITRE 17

PUBLIER ET RAYONNER À PARTIR D'UNE RECHERCHE-INTERVENTION

de l'article académique aux réseaux sociaux

Isabelle Barth

La publication n'est pas la recherche, elles sont comme les deux faces d'un anneau de Moebius, l'une ne peut exister sans l'autre. Il ne peut y avoir de publication d'intention scientifique reconnue par les pairs sans une recherche robuste et validée, comme la recherche a besoin, pour être visible, de publications qui en font la narration et en présentent la méthode, les enjeux, les résultats et les limites.

La recherche-intervention ne fait pas exception, elle a besoin de la publication scientifique pour sa reconnaissance au sein de la communauté académique, mais sa richesse lui ouvre aussi la voie d'autres types de valorisation d'intentions pédagogiques, managériales ou même grand public, ce qu'on appelle le «rayonnement».

La Recherche-Intervention Dans les Entreprises et les Organisations, pages 263–274

On voit ces dernières années, se développer un mouvement fort à l'international qui amène la recherche en management à s'interroger sur son «impact»: qu'apporte-t-elle aux entreprises? Participe-t-elle au mouvement du monde? Est-elle en capacité de proposer un savoir actionnable? Pour répondre à ces interpellations, il faut apporter la preuve de cet impact et en mener l'évaluation. Se pose alors la question de la mesure de cet impact avec la recherche d'indicateurs qui peuvent être extrêmement variés: la tenue d'un blog par le chercheur, l'audience d'un billet sur un site, le nombre d'interviews ou de citation dans les media... sont quelques indicateurs de plus en plus mobilisés dans les institutions d'enseignement et de recherche.

Nous proposons de regarder ces deux processus. Dans une première partie, nous analysons la rédaction d'un article à partir d'une recherche-intervention conduite par un chercheur-intervenant interne à une organisation. Dans la seconde, nous présentons d'autres voies de valorisation, manuels pédagogiques, livres de vulgarisation, blogs, vidéos, billets sur les réseaux sociaux, conférences... qui permettent d'évoquer l'émergence d'un «chercheur omnicanal».

DE LA RECHERCHE-INTERVENTION INTERNE À LA PUBLICATION ACADÉMIQUE

Le contexte

En 2011, la direction de l'école de management EMS a inscrit dans son plan d'action stratégique la mise en place d'un management de la diversité. Sabrina est recrutée comme chargée de mission pour conduire ce projet, en relation directe avec la direction de l'école et en collaboration avec le service qualité et accréditations. Très vite, le choix est fait du label diversité pour outiller ce changement.

Ce label s'appuie sur: la norme NF X 50-784 «Promotion de la diversité– Politique des ressources humaines pour la promotion de la diversité et la prévention des discriminations». La labellisation a vocation à garantir l'égalité des chances et à prévenir les discriminations au sein des organisations, en distinguant celles dont les pratiques sont jugées exemplaires.

Pour recevoir un avis positif, les entreprises doivent répondre à un cahier des charges précis comprenant cinq domaines de référence. En ce qui concerne EMS, le cahier des charges est à l'usage des Fonctions Publiques.

L'objectif opérationnel de la mission de Sabrina est donc d'amener EMS à la labellisation Diversité: le délai est de 2 années.

L'intervention

L'intervention conduite par Sabrina suit le cahier des charges du label, qui propose 5 domaines.

1er domaine

Un état des lieux de la diversité dans l'organisme qui doit être communiqué aux représentants du personnel ou instances représentatives du personnel et aux organisations syndicales. Cet état des lieux est conduit au printemps 2010 avec la constitution détaillée d'une carte des risques de discriminations mise à jour en février 2013 et en mars 2015.

2ème domaine

Montrer l'engagement de la Direction sous forme de politique avec des objectifs mesurables. Cela se traduit à EMS par de très nombreuses actions, parmi lesquelles:

- La mise en place d'un «référent diversité» et d'une cellule d'écoute et de traitement des réclamations portant sur des discriminations supposées ou avérées
- Le recrutement d'une responsable handicap à la rentrée 2012
- Le recrutement d'une responsable administrative des 3 valeurs à la rentrée 2013
- Le recrutement d'une chargée de mission RSO à la rentrée 2015
- L'installation d'un «Comité des 3 valeurs»
- L'intégration dans l'ensemble des fiches missions et fiches de poste des éléments relatifs à la discrimination et à la promotion de la Diversité

3ème domaine

Développer la communication interne, information, sensibilisation, formation avec la mise en place des actions suivantes:

- Sensibilisation des parties prenantes (personnel, étudiants) dès leur arrivée
- Guides de recrutement, charte de recrutements (jurys)
- Les journées des trois valeurs: des évènements de grande ampleur pour sensibiliser les étudiants
- Mise en place d'un plan de formation adapté (seniors...)
- Des journées d'animation thématiques (Handivalid...) avec le Bureau de la diversité (association étudiante)

4ème domaine

Prise en compte de la Diversité dans les activités de l'organisme). Les domaines suivants ont été mobilisés:

- Intégration de la politique Diversité dans livret d'accueil, bloc note d'intégration, les présentations Ecoles
- Concours post-bac «Passerelle ascension sociale», «tutorats d'excellence», «trajectoire management», politique de bourses, contrats d'apprentissage...
- Communication de la politique Diversité aux fournisseurs dont les prestations ont un impact.
- Mise en place E learning et d'une catothèque
- Recherche sur la Diversité au sein du laboratoire de recherche Humanis de l'EMS (6 thèses soutenues et 8 programmes doctoraux en cours)
- Partenariat avec des entreprises via la Chaire Management de la diversité créée en mars 2009, regroupant une vingtaine d'entreprises
- Partenariat avec l'AFMD: 100ème adhérent en Juin 2012
- Colloques scientifiques: 2 et 3 décembre 2009 «La Diversité: questions pour les sciences sociales–Egalité dans l'emploi, Discrimination au travail et Management de la diversité» (ouvrage)
- «Management & Religions» (31/08 et 1/09/2011) (ouvrage)
- Nombreuses publications et participations à de nombreux colloques et conférences

5ème domaine

Evaluation et axes d'amélioration de la politique Diversité

- Définition et mise en place d'outils adaptés pour mesurer et améliorer la diversité (indicateurs légaux, indicateurs de suivi de l'efficacité de la politique Diversité, suivi des réclamations... Garantie de la confidentialité et l'anonymat.
- Etablissement d'un bilan annuel de la mise en œuvre et du suivi de la politique Diversité.

L'audit a eu lieu en février 2012 avec un rapport dont des extraits sont proposés dans Figure 17.1 ci-dessous.

EMS devient le premier établissement public dans l'enseignement supérieur à avoir obtenu le label «diversité» délivré par l'AFNOR, renouvelé en Juin 2016. La mission de Sabrina est donc réussie. Quid de la recherche?

- ⇒ EMS est un véritable laboratoire vivant de la diversité.
- ⇒ L'EMS, au travers de cette démarche, vient renforcer la valeur diversité à la fois à destination de son personnel mais aussi des étudiants. Le périmètre de labellisation prend en compte l'ensemble des activités de l'EMS : démarche unique et vertueuse (de l'amont à l'aval)
- ⇒ Un investissement fort est visible en matière de diversité (ressources mises à disposition, communication, partenariats, BDD...) et conduit à positionner l'Ecole comme référence en la matière.
- ⇒ Cependant, il conviendrait de renforcer la culture du résultat afin de mesurer les retours sur cet investissement immatériel, de conforter les outils, de canaliser les actions, de définir des objectifs, et de renforcer la communication interne

Figure 17.1 Extraits du rapport d'audit.

La restitution de la recherche

Cette restitution de la recherche a tout d'abord été faite dans une thèse de doctorat (les encadrés sont des extraits de la présentation de la recherche à la soutenance de thèse).

Cette recherche est compréhensive et cherche à interpréter les phénomènes observables pendant la mise en œuvre de l'intervention. C'est aussi un choix de monographie et d'une recherche transformative, comme le résume le schéma ci-dessous (Figure 17.2).

Les grandes étapes sont significatives d'une approche caractérisée par l'immersion dans l'organisation et des allers-retours avec la littérature pour un raisonnement de type abductif (Figure 17.3).

ARCHITECTURE DE LA RECHERCHE

- **UN OBJET D'ÉTUDE ORIGINAL:** l'intégration stratégique de la diversité à la culture organisationnelle d'une business school française
- **UN PROCESSUS ITÉRATIF:** une exploration hybride et un mode de raisonnement abductif
- **UN TERRAIN D'INVESTIGATION UNIQUE:** monographie d'une business school française au cours d'une conversion stratégique à la diversité
- **UNE ÉTUDE QUALITATIVE:** le choix d'une recherche qualitative s'inscrivant dans le paradigme constructiviste
- **UNE RECHERCHE TRANSFORMATIVE:** un projet de connaissance au service de l'action
- **LA CO-CONSTRUCTION DE SENS AVEC LES ACTEURS:** une approche compréhensive basée sur une démarche ethnométhodologique

Figure 17.2 Architecture de la recherche.

Les résultats de la recherche relèvent de plusieurs catégories:

- La recherche propose l'apport d'une démarche structurante évaluative dans la construction de la culture organisationnelle en faveur de la diversité, avec le processus d'obtention du label diversité.
- La recherche propose une approche lewinienne (1948) de la théorie de la régulation sociale de Reynaud (Reynaud, 1988, 1994, 1995) appliquée au changement organisationnel à l'œuvre dans cette école.

Les apports de la recherche sont de plusieurs types:

- Le développement et la conceptualisation de la notion de «culture projet de la diversité», porteuse d'essaimage, permettant le développement d'une intelligence sociales, proposant la transmission d'un «capital diversité»;

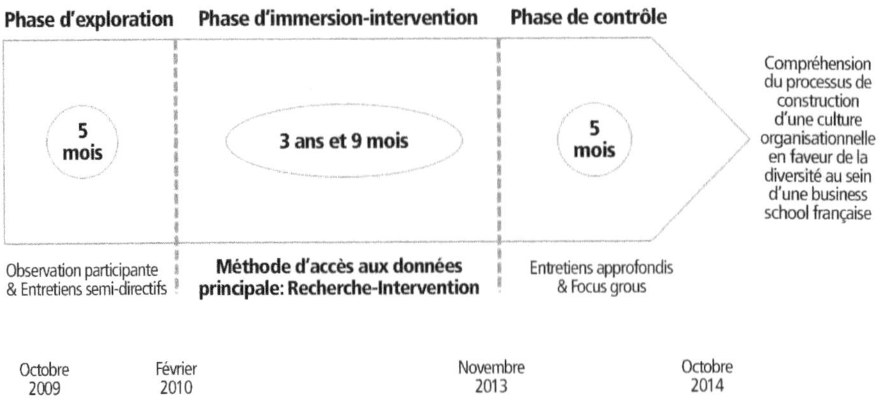

Figure 17.3 Planning de la recherche-intervention.

	Modèle de Lewin	Dynamique de changement identifiée
Phase 1	Décristallisation	De la nécessité d'une nouvelle identité organisationnelle à l'intégration de la diversité à la culture organisationnelle
Phase 2	Changement	D'une quête de légitimité au développement d'un avantage concurrentiel
Phase 3	Cristallisation	D'un repositionnement stratégique à la construction d'une image de marque différenciante

Figure 17.4 Cadre théorique de la recherche-intervention.

- La modélisation du processus d'émergence de nouvelles règles comportementales au cours de l'introduction d'une culture-projet de la diversité;
- La mise au jour d'un lien positif entre la diversité et trois types de performance: performance de la fonction RH, performance organisationnelle, performance sociale/sociétale;
- Compréhension du comportement et du rôle des acteurs dans la fabrique de la diversité au sein d'une business school.

Les implications managériales passent par la restitution d'un processus de transformation organisationnelle autour de la diversité. Cette recherche met au jour des pratiques introduites dans cette conversion stratégique à la diversité.

RÉDACTION D'UNE PUBLICATION ISSUE DE CETTE RECHERCHE

Le premier article publié dans une revue académique (*Revue internationale de psychosociologie et de gestion des comportements organisationnels*) à partir de cette recherche-intervention propose de se centrer sur la notion d'étude de cas et s'intitule: «Pour la mise en œuvre d'un management de la diversité—En quoi une école peut-elle faire école?» (Cf. Barth & Perugien, 2016). A partir d'un cas, et de l'analyse qui en a été faite, comment transférer les bonnes pratiques et la connaissance mises au jour vers d'autres organisations?

Le plan de l'article proposé dans l'encadré ci-dessous illustre cet objectif sur le fond. Il illustre aussi la nécessaire «mise en récit» de l'intervention (cf. chapitre 9) avec l'inversion du processus puisque c'est tout d'abord le contexte et l'état de la littérature qui sont présentés puis l'exposition évolue vers le cas de la business school EMS, alors que l'intervention a démarré par l'immersion dans l'école de management pour découvrir ensuite peu à peu l'environnement.

Il faut déconstruire le processus de recherche pour entrer d'une logique de narration répondant à des canons classiques pour entrer en dialogue avec la communauté scientifique.

LE RAYONNEMENT DE LA RECHERCHE: L'ÉMERGENCE D'UN CHERCHEUR OMNICANAL

Le chercheur-intervenant, par sa familiarité avec les entreprises et le management opérationnel est à même de transmettre son expertise et les connaissances acquises de façon appliquée et vulgarisée. Il est en cela très en phase avec les attentes du monde professionnel, et, de façon plus

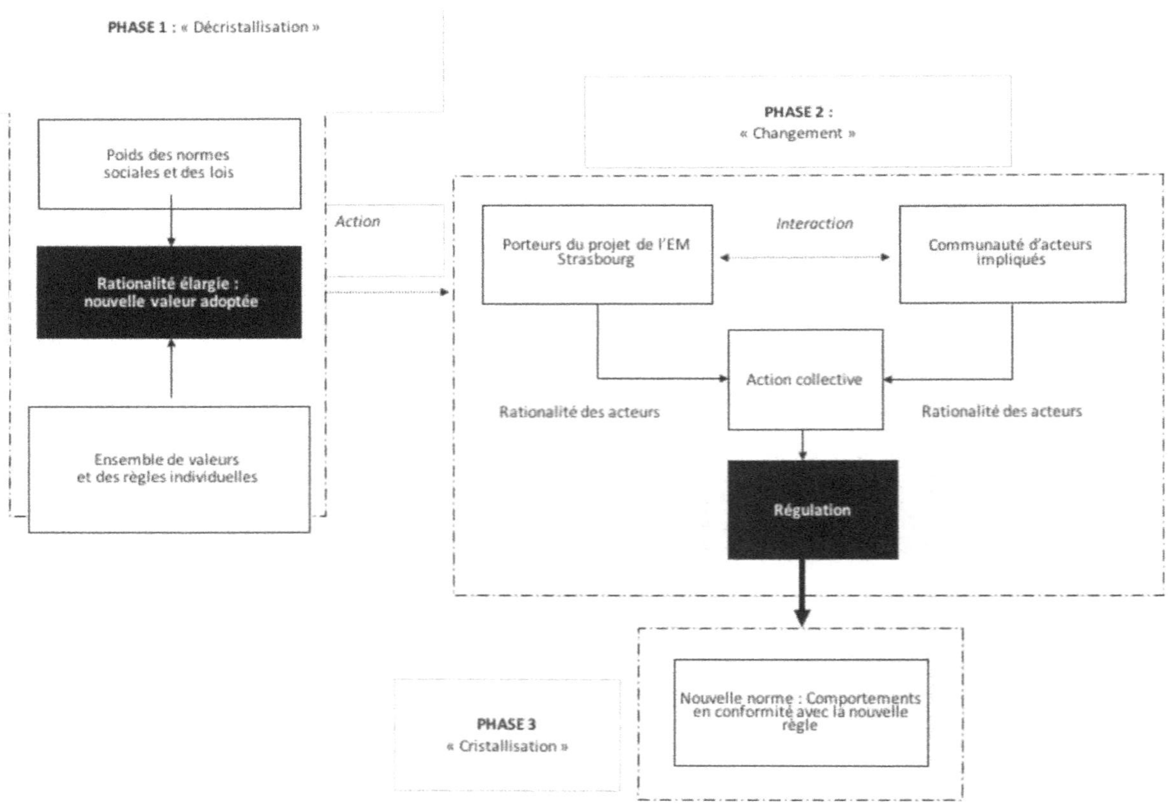

Figure 17.5 Cadre théorique intégré de la recherche-intervention.

1 Le management de la diversité une dynamique de changement pour les organisations
- 1.1 La diversité: contours d'un concept en sciences de gestion
- 1.2 La construction d'une politique diversité au sein d'une organisation: l'exigence du changement

2 La question de la diversité dans l'enseignement supérieur: cas particulier des grandes écoles
- 2.1 Du combat contre les inégalités sociales dans l'accès aux grandes écoles à la prise en compte de la diversité
- 2.2 Les politiques diversité déployées dans le champ des grandes écoles: zoom sur un nouveau comportement organisationnel
- 2.3 La prise en compte de la diversité dans les grandes écoles de management: une stratégie en phase avec le core business?

Figure 17.6 Plan de l'article.

récente, avec celles des dispositifs d'évaluation des enseignants-chercheurs et de leurs institutions.

De nouvelles attentes

Longtemps, les sciences du management on cherché leur légitimité scientifique. Soumises aux critères des sciences dites «dures», elles ont adopté leurs critères de scientificité dont les principaux sont l'objectivation et la capacité à généraliser. Les chercheurs en gestion, ont alors, comme avant eux les économistes, reporté leurs exigences sur la méthode. Pour faire «science», la mathématisation devenait à leurs yeux, incontournable. Nous avons donc connu des décennies de recherches hypothético-déductives avec modélisation et validation statistique. Ce que le prix Nobel d'économie Maurice Allais (1998) a nommé la «charlatanerie mathématique». Dans le même mouvement, le niveau de publication est devenu l'indicateur de la qualité de la recherche, le «*publish or perish*» et la «course aux étoiles» ont alors été le modèle dominant. Cette approche a été souvent dénoncée mais reste celle qui préside aux destinées des enseignants-chercheurs et de leurs institutions. Cependant, les revers de cette approche ont peu à peu été mis au jour: la stérilisation des publications centrées sur la méthodologie, leur incapacité à accompagner les problématiques des entreprises, l'inflation des salaires des «publiants» et le coût pour les institutions à répercuter sur les frais de scolarité le cas échéant, l'abandon de la pédagogie dans cette exclusive recherche, la désaffection des entreprises pour la recherche en management... Autant d'effets négatifs qui amènent peu à peu les institutions d'enseignement et de recherche à infléchir leurs stratégies pour aller vers un équilibre entre recherche/pédagogie et implication dans l'institution, et surtout pour valoriser l' «impact» de cette recherche sur l'environnement.

Alors, quelles sont les nouvelles pratiques pour répondre à ces nouvelles attentes? Le premier infléchissement significatif est de passer de la notion de publication à celle de «production intellectuelle». Sont alors inclus:

- Les productions écrites: les «text books», les cas pédagogiques, les ouvrages, les articles dans des revues professionnelles;
- Les productions orales comme les vidéos, les conférences, le stables rondes , les participations à des débats;
- Les réseaux sociaux: avec la tenue de blogs, la présence dans des réseaux professionnels comme Linkdin, sur Tweeter . . .
- L'engagement dans des conseils d'administration, la création d'entreprises, la présence comme expert dans des commissions d'évaluation de lois . . .

Le chercheur-vulgarisateur

Mesurer l'impact de la recherche revient à mesurer l'impact du chercheur et les indicateurs sont encore en devenir. De nombreuses institutions se sont mises, à travers le monde à élaborer des tableaux de bord pour ce faire. On peut citer à titre d'exemples:

- Le nombre d'interviews dans les media,
- Le nombre de conférences dans une année,
- Le nombre de lectures des billets en ligne,
- Le nombre de citations dans les medias,
- Le nombre d'évènements organisés . . .

Avec pour chacun la possibilité de raffiner ces mesures. En effet, le billet en ligne est une chose, le nombre de personnes le «likant» ou le diffusant en est une autre.

Les différentes modalités de rayonnement: Quelques exemples

Présenter ses travaux en 3 minutes

De plus en plus, les chercheurs apprennent à «pitcher» leurs recherches en quelques minutes. Nous avons ainsi réaliser une vidéo de 3minutes 27 secondes pour transmettre les messages essentiels sur la question des discriminations pour apparences physiques dans le monde du travail. Cette

Figure 17.7 Image finale de la vidéo issue de la recherche sur l'apparence physique.

recherche avait été conduite avec 18 grandes entreprises sur plus de 18 mois avant auditions d'experts, groupes de travail, entretiens, focus groups.

Faire une interview sur ses publications

Des sociétés sont de plus en plus preneuses de vidéos courtes permettant aux chercheurs de présenter les principaux résultats de leurs travaux. C'est le cas de la société Xerfi Canal en France. Le site The Conversation s'est spécialisé dans les articles de vulgarisation pour lesquels le chercheur est interviewé par des journalistes qui s'occupent de la rédaction.

Publier des billets en ligne

Le chercheur peut aussi apprendre à rédiger des billets qu'il mettra en ligne sur des blogs ou dans les réseaux sociaux. Ces billets peuvent s'adosser à ses recherches en fonction de l'actualité et de l'angle des sites. Ce sont des articles très courts, qui doivent être percutants et accrocheurs pour solliciter l'attention des abonnés alors que le «bruit» est intense et l'offre vertigineuse. Il faut savoir que ce sont souvent dans ces sources que viennent pêcher les journalistes. Nous sommes alors dans l'idée de ce constituer un «éco-système» médiatique: le livre porte l'interview qui renvoie aux réseaux qui suscitent des conférences... ou le contraire. C'est ainsi que se construit peu à peu la «marque personnelle» (*personal branding*) du chercheur, cette notion qui monte en puissance et qui interpelle tout particulièrement la communauté scientifique.

CONCLUSION

La recherche-intervention par la connaissance qu'elle donne du milieu managérial, se prête particulièrement bien au «rayonnement» de la recherche. Le chercheur-intervenant a plusieurs atouts: sa volonté de produire une connaissance actionnable et son appétence pour aller à la rencontre des gens lui apprennent à entrer en conversation avec le monde professionnel. En effet, pour transmettre, il faut une «mise à niveau» du vocabulaire, accepter de présenter les résultats avant le processus, effacer un certains nombre de références, rendre invisible la méthode.... Ce qui est juste à l'opposé des principes qui animent un article scientifique.

Il faut aussi accepter d'être assertif et de s'engager avec détermination sur des implications managériales, ce qui signifie oublier le doute qui anime le chercheur. Enfin, ces pratiques exposent le chercheur aux regards de ses pairs, qui n'apprécient pas forcément ce qu'on peut appeler de l' «exposition médiatique».

Le monde évolue, la recherche en management a tout intérêt à s'inscrire «en société» et les chercheurs à ouvrir leurs champs, leurs méthodes de recherche et leurs façons de communiquer pour ne pas subir, mais bien piloter ces nouveaux rapports à leur environnement.

BIBLIOGRAPHIE

Allais, M. (1998). Ce qui doit arriver arrive. In *Le Monde*, Paris.

Barth, I., Perugien, S. (2016). Pour la mise en œuvre d'un management de la diversité—En quoi une école peut-elle faire école? *Revue internationale de psychosociologie et de gestion des comportements organisationnels, 54*(22), 304–324.

Lewin, K. (1948). *Resolving social conflicts.* New York, NY: Harper and Row.

Reynaud, J.D. (1988). *Les règles du jeu.* Paris: Armand Colin.

Reynaud, J.D. (1994). L'acteur stratégique et sa légitimité. In Pavé, F. (eds). *L'analyse stratégique. Sa genèse, ses applications et ses problèmes actuels. Autour de Michel Crozier.* Paris: Le Seuil.

Reynaud, J.D. (1995). *Le conflit, la négociation et la règle.* Toulouse: Octarès.

PARTIE III

RÉPONDRE AU QUESTIONNEMENT DE L'INTERVENANT-CHERCHEUR

CHAPITRE 18

QUESTIONS RÉCURRENTES POSÉES PAR LES CHERCHEURS SOUHAITANT PRATIQUER LA RECHERCHE-INTERVENTION ET RÉPONSES APPORTÉES

Henri Savall et Laurent Cappelletti

Les chapitres présentés dans l'ouvrage ont été rédigés à partir d'un séminaire annuel de formation animé par leurs auteurs pour la Fondation Nationale de l'Enseignement de la Gestion des Entreprises (FNEGE) à Paris et qui a réuni depuis son lancement en 2015 quarante enseignants-chercheurs. Il a semblé très intéressant de reprendre les questions posées par les stagiaires durant ce séminaire sous leur forme de verbatim, qui reflètent bien les questions que se poseront les lecteurs de l'ouvrage, avec les réponses apportées par les animateurs. En outre, la composition de l'échantillon d'enseignants-chercheurs ainsi formé, majoritairement française mais aussi avec des chercheurs belges, suisses, américains, malgaches et

La Recherche-Intervention Dans les Entreprises et les Organisations, pages 277–299

marocains a donné à celui-ci une dimension internationale renforçant l'intérêt générique des questions posées et, partant, des réponses apportées. Ces questions et les réponses viennent compléter pour le lecteur les parties I et II du présent ouvrage.

Ces questions/réponses ont été classées dans six thèmes qui structurent la troisième partie de l'ouvrage:

I. Questions/réponses sur l'épistémologie de la recherche-intervention
II. Questions/réponses sur les méthodologies, techniques et outils de la recherche-intervention
III. Questions/réponses sur la négociation et la vente d'une recherche-intervention
IV. Questions/réponses sur la publication et la communication d'une recherche-intervention
V. Questions/réponses sur l'encadrement de travaux fondés sur la recherche-intervention
VI. Questions générales sur la recherche-intervention et évaluation des réponses apportées par les animateurs

QUESTIONS/RÉPONSES SUR L'ÉPISTÉMOLOGIE DE LA RECHERCHE-INTERVENTION

Les principales questions au plan épistémologique posées par des chercheurs souhaitant pratiquer la recherche-recherche à des fins de publication académique peuvent être résumées par les verbatim suivants:

- Quelle est la différence entre la recherche-action et la recherche-intervention s'il y en a une?
- Au-delà des discours qui peuvent être manipulateurs, être dans l'action et prendre du recul permet de faire des observations de qualité. Comment allier les deux?
- J'ai été frappé par la difficulté de comprendre les jeux d'acteurs car lors d'une recherche de terrain on n'est pas tous les jours avec eux. Comment comprendre ce qui se passe sur le terrain quand on n'y est pas?
- Par rapport à la recherche classique par entretiens, quelle est la différence avec la recherche-intervention qui se fonde aussi sur des entretiens?
- Comment éviter de se faire sortir du terrain en cours de recherche, car cela peut arriver dans une recherche-intervention?
- Les entreprises fonctionnent souvent de façon très positiviste. Introduire une épistémologie plus constructiviste donne plus de possibi-

lités et des potentiels d'innovation. Comment introduire une telle épistémologie au sein du terrain?

Les réponses apportées à ces questions au plan épistémologique peuvent être résumées au travers des développements de synthèse suivants qui éclairent les chapitres des deux premières parties de l'ouvrage, en particulier les chapitres 1 et 3.

LA RECHERCHE-INTERVENTION ASSUME LA NON NEUTRALITÉ DU CHERCHEUR

En macroéconomie, les instruments d'observation rendent modeste car tout est plus ou moins faux. Donc le passage de la macroéconomie à la sociologie du travail avec une obsession sur la qualité des observations s'impose pour collecter des données fiables sur les organisations. Dans ce champ, l'approche sociotechnique qui s'appuie sur la recherche-action est très intéressante. Mais les chercheurs de cette approche ont souvent été déçus car la recherche-action possède encore le souhait de neutralité du scientifique. Du reste, à la différence de la recherche-intervention, la recherche-action est parfois explicitement marquée par ce regret de la neutralité. En effet la recherche-intervention s'appuie sur le principe de constructivisme générique qui assume la non neutralité du chercheur qui, au demeurant, va faire un travail scientifique en faisant des itérations, en multipliant les entretiens, etc. afin de stabiliser les connaissances. Il y a peut-être également un sentiment d'infériorité larvé en recherche-action au regard des décideurs du terrain tout autant que des chercheurs en sciences dures. En recherche-action, l'on est peut-être «un peu honteux» d'être des chercheurs et l'on reste souvent au milieu du gué et bien timides quant aux transformations apportées. Ainsi la recherche-action ne promet pas en règle générale de résultats quant à l'amélioration de performances. Or en recherche-intervention, il faut assumer et ne pas rester au milieu du gué. Le chercheur-intervenant est clairement là pour améliorer la situation managériale tout en étant chercheur, producteur de connaissances. C'est une optique aristotélicienne: je pense et j'agis, je fais de la recherche et j'aide l'entreprise. Il y a un refus net du découplage entre la pensée et l'action d'où cette obsession de la transparence et de non neutralité bien assumée qui caractérise la recherche-intervention dont la bête noire est, en quelque sorte, «l'hypocrisie organisationnelle». Dans cet esprit, pour 50% de son apport le chercheur-intervenant est un méthodologue, pour 30% il est un médiateur et pour 20% il est un thérapeute, tout en restant très modeste. Il faut donc regarder de plus près la recherche-action et la recherche-intervention pour faire la différence mais dans tous les cas, le chercheur-intervenant est respectueux de la recherche-action qui a eu le mérite considérable de dire qu'il fallait raccourcir la distance d'observation entre le chercheur et son objet de recherche.

D'évidence, la recherche-intervention demande un minimum d'investigations longitudinales. C'est chronophage, bien entendu, mais sans cela les données collectées relèvent plus ou moins d'une imposture scientifique. C'est pourquoi on ne peut pas faire de la recherche-intervention sans agenda et sans une gestion du temps rigoureuse. Au final, le résultat n'est pas forcément moins productif qu'une économétrie en laboratoire, car les données collectées, très riches et robustes, vont permettre de maximiser les publications. Pour trouver une place légitime à la recherche-intervention, il faut un objet de recherche, un contrat et une méthodologie d'observation fondée sur la transformation de l'objet étudié et permettant un va-et-vient entre le terrain et le laboratoire. C'est ce va-et-vient qui est créateur de connaissances. L'intérêt du contrat de recherche-intervention est scientifiquement capital, au-delà de son intérêt financier, en précisant ce que le chercheur vient faire dans l'organisation, les jours d'intervention et le protocole d'intervention. C'est là que le travail de l'équipe de recherche est important pour gérer la relation avec le terrain.

La recherche-intervention identifie trois niveaux d'hypothèse: le descriptif, l'explicatif et le prescriptif

Certains chercheurs positivistes se sont accaparé la notion d'hypothèse. Ce concept est pourtant repris dans la recherche-intervention et devient évolutif dans l'approche du constructivisme générique. L'hypothèse, dans sa version finale, sera un peu différente voire très différente de celle formulée au début de la recherche, en fonction des observations réalisées dans l'intervalle. L'intérêt de la notion d'hypothèse, que nous préférons donc à celle de «proposition», parfois préconisée par des chercheurs constructivistes, c'est qu'elle génère de la motricité et que l'on accepte qu'elle soit éminemment évolutive. L'alternance observation/distanciation conduit, lors d'une recherche-intervention, à produire des thèmes (récipients ou variables) et des idées-clés (valeurs des variables) dans lesquels on classe les observations et l'expression des acteurs. La valeur ajoutée du travail scientifique dans la recherche-intervention, comme dans toute forme de recherche, se trouve dans le passage d'une espérance de règle à une règle scientifique avérée, obtenue par accumulation d'expressions itératives convergentes. Une idée aura donc ainsi deux grands statuts:

- soit c'est une hypothèse, car on ne sait pas encore, au démarrage d'une recherche-intervention si elle sera validée, c'est-à-dire une espérance de règle s'appuyant sur quelques informations recueillies au début de la recherche;

- soit c'est une règle de connaissance avérée, démontrée de façon étayée par accumulation d'informations convergentes au fil des itérations successives. C'est cela le progrès scientifique. Ainsi, dans une approche d'expérimentation, en grandeur nature, telle que la recherche-intervention, la validation des hypothèses n'est pas d'ordre esthétique et appelle une réponse à la question: y a-t-il eu un changement au sein de l'objet étudié qui a permis d'en révéler les propriétés? Heureusement, il y a la pression du résultat – transformer l'organisation vers un meilleur état–dans une recherche-intervention qui permet au chercheur de sortir de la spéculation rhétorique. Cette pression, d'ailleurs, se règle notamment par la gestion du temps. En outre, si l'on est deux ou trois à intervenir, comme nous le recommandons, puis à rédiger des papiers de recherche, cela peut être extrêmement productif.

Une clé importante de la recherche-intervention est qu'elle identifie trois niveaux d'hypothèses. L'hypothèse descriptive consiste à décrire un phénomène observé avec une grande modestie dans la description car un autre chercheur pourrait formuler une description peu ou prou différente. L'hypothèse explicative consiste à chercher des explications au phénomène observé. L'hypothèse prescriptive est le niveau le plus élevé dans cette épistémologie de constructivisme générique, car elle consiste à formuler les recommandations auxquelles le chercheur aboutit après description et explication d'un phénomène. Ainsi dans une recherche-intervention, une hypothèse «centrale» se déclinera en un ensemble d'hypothèses descriptives, explicatives et prescriptives. Dans les choix épistémologiques de la recherche-intervention, il y a donc aussi un rejet du déterminisme simpliste, la démarche étant stochastique et heuristique. On introduit à chaque séquence ce que l'on a appris des séquences précédentes.

Le souci de l'authenticité des données collectées explique l'importance épistémologique du transformatif dans une recherche-intervention

La première raison de l'importance épistémologique du transformatif dans une recherche-intervention, ou au minimum de l'intention transformative initiale, c'est de créer des connaissances et d'aller vers un mieux-être de l'organisation et de ses membres. C'est dans le va-et-vient du laboratoire au terrain que se fabrique la création de connaissances. L'interaction avec le terrain est incontournable, car les acteurs de l'organisation ou situation observée est porteur de connaissances, tout comme le chercheur, d'où la nécessaire et fructueuse coopération entre eux. La validation des hypothèses conduisant à la connaissance se fera par expérimentation (validation interne) puis par réplication (validation externe). Si l'on prend l'exemple des recherches-interventions conduites par le laboratoire ISEOR (Institut de Socio-Économie des Entreprises et des Organisations) depuis 1974, la création de connaissances a permis l'identification auprès de 1 853 entreprises et organisations différentes de pathologies managériales similaires. Ce que l'on peut retenir aussi de ces recherches-interventions, c'est qu'il s'agit nécessairement d'une discussion d'égal à égal entre chercheur et acteur, décideur ou non. Cela demande une grande prudence car ce que le laboratoire ISEOR a appris sur les acteurs dans les organisations, après 110 000 entretiens depuis 1974, c'est qu'ils sont intelligents, comédiens, stratèges, désobéissants et amnésiques. Cela amène le chercheur-intervenant à se poser la question du degré d'authenticité des observations réalisées ainsi que des expressions collectées. De ce fait, quel protocole de recherche faut-il construire pour capturer cette authenticité qui ne saurait être confondue avec la simple sincérité des acteurs, sources d'informations à usage scientifique?

Questions/réponses sur les méthodologies, techniques et outils de la recherche-intervention

Les principales questions au plan des méthodologies, des techniques et des outils de la recherche-intervention, posées par des chercheurs souhaitant pratiquer la recherche-recherche à des fins de publication, peuvent être résumées par les verbatim suivants:

- Quels sont les convergences/spécificités entre le conseil et la recherche-intervention?
- Comment faire quand on intervient seul? Peut-on le faire sur un seul cas?
- Est-ce qu'il arrive que d'autres changements que ceux prévus se produisent dans une recherche-intervention?
- J'ai travaillé avec des collègues chimistes et en travaillant avec eux sur des terrains j'ai modifié leurs outils. S'agit-il de recherche-intervention?
- Est-ce qu'il peut y avoir appel à des ressources externes de la part du chercheur durant une recherche-intervention?
- Que faut-il révéler au terrain: que l'on est consultant ou que l'on est chercheur?

- Est-ce que cela peut arriver de refuser de faire une recherche-intervention?
- Quelles sont les techniques d'entretiens typiques de la recherche-intervention?
- Est-ce que le chercheur-intervenant doit tenir un journal de terrain ou un journal de bord?
- Comment gérer le lien entre la littérature et le terrain dans une recherche-intervention?
- Quand on construit un groupe lors d'une recherche-intervention, par exemple un groupe de projet ou de pilotage, est-ce que l'on tient compte du fonctionnement de l'entreprise?
- Est-ce que l'on peut faire des entretiens avec des acteurs qui ne sont pas des membres de l'organisation étudiée dans une recherche-intervention, par exemple des clients?
- Est-ce que l'on peut utiliser des données publiques dans une recherche-intervention?

Les réponses apportées à ces questions au plan méthodologique, technique et outillage, peuvent être résumées au travers des développements de synthèse suivants qui sont détaillés dans les deux premières parties de l'ouvrage, en particulier les chapitres 2 et 4.

La recherche-intervention permet en même temps d'aider l'organisation et de créer de la connaissance

La recherche-intervention est longitudinale, afin de pouvoir observer des changements profonds qui dépassent la semaine. Par exemple, une de notre plus longue recherche-intervention a démarré il y a trente-et-un ans et se poursuit encore aujourd'hui. Le défi du chercheur, c'est cette mise en tension dans le temps entre le changement qui profite actuellement à l'entreprise et la création de connaissances scientifiques plus ou moins pérennes. Or, la bonne nouvelle c'est que, simultanément, le chercheur-intervenant aide l'entreprise et crée de la connaissance générique d'intention scientifique. Les deux sont possibles dans la même chronologie mais la difficulté à régler provient souvent d'une conception différente du temps entre l'entreprise et le chercheur. C'est pourquoi les deux outils de base du chercheur-intervenant sont le «*post-it*» pour capter et noter, en permanence, ses remontées du terrain et l'*agenda* pour gérer au plus près la programmation des dispositifs qui aident l'entreprise et ceux qui créent des connaissances scientifiques. En effet, les «gaz» que sont au fond les idées des acteurs sont explosifs et sclérosants si on ne les convertit pas en écrits pris en note puis en actions, lors de dispositifs programmés dans l'agenda.

En ce sens, la recherche-intervention emprunte à l'approche ethnométhodologique—tout en ayant une épistémologie qui s'en distingue nettement—le fait de considérer que les acteurs sont détenteurs de savoirs qu'il est possible d'extraire par des observations et interventions longitudinales. Ces savoirs prennent trois aspects principaux:

- Le formel et l'informel
- Le visible et le caché, ce qui ne veut pas dire qu'il faille tout révéler
- le dire et le faire dont l'écart est une cause majeure de non implication

Les Fables de la Fontaine, Les Caractères de la Bruyère et le Prince de Machiavel sont donc d'excellentes lectures à faire par le chercheur-intervenant, pour mieux naviguer dans le monde complexe des organisations et des situations de gestion afin de mieux traiter des demandes de changement et d'amélioration très variées. Celles-ci vont, en effet, de demandes très comportementales d'amélioration du professionnalisme ou de l'ambiance de travail jusqu'à des demandes plus structurelles, par exemple de mise en œuvre d'outils de gestion spécifiques tels que des tableaux de bord, des systèmes d'information ou des restructurations d'organigrammes.

UN CHERCHEUR-INTERVENANT, IDÉALEMENT, NE DEVRAIT JAMAIS ÊTRE SEUL

Le schéma de départ d'une recherche-intervention, c'est de trouver d'autres personnes à qui parler car c'est le ferment de la création de connaissances génériques. Par exemple, sur la base des trente thèses que j'ai faites soutenir en recherche-intervention depuis que je suis professeur, j'ai noté que pour les chercheurs seuls sur leur terrain d'observation scientifique, il faut impérativement des rendez-vous réguliers avec le directeur de thèses et des présentations fréquentes de ses observations à des équipes de recherche. D'autre part, outre le dialogue, pour produire des connaissances scientifiques, il faut de la traçabilité: expliquer et décrire inlassablement et précisément les protocoles mis en œuvre.

Dans tous les cas, le chercheur-intervenant doit rester l'interlocuteur unique sur son terrain, durant toute sa recherche, pour traiter la problématique qui lui a été demandé. Un proverbe espagnol dit très justement à cet égard: «Un médecin guérit, s'ils sont deux le doute s'instaure et avec trois la mort est assurée». La clé technique d'une bonne recherche-intervention c'est donc son pilotage unique, ce qui ne veut pas dire que le chercheur-intervenant qui pilote doive s'isoler. En effet, l'isolement de l'intervenant-chercheur le fragilise, alors que le travail en équipe contribue à une création de connaissances génériques plus pertinente. C'est aussi pourquoi il est important, pour un chercheur-intervenant, de varier ses techniques d'entretiens afin d'interagir avec le plus grand nombre possible d'acteurs de l'organisation choisie comme terrain d'observation scientifique (TOS). Ainsi, lors d'une intervention dans une entreprise située à Paris-La Défense, même les quatre personnes s'occupant des archives ont été rencontrées. En ce sens, la recherche-intervention s'inscrit dans une conception *citoyenne de la science.* En effet, il y a des rationalités différentes à observer car les acteurs sont bourrés de savoirs, explicites ou implicites, quelle que soit leur position dans l'entreprise. Mais cette conception de la science implique que l'intervenant-chercheur ait conscience des coups qu'il va prendre—beaucoup plus que s'il faisait de la recherche contemplative ou «en chambre»—et y réponde grâce aux critères de robustesse de sa méthode d'investigation. D'une certaine façon, le «bon» chercheur est un combattant scientifique sans armes et le chercheur-intervenant est, de surcroît, un combattant socialement *légitime.* S'il est vrai que l'enseignement supérieur et la recherche consistent à propager les *innovations* scientifiques, alors elles sont nécessairement, dans un premier temps, dérangeantes.

Néanmoins les entretiens avec les acteurs ne sont pas les seules sources de collectes d'information de l'intervenant-chercheur. Il mobilise des méthodes d'intervention non seulement avec de l'exprimé mais aussi de l'observé. Il formalise donc ce qu'il capte, dans des notes d'entretiens et des notes d'observations. C'est ce que l'on appelle de l'observation intégrée qui combine entretiens, observations et analyses de documents. Les entretiens servent essentiellement, en amont d'une recherche-intervention, à identifier les dysfonctionnements qui perturbent l'organisation et l'atteinte de son état préférable puis, en aval, à évaluer le résultat des solutions mises en œuvre pour traiter ces dysfonctionnements. Bien entendu, pour les entretiens dysfonctionnels, le chercheur construit un guide semi-directif, composé de différents thèmes et sous-thèmes qui serviront à classer les expressions recueillies. Cela demande, selon la méthodologie de notre laboratoire, une heure d'entretien individuel avec les membres de la direction et l'encadrement, une heure et demi d'entretien collectif avec le personnel réuni par petits groupes de trois à cinq acteurs. Dans les deux cas, en début d'entretien, le chercheur-intervenant rassure ses interlocuteurs quant à l'anonymat des expressions qui seront notées et leur restitution systématique à toutes les personnes interviewées, au cours d'une séance de groupe dite d'*effet-miroir* durant laquelle la prise de notes continuera pour recueillir les réactions des acteurs, selon le principe *d'intersubjectivité contradictoire.*

En règle générale, les entretiens réalisés lors d'une recherche-intervention le sont exclusivement auprès des membres de l'organisation, terrain d'observations scientifiques et cela, même si leur objectif est d'identifier ce qui, dans sa relation avec l'environnement externe, mérite d'être transformé afin d'accroître la performance de l'organisation.. Par exemple, pour identifier la qualité de la relation avec les clients ou avec les fournisseurs d'une organisation, le chercheur-intervenant ne va pas réaliser des entretiens avec ses clients ou bien ses fournisseurs mais avec les membres de cette organisation pour recueillir leur propre perception et évaluation de cette relation. En premier lieu, parce que les membres d'une organisation sont les premiers porteurs des traces de l'environnement externe. Ensuite, parce que ce sont les acteurs internes qui devront mettre en œuvre les actions de transformation de cette relation vis-à-vis des acteurs externes. Par exception, l'intervenant-chercheur, peut accepter de réaliser des enquêtes spécifiques sur certaines parties prenantes de l'organisation étudiée, s'il en maîtrise la technique. Nous recommandons néanmoins, dans ce cas, si l'organisation traitée lui en faisait la demande, de laisser faire par elle-même ces travaux d'enquête, quitte à ce qu'elle recoure à un prestataire externe pour les réaliser. Les résultats obtenus, tels qu'ils sont perçus et acceptés par l'organisation étudiée, pourront alors plus utilement être utilisés par le chercheur-intervenant dans des séances de groupes de projet d'amélioration avec les membres de l'organisation concernée.

La recherche-intervention c'est de la consultance scientifique

D'apparence la distinction entre chercheur et consultant peut sembler assez floue. Ce n'est d'ailleurs absolument pas gênant d'être perçu par le terrain d'observation scientifique comme un intervenant plus que comme un chercheur voire même, idéalement, d'être perçu comme un agent de changement dans un environnement au départ énigmatique. En effet, chaque terrain est une énigme et c'est cela qui est stimulant. L'intervention est au fond un processus d'intrusion qui va créer en même temps des complicités et des opposants. Il est d'ailleurs passionnant de gérer cette dialectique. Par exemple, lors d'une des dernières interventions en Afrique, le dirigeant souhaitait une formation-intervention pendant trois jours sur le *team building* pour resserrer la cohésion de son équipe de direction. Le deuxième jour, il est apparu que le dirigeant s'opposait à sa directrice adjointe. Cela n'aurait jamais été découvert sans faire des prestations sur le terrain. Quelques mois après cette première intervention, le directeur général de la même entreprise a demandé de former son encadrement intermédiaire sur le même sujet, en contrepartie aussi d'une rémunération financière, ce qui était bon signe. Est-ce que ces deux interventions étaient du conseil prenant la forme de formations intra-entreprises ou bien était-ce de la recherche? Les deux en même temps, car cela a aidé cette entreprise à changer vers plus de progrès managériaux mais cela a permis aussi de mobiliser ces interventions pour réaliser des publications sur le leadership dans le contexte africain. Néanmoins, le chercheur-intervenant laboure davantage son terrain d'observation scientifique qu'un consultant ou un auditeur car, pour transformer en profondeur, il va essayer d'aller sur des points d'innovation. Afin de conserver l'intention scientifique de sa démarche, bien plus qu'un consultant non chercheur, il va devoir expliciter et tracer rigoureusement ses méthodes et les données collectées, par exemple au moyen d'un journal de bord, outil incontournable du chercheur. D'autant plus que pour capturer des phénomènes qui ne figurent sur aucun document de l'organisation et que les acteurs vous relatent, comment procéder sans prise de notes? C'est impossible car le chercheur-intervenant essaie de détecter des phénomènes subtils. Certes, la prise de note exhaustive demande de l'entraînement mais c'est de très loin préférable à l'enregistrement sans retranscription qui oblige le chercheur à passer un temps considérable à réécouter des enregistrements pour les retranscrire. Autant le faire directement. De plus, comme le chercheur-intervenant touche à la performance de l'organisation, sujet hautement sensible, une intervention comporte un risque, alors que la question ne se pose pas pour l'ethnologue ou le sociologue. Nous déconseillons donc aussi pour cette raison l'enregistrement, alors qu'il peut être utilisé sans dommage en sociologie ou en ethnologie.

QUESTIONS /RÉPONSES SUR LA NÉGOCIATION ET LA VENTE DE LA RECHERCHE-INTERVENTION

Les questions au plan de la négociation et de la vente posées par des chercheurs souhaitant pratiquer la recherche-recherche à des fins de publication peuvent être résumées par les verbatim suivants:

- Comment définir le tarif d'une recherche-intervention et comment le présenter à une entreprise cliente?
- Quels sont les règles à instaurer de délais de paiement d'une recherche-intervention avec un client?
- Est-ce que l'existence d'une transaction financière entre le chercheur et son objet de recherche ne vient pas biaiser les résultats de la recherche?
- Peut-on faire de la recherche-intervention gratuite sans faire payer l'organisation étudiée? Est-ce que la gratuité d'une recherche ne vient pas biaiser ses résultats?
- Comment trouver des entreprises potentiellement intéressées par l'achat d'une recherche-intervention?

Les réponses apportées à ces questions au plan de la négociation et de la vente peuvent être résumées au travers des développements de synthèse suivants qui sont détaillés dans les deux premières parties de l'ouvrage, en particulier les Chapitres 2, 5, et 6.

LA CONTREPARTIE FINANCIÈRE D'UNE RECHERCHE-INTERVENTION SÉCURISE SA QUALITÉ SCIENTIFIQUE SI L'ON NE DEVIENT PAS DÉPENDANT DU TERRAIN

Dans un processus de négociation et de vente d'une recherche-intervention, il faut souligner le rôle complexe de l'introducteur, c'est-à-dire la ou les personnes qui ont introduit le chercheur auprès du terrain et qui ont joué un rôle positif dans la conclusion de la vente. Par exemple, un directeur des ressources humaines qui a présenté le chercheur-intervenant à son directeur général pour l'inciter à lui acheter une intervention. Toute la difficulté est d'être loyal à son introducteur, de ne pas l'exclure lors de la recherche-intervention une fois celle-ci vendue mais sans en être dépendant, sinon la position n'est pas tenable. Pour cela, il s'agit de bien comprendre les logiques d'action des acteurs: pourquoi un introducteur a-t-il aidé un chercheur à intervenir dans son entreprise? Pourquoi un *décideur-payeur* a-t-il acheté une intervention? Au-delà de sa demande formelle, n'a-t-il pas des «méta buts» qu'il ne faut pas chercher à lui faire révéler mais dont il faut avoir conscience dans l'intervention?

Ce qui est important, c'est de se faire respecter par son client tout en restant modeste. D'une part en restant maître des méthodes, des prestations, de l'architecture et du planning de la recherche négociés dans la convention d'intervention. D'autre part, au plan financier, en étant rigoureux quant au paiement par le client de la recherche, selon l'échéancier conventionnel négocié. C'est pour cette raison que l'on demande toujours un acompte du client avant de démarrer une recherche-intervention. Tant que cet acompte n'a pas été réglé la recherche-intervention ne démarre pas. En effet, le retard de paiement est un indicateur significatif de la qualité de la relation scientifique. Dans toute recherche-intervention qui met en relation un intervenant avec une entreprise, il y a en réalité un paiement *caché* (ce que rapporte qualitativement l'intervention au chercheur: notoriété, matériaux scientifiques de qualité etc.) et un paiement *visible* (le prix convenu de la recherche-intervention). Au minimum, la recherche-intervention comporte un paiement caché, c'est-à-dire que, même en l'absence de rémunération financière proprement dite, il convient que le chercheur gagne qualitativement quelque chose en contrepartie de la transformation vers un meilleur état qu'il va contribuer à produire en faveur de l'entreprise. Néanmoins, nous déconseillons, autant que faire se peut, la systématisation de recherches-interventions réalisées sans rémunération financière du chercheur. Cela doit rester une exception. En effet, la gratuité apparente perçue par l'entreprise cliente de la recherche-intervention peut avoir un effet néfaste sur l'authenticité des données recueillies par le chercheur car cela pose alors, très concrètement la questiondu niveau effectif d'engagement des chercheurs dans leur intervention ainsi que de celui des acteurs de l'organisation. Le respect des acteurs du terrain d'observation envers le chercheur se trouve très amoindri, lorsque ce dernier lui apporte gratuitement la valeur ajoutée apportée par la recherche-intervention. L'idée centrale de la vente d'une recherche-intervention est d'organiser une relation approfondie avec l'organisation cliente, notamment au moyen d'une forme visible de contrepartie financière afin de garantir l'engagement du chercheur et celui du terrain, en d'autres termes, assurer un bon niveau d'authenticité et de robustesse des connaissances coproduites.

Pour ne pas devenir dépendant du terrain, le chercheur-intervenant doit être prêt à rompre une intervention, s'il venait à perdre le respect du client et sa crédibilité, à savoir l'ascendant qu'il a sur lui, de par son rôle de chercheur-intervenant. Il y a trois grandes causes qui peuvent conduire un chercheur-intervenant à menacer d'arrêter son intervention voire de la rompre. L'une est déontologique, lorsque le client adopte un comportement irrespectueux de la convention signée, notamment ses éléments financiers ou la réelle disponibilité des acteurs pour le processus de recherche-intervention, ou encore en étant excessivement discourtois avec le chercheur. La deuxième cause est liée à cette disponibilité, lorsque le diagnostic prévu n'a pu se faire sans contribution suffisante des acteurs de l'entreprise, car l'absence d'un diagnostic approfondi obère gravement la qualité des observations réalisées. La troisième cause est l'absence du dirigeant aux moments convenus dans la convention, tels que réunions de comité de pilotage, de présentation du diagnostic, de groupe de projet. En effet, l'absence du dirigeant dégrade très fortement l'engagement des acteurs dans la recherche-intervention. Ces causes de rupture d'une intervention doivent être bien expliquées au client durant la phase de négociation de la recherche-intervention. S'il ne les acceptait pas, elles deviennent des causes de rupture de la négociation, avant de conclure le contrat. Une fois l'intervention vendue et démarrée, le chercheur-intervenant doit donc surveiller «comme le lait sur le feu» les indicateurs de ces causes de rupture de l'intervention, principalement en cultivant de façon permanente une proximité, une connivence et une relation empathique quoique distante, notamment avec le dirigeant de l'entreprise terrain d'observation scientifique grâce à son ascendant de chercheur-intervenant, c'est-à-dire utile à l'organisation partenaire de la recherche, au travers des méthodes qu'il apporte pour atteindre les objectifs exprimés par le client de la recherche et fournir ainsi une valeur ajoutée tangible.

Dans la négociation, il faut distinguer la vente qualitative de la vente du prix de la recherche-intervention

La position que nous défendons est donc, tant pour des raisons d'efficacité que pour des motifs scientifiques, qu'il n'y a pas de raison de ne pas se faire rémunérer une activité de recherches qui engendre des améliorations pour l'entreprise, non seulement pour la financer mais aussi pour la rendre crédible et attractive. Aussi, convient-il que le chercheur-intervenant définisse ses tarifs d'intervention pour élaborer des devis et proposer un prix d'intervention raisonnable et compétitif à ses clients. La définition du tarif d'intervention par le chercheur-intervenant lui appartient. Ce tarif va dépendre des objectifs de marge du chercheur, des prix du marché et de la capacité contributive de l'entreprise visée.

Néanmoins la vente du prix d'une intervention est la dernière étape de son processus de négociation. Pour arriver à cette étape financière, le chercheur-intervenant doit auparavant avoir réussi la vente qualitative de la recherche-intervention, c'est-à-dire l'agrément par le client des méthodes, prestations, architecture et planning proposés pour répondre à ses objectifs. Tant qu'il n'y a pas d'accord avec le client sur ces éléments qualitatifs, le chercheur-intervenant ne doit pas parler d'argent avec son client et se doit de différer cette question, car elle est prématurée tant que l'accord qualitatif n'est pas obtenu. En quelque sorte, il y a un rite de la négociation à respecter par le chercheur-intervenant. Il consiste d'abord à vendre des méthodes et des prestations en réponse à une demande ou à un besoin détecté et non à vendre un prix et/ou une recherche. C'est la clé de la négociation. Une fois les méthodes et les prestations bien comprises, acceptées et désirées par le client, la vente de leur prix peut même devenir une formalité, sous réserve que les tarifs d'intervention ne soient pas «farfelus» et qu'ils soient expliqués et justifiés. C'est pourquoi, les méthodes et les prestations vendues sont les éléments centraux de la *convention d'intervention* qui vont devenir les moyens à la fois managériaux et scientifiques que le chercheur s'engage à apporter à l'entreprise.

La vente d'une recherche-intervention est un processus autant technique que de séduction

Le rite de la négociation d'une recherche-intervention allie donc une dimension technique, avec des outils et des dispositifs spécifiques, à une dimension psychologique de séduction du client. Pour qu'un décideur achète une recherche-intervention il faut qu'il en désire, au moins un peu, les méthodes et les prestations proposées et que le chercheur trouve les moyens—sans renier sa déontologie—de le «séduire», c'est-à-dire de s'assurer sa collaboration active dans un échange équilibré et non de rendre un petit service au chercheur, sans percevoir l'intérêt pour son entreprise. Ce processus de séduction peut être ponctué de moments de confrontation qu'il ne faut pas craindre car dès le début de ce processus, le chercheur va avoir des alliés (des membres de l'entreprise qui souhaitent son intervention et qui poussent le dirigeant à acheter) et des opposants (des membres de l'entreprise qui ne veulent pas d'intervention et qui poussent le dirigeant à ne pas acheter). Une dialectique de confrontation et de séduction se met donc en place, dans une négociation de recherche-intervention entre le chercheur et son client pour nouer le contact puis le cultiver.

Une des questions qui se pose souvent au chercheur-intervenant est celle d'attirer des entreprises ne serait-ce que pour initier un processus de négociation avec elles. La réponse impose au chercheur-intervenant de définir une stratégie commerciale: quoi faire pour attirer des demandes d'amélioration de la part d'entreprises et d'organisations? Pour attirer des demandes, cela ne passe pas par des publications dans des revues académiques qui ne sont pas lues par les dirigeants ou les praticiens. Il n'y a pas de règles universelles d'élaboration d'une stratégie commerciale, c'est au chercheur-intervenant de la définir en fonction de sa déontologie, de ses objectifs scientifiques et financiers, de sa gestion du temps, de l'organisation de son laboratoire etc. À titre d'exemple d'actions commerciales possibles pour attirer des demandes d'intervention, citons: des publications dans des revues professionnelles ou généralistes, la participation à des tables rondes et à des séminaires ouverts à des dirigeants, l'animation de formations continues pour managers, la réalisation d'un site internet attractif pour des professionnels et bien référencé, une utilisation ciblée des réseaux sociaux, la rédaction de manuels de référence, pourquoi pas en co-écriture avec des professionnels. Le ton général à adopter dans ces actions commerciales et de communication est d'éviter toute arrogance—les dirigeants ayant horreur de la supériorité que peuvent dégager parfois certains universitaires—autant que tout complexe d'infériorité envers le monde des praticiens, car les dirigeants n'achètent une intervention que s'ils sont convaincus de sa valeur ajoutée discriminante. Cela suppose pour le chercheur-intervenant de communiquer les éléments qui constituent son avantage concurrentiel, par rapport aux consultants professionnels, tout en restant humble et à l'écoute.

QUESTIONS/RÉPONSES SUR LA PUBLICATION ET LA COMMUNICATION DE LA RECHERCHE-INTERVENTION

Les questions, au plan de la publication et de la communication, posées par des chercheurs souhaitant pratiquer la recherche-intervention à des fins de publication, peuvent être résumées par les verbatim suivants:

- Comment structurer un papier de recherche fondé sur une recherche-intervention pour qu'il soit accepté dans une revue académique?
- Comment traiter les critiques des évaluateurs?
- Le lien entre l'objet d'une recherche-intervention et la littérature existante sur cet objet est souvent compliqué à faire. Comment procéder?
- Les publications académiques doivent-elles être adressées aux terrains d'observation qui ont été mobilisés pour les faire?
- Ce qui m'inquiète c'est le temps que cela prend pour écrire un article. Quel temps passer à la gestion de tout cela?
- N'y a-t-il pas un risque de pervertir sa pensée en adressant une papier à une revue académique qui a ses propres codes?

Les réponses apportées à ces questions peuvent être résumées au travers des développements de synthèse suivants qui sont détaillés principalement dans les chapitres 9 à 17 de la deuxième partie de l'ouvrage.

Pour être publié dans une revue de recherche il faut distinguer le scientifique de l'académique

La publication ne se réduit pas à la recherche. Avec une recherche-intervention on vend du scientifique. Avec une publication, on vend de l'académique c'est-à-dire en rigueur des connaissances «scientifiques»—ou disons comme le formulait François Perroux dans un souci d'humilité, des connaissances «d'intention scientifique»—enrobées dans les codes académiques de la revue ciblée: sa littérature de référence, sa structuration générique d'articles, ses méthodes «interdites» de recherche et, au contraire, celles qu'elle privilégie, ses paradigmes préférés, sa ligne éditoriale, ses sujets fétiches d'investigation, ses postures épistémologiques de prédilection etc. Pour être publié dans une revue, il faut donc au préalable choisir sa cible de revue et en décrypter les codes académiques pour juger de la faisabilité à s'y plier. Car il faudra s'y plier, si le chercheur veut être publié.

Une publication ne se confond donc pas avec la recherche. Celle-ci est un *processus* de génération de connaissances. La publication résulte d'un arrêt sur image qui prend la forme d'un *produit* et qu'il faut apprendre à faire sans scrupule, la génération de connaissance se poursuivant par ailleurs. C'est pourquoi il convient de distinguer l'*académique* qui obéit à des canons, des usages corporatifs et, d'une certaine manière des rapports de force issus de l'histoire des théories et concepts dominants bien établis et le *scientifique* qui est une conviction acquise grâce à un travail scientifique approfondi. Une publication, c'est donc un compromis que le chercheur doit faire entre sa recherche «permanente» et les objets singuliers qu'il peu en détacher et qui peuvent intéresser une revue, sous certaines conditions d'adéquation voire de conformité. Par exemple, dans le baromètre de la FNEGE (Fondation Nationale pour l'Enseignement de la Gestion dans les Entreprises) concernant les sujets qui intéressent les entreprises, le premier thème qui ressort de plusieurs enquêtes annuelles successives, c'est la relation avec les clients. Mais ce n'est pas un sujet traité dans la plupart des revues académiques. Il y a donc deux univers à distinguer: celui des «vraies problématiques observables dans la réalité» qui sont repérées dans les entreprises et les organisations et celui des «problématiques académiquement correctes» qui ont droit de cité dans les revues académiques, principalement lues par les enseignants-chercheurs. Pour être publié dans une revue, il faut impérativement jouer sa partition académique nonobstant les aspects scientifiques de sa soumission. Ainsi, il est impossible pour l'instant d'être publié dans une revue dont l'ADN académique est réfractaire aux recherches transformatives, en mobilisant une recherche-intervention.

Pour autant, à partir d'une seule recherche-intervention, il y a toute une palette de productions académiques possibles sur les différents objets qu'elle a permis d'observer. Une fois la cible de revue bien choisie, il faudra expliciter en détail le protocole de la recherche-intervention mobilisé car ce sont les détails de terrain dont sont friandes les revues ouvertes à cette méthodologie, car il en existe (présentation du cas, protocoles mis en œuvre, verbatim, analyse des résultats etc.). Si, en outre, la littérature relative à l'objet de la recherche est correctement exploitée, il n'y a pas de problème insurmontable pour publier les résultats d'une recherche-intervention, bien au contraire. Dans ce cas, en effet, les critiques des évaluateurs vont porter, comme dans tout article académique non issu d'une recherche-intervention, sur des détails tels que l'intégration de références complémentaires, l'amélioration de l'explicitation et de la justification du protocole de recherche, qu'il ne sera pas difficile de traiter. Le chercheur-intervenant devra simplement prendre le temps suffisant pour le faire. Dans des revues ouvertes bien ciblées, en procédant ainsi, il n'y a pas de difficulté majeure pour être publié, car la scientificité de la recherche-intervention ne pourra être remise en cause.

Nous avons travaillé avec nos laboratoires avec des entreprises de tailles très variées: de 30 000 à 3 personnes à l'effectif. L'observation scientifique approfondie a révélé un isomorphisme sur un ensemble de problématiques importantes, mais une grande variété de solutions et de façon de les résoudre. En tant qu'enseignant-chercheur, si nous étions plus souvent et plus profondément dans les entreprises, nous pourrions mieux cibler la littérature adéquate à exploiter et en faire bon usage. Mobiliser la littérature pertinente sur la base d'une connaissance théorique de l'entreprise est en effet très difficile et conduit souvent à n'utiliser que la littérature à la mode ou abondamment citée par tradition académique. La segmentation peut-être une bonne façon de résoudre la question de la littérature à mobiliser pour une publication, en identifiant les mots-clés centraux de sa problématique de recherche et des mots-clés connexes puis en cherchant la littérature idoine qui s'y rapporte par une recherche des mots-clés en bibliothèque ou sur des bases numériques d'archives ouvertes. Des proximités plus fines avec certains auteurs, des écarts avec d'autres dans le cadre d'une discussion scientifique solide et attrayante pourront, à l'issue, être identifiés et discutés.

Une publication doit être gérée comme un projet

La recherche-intervention exige beaucoup de temps et d'énergie et les publications exigent des délais. Il faut donc impérativement programmer des temps d'écriture dans son agenda. À titre indicatif, à partir du moment où une recherche-intervention est exploitable, une publication sur l'un des objets qu'elle a permis d'étudier demande entre quarante et quatre-vingt heures de travail. Rappelons que le grand avantage de la recherche-intervention est qu'elle permet souvent d'observer, voire d'expérimenter véritablement, plusieurs objets simultanément et, partant, de maximiser le nombre de publications possibles, à partir d'une même recherche-intervention. En résumé, il faut compter environ un mois plein de travail pour une publication centrée sur un objet étudié dans une recherche-intervention. Étant donné qu'en moyenne, pour une telle publication dans une revue bien classée, il faudra compter environ deux à trois ans de délais entre sa première soumission et son édition, si elle est acceptée. Un autre avantage de la recherche-intervention en termes de productivité académique est que l'on n'attend pas la fin du processus pour faire une publication. Des publications sont possibles aux différentes étapes de sa réalisation qu'il faut programmer dès le début du processus de recherche-intervention. À noter que pour les recherches-interventions réalisées par plusieurs chercheurs, la discipline d'équipe est un point très sérieux à traiter afin d'éviter une anarchie des publications des membres de l'équipe, chacun pouvant être tenté de publier dans son coin, au grand désarroi des autres. Une précaution absolument nécessaire estde fixer au sein de l'équipe de recherche-intervention des règles déontologiques de publication, avec une sorte de discipline symphonique, avant le démarrage de la recherche, en définissant notamment les modes de relation avec l'entreprise et quel(s) chercheur(s) écri(ven)t quoi, à quelle époque et sur quel thème.

Une fois la soumission faite et évaluée, il convient de se mettre dans la tête, même si parfois des révisions peuvent irriter, que «les rapporteurs ont toujours raison», puisqu'ils constituent, non seulement une point de passage obligé mais aussi un petit échantillon du lectorat potentiel de l'article proposé par le chercheur-intervenant. La question d'une bonne correction suite à révision est donc de savoir comment surmonter son aversion pour les rapports négatifs et les critiques irritantes. C'est parfois un véritable combat qu'il faut mener contre soi pour se dire que le réviseur a raison. Tant que l'on a de la rancœur à son endroit et que l'on résiste à ses remarques, on ne progresse pas vers une issue favorable à la publication. Une fois les corrections apportées, suite au traitement exhaustif et minutieux des rapports d'évaluation, il convient de les expliciter toutes dans un document à part pour bien montrer que toutes les remarques des réviseurs ont été prises en compte, quitte à expliquer pourquoi certaines remarques n'ont pas été prises en compte. Ainsi sur un article publié dans la prestigieuse revue *Organizational Research Method*, nous avons fait quatre cycles de révision au total et l'article a été modifié à plus de 80% entre sa première version et celle qui a été finalement publiée. Le candidat-auteur se doit de respecter le travail critique des rapporteurs ainsi que la revue à qui il faut montrer les efforts de révision que l'on a fait. Il donc de toujours avoir dans un article une petite partie sur les limites.

Une recherche-intervention, plus ou moins longitudinale, peut produire plusieurs dizaines, voire plusieurs centaines de thèmes. Dans cette multitude de thèmes comment choisir le bon sur lequel publier pour ne pas se disperser? Il faut choisir les plus étayés par les données et l'originalité ou bien prendre le contrepied de la littérature dominante sur un même objet avec une argumentation très étayée. Un autre point dont il faut avoir conscience est que l'idéologie académique dominante considère qu'à un thème donné correspond une méthodologie d'investigation, donc il faut être prudent sur ce point. Il faut expliquer rigoureusement comment la problématique a émergé du terrain, pourquoi telle méthodologie d'investigation a été choisie plutôt qu'une autre. Bien évidemment pour traiter les verbatim très abondants dans une recherche-intervention des logiciels de traitement du qualitatif qui redonnent du quantitatif peuvent être utilisés. Mais la réalité de la publication montre que les revues ouvertes à la recherche-intervention sont très friandes de verbatim bruts non retraités par des logiciels d'analyse lexicale. Quitte à quantifier le qualitatif, il semble donc plus judicieux de maximiser les résultats d'une recherche-intervention par du quantitatif (enquête univariée, économétrie etc.) en aval et/ou en amont sous réserve de bien définir et délimiter les thèmes traités dans la publication académique.

La publication à partir d'une recherche-intervention ne se réduit pas aux articles de revues académiques

Publier dans des revues académiques n'empêche pas d'avoir des modes d'expression différents au travers d'un chapitre d'ouvrage ou d'un livre mais il faut trouver un éditeur et négocier avec lui quant à l'intérêt de l'ouvrage. La revue c'est l'épreuve imposée, le livre c'est la figure libre. Il y a aussi la publication pédagogique sur des études de cas, par exemple. Cela rejoint les contributions intellectuelles demandées dans les processus d'accréditations des Universités ou des Écoles. Il y a également les articles pour revues professionnelles ou généralistes de bon niveau comme *Le Monde*, *Les Échos* ou la *Harvard Business Review*. Sur les réseaux sociaux, on peut aussi ouvrir des blogs inspirés de sa recherche par exemple sur Educ Pro, le Huffingtonpost ou The Conversation. C'est beaucoup plus court bien entendu qu'une publication classique et il faut apprendre à condenser sa pensée. Autre possibilité, les vidéos longues au travers des MOOC ou, plus courtes, postées sur YouTube. Être sur Twitter, Facebook ou LinkDin peut être intéressant pour informer sur une de ses contributions et donner envie à un large auditoire de découvrir des publications plus longues et plus approfondies.

QUESTIONS/RÉPONSES SUR L'ENCADREMENT DE TRAVAUX FONDÉS SUR DES RECHERCHES-INTERVENTIONS

Les questions au plan de l'encadrement de travaux posées par des chercheurs souhaitant pratiquer la recherche-recherche à des fins de publication peuvent être résumées par les verbatim suivants.

- Comment encadrer un travail fondé sur une recherche-intervention, tant au plan théorique que méthodologique?
- Peut-on intervenir sur le terrain avec l'étudiant dont on encadre le travail et comment, dans ce cas, gérer la relation avec le laboratoire et avec le terrain?

Les réponses apportées à ces questions peuvent être résumés au travers des développements de synthèse suivants qui sont détaillés dans les deux premières parties de l'ouvrage, en particulier les chapitres 7 et 8.

Au plan juridique, il n'y a aucune règle concernant la gestion des rendez-vous entre le directeur d'un travail scientifique et son encadré(e). Mais il y a contrat moral et d'efficacité entre les deux qui oblige à une régularité des rencontres. Pour une thèse de doctorat ou de DBA (*Doctorate Of Business Administration*), la régularité c'est un rendez-vous mensuel avec le directeur de recherche qui fait du «coaching», sans quoi le doctorant est happé par l'activité quotidienne surtout s'il mobilise comme méthode la recherche-intervention avec de nombreuses phases d'immersion sur le terrain. Dans ces rendez-vous, la grande difficulté sur laquelle le directeur doit être vigilant, c'est de ne pas confondre le terrain (*champ* de la recherche) avec l'*objet* de recherche et d'aider le doctorant à prendre recul et distance sur ses observations. La capacité de réflexivité est alors un avantage considérable sans quoi la recherche risque de s'enliser dans son propre terrain d'observation scientifique (TOS). Le défi d'une recherche-intervention est en effet de ne pas tout raconter ce que le chercheur a découvert sur le terrain, mais de trouver un focus, un objet précis. Le directeur de recherche est là pour éclairer le choix du focus pertinent puis aider à classer les données brutes extraites du terrain dans des boîtes pertinentes et à les positionner théoriquement.

D'autres points d'attention du directeur de recherche consistent à avoir conscience que la recherche-intervention est pertinente si elle est transformative ou d'intention transformative et alerter son/sa dirigé€ sur des tentatives du terrain pour résister aux transformations utiles à la recherche ainsi qu'à l'entreprise partie prenante de la recherche-intervention. Notre conseil est que le directeur de recherche n'intervienne pas directement sur le terrain en «court-circuitant» son/sa dirigé€ mais qu'il donne les outils et les méthodes à celui-ci pour mieux négocier avec son terrain d'observation scientifique. N'oublions pas que deux-tiers des jeunes chercheurs ne restent pas à l'issue de leur thèse dans l'entreprise ou organisation partenaire de la recherche, car ils ont changé eux-mêmes et que, le terrain étant de nature systémique, l'objet extrait du terrain pour une publication devra être ramifié aux autres éléments du système. Il y a également une notion de temps long chez le chercheur sur laquelle le directeur de recherche doit alerter son/sa dirigé€ alors que le stratège d'entreprise est, en règle générale, sur un temps plus court. À ce titre, dans le cas d'une méthodologie de recherche-intervention, il est vrai que le contrat doctoral est une vraie chance car c'est un enjeu fort d'encadrer des thèses pendant trois ans. Tout cela doit conduire un directeur de recherche à passer du temps avec un candidat avant de décider de l'encadrer pour bien comprendre ses objectifs, son terrain et ses sources de financement durant la recherche.

Il ne s'agit pas, selon nous, pour un directeur, d'imposer une problématique à son candidat car celle-ci, dans le cas d'une recherche-intervention, va nécessairement dépendre des phénomènes observés sur le terrain. Il s'agit d'aider le/la dirigé(e) à faire émerger des problématiques pertinentes puis l'accompagner au plan scientifique. C'est pourquoi il est très efficace de bâtir avec lui/elle un programme de recherche, avec des délais et des échéances, de rendus à discuter qu'il devra respecter pour le/la canaliser dans le temps et l'espace et éviter trop de déperditions. Ce programme ne cherche pas à orienter en cours de route la recherche-intervention vers les propres préoccupations du directeur, car il ne faut pas de hiatus entre les projets du directeur, ceux de l'entreprise et ceux du/de la dirigé€ qui doivent être négociés en amont. C'est pourquoi, en tant que directeur de recherche, il est recommandé de négocier en amont avec les candidats doctorants en leur évoquant les risques et les enjeux, puis leur laisser trois mois pour réfléchir.

ÉVALUATION DU SÉMINAIRE «DE LA RECHERCHE-INTERVENTION À LA PUBLICATION»

En conclusion de cette troisième partie, nous présentons sous forme de verbatim un extrait représentatif des évaluations faites par les enseignants-chercheurs et les chercheurs, stagiaires du séminaire de formation «De la recherche-intervention à la publication» qui est à l'origine de cet ouvrage. Ces évaluations permettront au lecteur de mieux cerner les attentes de chercheurs attirés par la recherche-intervention et les éléments à mettre en exergue pour consolider leur motivation pour cette forme de recherche.

- J'ai un peu mieux saisi la différence entre recherche-intervention et recherche contemplative. J'ai de quoi lire pour plusieurs mois sur la question.
- À titre personnel, je suis rassuré car je ne suis pas à côté de la plaque en termes de recherche-intervention.
- Ce qui m'a agréablement surpris, c'est le lien possible entre la recherche-intervention avec l'anthropologie et la sociologie. Je ne peux être que ravie.
- J'ai envie de continuer dans cette logique d'intervention car la prise en considération de l'humain et le retour vers l'entreprise contribue à une science plus citoyenne.
- J'ai beaucoup apprécié les conseils donnés pour convertir une intervention en publication académique sur des disciplines aussi variées que le marketing, la gestion des ressources humaines, la comptabilité ou la stratégie.
- Le séminaire m'a permis de valider le fait que les mentalités changent vers plus d'ouverture aux recherches transformatives qui aident les entreprises à évoluer vers un état préférable et c'est plutôt rassurant.
- J'ai apprécié les observations méthodologiques sur la façon de mener une recherche-intervention car souvent les ouvrages consacrés à la question sont plus conceptuels et épistémologiques qu'instrumentaux.
- Je dois déposer ma thèse fondée sur une recherche-intervention dans quelques semaines, le séminaire m'a permis de mieux comprendre ce que j'ai fait et de prendre du recul qui me sera utile pour la soutenance

- Le séminaire m'a donné envie d'écrire à partir de mes matériaux de terrain. D'autre part, l'aspect financier d'une recherche-intervention me questionne beaucoup car je n'avais pas l'habitude de vendre mes recherches.
- Le séminaire a été très intéressant en ce sens qu'il pose les cadres d'une publication fondée sur une recherche-intervention qu'il s'agisse d'une thèse, d'un ouvrage ou d'un article académique.
- J'ai beaucoup apprécié de voir qu'il y avait une communauté de chercheurs-intervenants donc que l'on n'est pas isolé et que l'on peut avoir une légitimité scientifique avec la recherche-intervention.
- J'ai beaucoup mieux compris la recherche-intervention. Il faut que je publie car le séminaire m'évitera de faire des erreurs.
- Je me suis nourri du séminaire, des différentes perspectives qu'il a proposées sur la recherche-intervention et des stratégies de publication qu'il a expliquées.
- Le séminaire a montré que la recherche-intervention et au-delà la recherche qualitative ne sont pas déclinantes. L'aspect contractualisation de la recherche-intervention est un aspect très intéressant que j'espère pouvoir appliquer.
- Le séminaire m'a apporté beaucoup d'éclairage sur ma posture de consultant versus celle de chercheur et comment passer de la consultance à la science».

LEXIQUE

Académisme: Conception confinée de l'activité d'enseignement et de recherche qui privilégie l'étude quasiment exclusive des textes comme base de connaissance plutôt que l'observation de situations réelles. Cette déformation de l'activité académique conduit à la sclérose conceptuelle et théorique, notamment en sciences humaines et sociales, ainsi qu'à l'hypertrophie idéologique et à des modélisations dites théoriques non validées par l'expérimentation. Les risques de l'académisme sont l'élitisme, le corporatisme et le rejet ou le retard des innovations (voir chapitres 1, 3, 9).

Analyse de contenu: L'abondance d'informations recueillies par le chercheur que permet la recherche-intervention a conduit à enrichir et perfectionner la *méthode d'analyse de contenu.* Elle consiste, à partir d'informations qualitatives, *verbatim* ou idées-clés exprimées par des acteurs ou découvertes dans des documents, à *induire des idées-clés* de *synthèse* puis des idées-forces de plus en plus génériques et à les classifier dans une nomenclature élaborée par le chercheur. Dans une deuxième étape, des *nombres-clés* recueillis ou élaborés par le chercheur seront associés aux idées-clés génériques, dans une optique qualimétrique permettant une *représentation* satisfaisante de l'objet étudié (voir chapitres 1, 4, 7, 8).

Authenticité: L'importance épistémologique du transformatif dans une recherche-intervention s'explique par sa finalité de créer des connaissances et d'aller vers un état préférable de l'organisation. La validation des hypothèses conduisant à la connaissance se fera par expérimentation (validation interne) puis réplication (validation externe). Cela amène le chercheur-in-

La Recherche-Intervention Dans les Entreprises et les Organisations, pages 301–307

tervenant à se poser la question de la signification et de l'authenticité des observations réalisées: «quel protocole de recherche utiliser pour saisir l'authenticité des phénomènes observés?» devient alors la question centrale du chercheur-intervenant et non plus celle de l'impossible objectivité ou de la neutralité du chercheur (voir chapitres 1, 3, 8, 18).

Client entreprise: Selon le concept de recherche-intervention, l'entreprise ou organisation partenaire de la recherche, n'est pas seulement un champ d'observation scientifique qui accueille le chercheur-intervenant. Elle a des attentes vis-à-vis du chercheur-intervenant et coproduit le processus de recherche-intervention en mettant à disposition des acteurs de l'entreprise. Elle attend de cet investissement incorporel un résultat en termes de contribution directe ou indirecte à la résolution de ses problèmes spécifiques et, ce faisant à l'amélioration de sa performance socio-économique, en lien avec la problématique de recherche initialement définie par le chercheur. La recherche-intervention apparaît ainsi comme un service innovant fourni à l'organisation cliente par le chercheur-intervenant (voir chapitres 2, 5, 6, 9).

Conseil: Voir chapitres 2, 5, 18

Constructivisme générique: Position épistémologique de la recherche-intervention qui se situe dans une intersection entre le positivisme et le constructivisme, en essayant de dépasser la relative superficialité du premier et la particularité du deuxième. Le constructivisme est centré, en psychologie cognitive des recherches, sur la construction de la connaissance individuelle. Le constructivisme générique répond aux besoins de la recherche en sciences de gestion, dont le périmètre principal d'élaboration et de transmission de la connaissance n'est pas l'individu mais l'équipe ou l'organisation (voir chapitre 1).

Consultance scientifique: La méthodologie de recherche-intervention peut aussi prendre le nom de *consultance scientifique.* En cela, elle s'oppose à l'idée généralement admise selon laquelle le conseil *suivrait* la recherche, de la même façon que nombreux sont ceux qui pensent que la recherche appliquée *suit* la recherche fondamentale. La pratique de la consultance scientifique est une invitation à explorer continuellement de nouveaux secteurs, de nouvelles activités, de nouveaux statuts, de nouveaux contextes, pays ou problématiques considérés scientifiquement pertinents et crédibles, afin de produire des connaissances scientifiques innovantes, en réévaluant inlassablement les corpus théoriques préexistants. Dans cet optique le conseil devient un composant technologique de la recherche ainsi qu'un des modes de validation des connaissances (voir chapitres 2, 5, 18).

Contingence générique: Un des trois principes épistémologiques clés de la recherche-intervention qui désigne le fait que toute situation est contingente mais qu'une analyse approfondie révèle un composant générique que l'on retrouve dans d'autres situations, de même qu'on retrouve le même atome dans une grande variété de molécules différentes (voir chapitres 1, 2, 5, 18).

Contrat de recherche-intervention: cahier des charges qui détermine les conditions de la collaboration et de la présence du chercheur au sein de l'organisation. Il peut être, soit à titre onéreux et produire une rémunération pour le chercheur et/ou son laboratoire, soit plus exceptionnellement à titre gracieux. Le contrat résulte d'une discussion respectueuse, d'égal à égal, entre le chercheur et le dirigeant de l'organisation. La relation entre le terrain d'observation scientifique et le chercheur se situe dans un cadre de *transparence*. Sa présence sur le terrain d'observation scientifique n'est ni clandestine ni effacée car elle a été dûment contractualisée (voir chapitre 1, 2, 5, 6, 18).

Coûts—performances cachés: L'observateur, chercheur ou acteur, perçoit certains éléments—*visibles*—et n'en perçoit pas d'autres, qui se trouvent *cachés*. La recherche étant un processus de découverte de connaissances nouvelles, l'exploration, l'identification et l'utilisation de ces *coûts-performances cachés*, le plus souvent ignorés par la littérature des sciences économiques et de gestion, sont des enjeux cruciaux de la recherche-intervention (voir chapitres 1, 2, 18).

Décideur-payeur: Dirigeant d'une entreprise ou d'une organisation qui décide d'ouvrir les portes au chercheur-intervenant et d'allouer des ressources économiques à la recherche-intervention, soit en nature (temps passé par les acteurs de l'organisation) soit en financement au profit du chercheur-intervenant ou de son équipe (honoraires, frais de déplacements et de séjour . . .) (voir chapitres 1, 2, 5).

École socio-technique: École de recherche qui, depuis la seconde guerre mondiale, a développé une approche méthodologique, la *recherche-action* dont l'objet d'étude était la transformation des situations de travail. Les expériences et les publications étaient conduites selon une approche des systèmes ouverts (Emery & Trist, 1965) et principalement alimentées par les travaux de l'Institut Tavistock de Londres ainsi que de nombreuses expérimentations dans les pays scandinaves. La dimension *ontologique* de la recherche était clairement explicitée: l'amélioration des situations de travail. L'approche socio-technique présentait toutefois une lacune, à savoir une conception caricaturale de la *performance économique*, considérée le plus souvent comme une *contrainte* et non comme une des dimensions essentielles de la raison d'être des situations de travail étudiées. D'où l'invention simultanée de la recherche-intervention et de la théorie socio-économique, nées de l'analyse critique de la recherche-action, de la critique du modèle macro-économique de la fonction de production ainsi que des limites de la comptabilité (voir chapitres 1, 18).

Ethnométhodologie: Voir chapitre 3

Hypothèse: Une *idée-clé* élaborée par le chercheur peut avoir *deux statuts*, selon l'état d'avancement de la recherche-intervention. Elle peut, d'abord, constituer une *hypothèse*, c'est un outil de *motricité* dans le processus de travail scientifique, un énoncé à démontrer qui tire la dynamique de la recherche. Lorsque la démonstration est achevée, l'idée-clé acquiert un statut de résultat, d'énoncé scientifique correspondant à l'un des objectifs de production de la recherche. Une clé importante de la recherche-intervention consiste à déterminer trois niveaux d'hypothèses de nature différente, complémentaires et successives: descriptive, explicative et prescriptive (voir chapitres 1, 8, 18).

Hypothèse centrale: Hypothèse qui énonce l'essentiel de la démonstration que souhaite faire le chercheur et qui se déclinera dans une recherche-intervention en une arborescence d'hypothèses détaillées ou sous-hypothèses, descriptives, explicatives et prescriptives (voir chapitres 1, 18).

Hypothèse descriptive: hypothèse qui fait sens dans une recherche-intervention et montre la modestie du chercheur dans la description d'un objet, car un autre chercheur pourrait en fournir une description significativement différente (voir chapitre 1).

Hypothèse explicative: hypothèse qui consiste à énoncer des explications et des interprétations aux phénomènes, ce qui est particulièrement apprécié dans la communauté des chercheurs et s'est développé au cours de l'histoire des sciences (voir chapitre 1).

Hypothèse prescriptive: hypothèse qui constitue le niveau le plus élevé dans l'épistémologie de la recherche-intervention et comporte des recommandations auxquelles aboutit le travail scientifique. Selon certains chercheurs académiques, particulièrement en sciences humaines et sociales, ce type d'hypothèse, paradoxalement, ne ferait pas partie de la recherche scientifique. Or, l'hypothèse prescriptive ouvre la voie au processus de validation des connaissances d'intention scientifique (voir chapitre 1).

Impacts managériaux et sociétaux de la recherche: Voir chapitres 3, 4, 7, 8, 9

Intelligence artificielle: Ensemble de théories et de techniques en sciences cognitives qui propose trois notions intéressantes pour la recherche-intervention: la *base de connaissance* constituée d'une *base de faits* et d'une *base de règles*. En effet la connaissance consiste, le plus souvent, à établir un lien entre différents éléments constitutifs de l'objet matériel ou incorporel étudié par le chercheur ou évoqué par les acteurs. L'énoncé simple «si A alors B» est utile pour représenter une *structure de connaissance* scientifique (voir chapitre 1).

Interactivité cognitive: Un des trois principes épistémologiques clés de la recherche-intervention qui désigne le fait que la construction de la connaissance *collective* résulte d'un processus d'interaction entre deux ou plusieurs acteurs, chacun étant porteur d'une bribe de connaissances contribue, grâce à des *itérations* successives, à construire une connaissance partagée par les acteurs d'une équipe ou d'une organisation. Cela justifie la nécessité d'un partenariat structuré entre le chercheur et le terrain d'observation scientifique (voir chapitres 1, 2, 5, 18).

Intersubjectivité contradictoire: Un des trois principes épistémologiques clés de la recherche-intervention désigne le processus interactif qui permet à deux ou plusieurs acteurs, partant de points de vue subjectifs différents, de construire, au moyen d'échanges et d'itérations au cours du temps, une représentation commune acceptable. Étant donné l'*impossible objectivité*, notamment en sciences humaines et sociales, cette représentation conventionnelle, à défaut d'être «objective», permet de construire une plateforme de connaissances d'intention scientifique, utilisable dans un espace d'acteurs donné et pour un certain temps (voir chapitres 1, 2, 5, 18).

Introducteur: Personne qui met en relation le chercheur-intervenant et l'entreprise ou organisation partenaire de la recherche-intervention. Elle peut être interne ou externe à cette organisation. Personnage important au début de la négociation de la recherche-intervention, l'expérience montre qu'il est souhaitable qu'il s'efface par la suite, afin d'éviter des interférences parfois négatives avec le décideur-payeur (voir chapitres 1, 2, 5, 6).

Périphérie thématique: Étant donné que la recherche-intervention privilégie l'observation scientifique, le chercheur-intervenant est invité à dessiner le *noyau dur* de sa recherche, issu du travail de terrain et à le *segmenter en thèmes* et sous thèmes. Cela constitue une nomenclature qui permet d'aller chercher dans la littérature académique les matériaux qui permettront de *positionner* ses propres résultats de recherche par rapport à ceux d'autres chercheurs. Autour du noyau dur se construit une *«périphérie thématique» de bibliographie extérieure* qui consiste à recenser les matériaux *pertinents*, relativement à l'objet de recherche, extraits de la littérature. L'*outil périphérie* *thématique* permet de positionner les résultats du chercheur, par un rapprochement avec la littérature et d'identifier tantôt des *proximités* tantôt des écarts ou des contradictions, puis d'élaborer une discussion scientifique et signaler, en toute modestie, les limites et les perspectives de la recherche (voir chapitres 9, 10, 11, 12, 13, 14, 15, 16, 17).

POMP (Produits-Objectifs, produits-Méthodes, produits-Prestations): La forme matérielle utilisée pour formaliser le cahier des charges-contrat de la recherche-intervention, est celle d'un triptyque qui synthétise la *production* du chercheur: *produits*-objectifs/*produits*-méthodes/*produits*-prestations. Le contenu de chaque recherche-intervention est donc adapté à chaque situation concrète, mais il inclut toujours des éléments scientifiquement «non négociables» qu'il convient d'expliciter précisément et de justifier auprès des partenaires futurs de la recherche-intervention (voir chapitres 2, 5, 6).

Recherche: Voir chapitre 1, 2, 3, 9

Recherche-action: Voir chapitre 1

Recherche-intervention: Méthodologie de recherche qui, pratiquée de façon *cumulative et en équipe*, permet de créer des bases de données inédites, grâce à l'*interaction* du chercheur avec les acteurs des organisations au cours d'un processus de *coproduction de connaissances*. La recherche-intervention implique une certaine *longitudinalité*, nécessaire à l'application des trois principes qui fondent sa *qualité épistémologique*: l'interactivité cognitive, l'intersubjectivité contradictoire et la contingence générique. La dimension *transformative* de la recherche-intervention consiste à modifier l'état de l'objet étudié pour mieux en révéler les caractéristiques et les propriétés, les décrire et les interpréter. L'analyse des variations de cet état permet d'extraire la connaissance générique approfondie de certaines *propriétés* de l'objet étudié (voir chapitres 1, 2, 3, 4, 5, 6, 7, 8, 9, 18).

Recherche-intervention qualimétrique: Méthodologie de recherche-intervention d'ordre qualimétrique qui utilise systématiquement la *représentation qualimétrique* pour formuler les informations recueillies ainsi que les résultats obtenus par le processus d'investigation. L'approche qualimétrique, telle qu'adoptée par la recherche-intervention socio-économique, offre un éventail très riche d'éléments qualitatifs, quantitatifs et financiers qui permet de mieux représenter les objets complexes et incorporels observés ainsi que les énoncés théoriques produits par la recherche (voir chapitres 1, 2, 18).

Réseaux sociaux: Voir chapitre 17

Terrain d'observation scientifique: Les organisations observées lors d'une recherche-intervention forment des terrains d'observation scientifique. La qualité de la relation entre le chercheur et les acteurs du terrain d'observation scientifique est un facteur-clé essentiel de la qualité de la recherche. La génération de connaissances d'intention scientifique résulte d'un va-et-vient entre le terrain d'observation scientifique et le laboratoire du chercheur, d'une alternance entre les séquences d'observation *in situ*, et de distanciation par rapport au terrain qui permet une phase de réflexion avec un certain recul. Ce processus implique un retour périodique du chercheur au sein de l'organisation, afin d'organiser des *itérations successives* qui améliorent progressivement la qualité des informations qu'il collecte ainsi que la base de connaissance qu'il construit(voir chapitres 1, 2, 3, 5, 9, 18).

Théorie socio-économique des organisations: Théorie développée par Henri Savall et son équipe de l'ISEOR qui s'est appuyée, notamment sur l'approche sociotechnique, en s'efforçant de compléter et d'approfondir l'approche critique reconstructive de l'organisation du travail et en proposant de nouveaux concepts et modèles de gestion intégrant des variables sociales et des variables économiques des organisations. La construction de la théorie socio-économique, au moyen d'un programme scientifique longitudinal de recherche cumulative, impliquait un grand nombre d'expérimentations successives, rendues possibles par la méthode de recherche-intervention d'ordre qualimétrique ainsi qu'une certaine stabilité méthodologique (voir chapitres 1, 2).

BIOGRAPHIE DES AUTEURS

Isabelle Barth est Professeure agrégée des Universités de sciences de gestion, diplômée de l'EM Lyon Business School, Docteur en sciences de gestion, habilitée à diriger les recherches. Elle a travaillé en entreprise à l'international avant de rejoindre l'Université où elle a exercé de nombreuses responsabilités. Elle a été directrice générale de l'EM Strasbourg Business School de 2011 à 2016. Ses recherches portent sur le management de la diversité, les nouveaux managements et les comportements émergents. Elle est rédactrice en chef de la Revue Internationale de Psychosociologie et de Comportements des Organisations, Vice-Présidente de l'Institut Psychanalyse et Management. Elle est l'auteure de nombreuses publications dont les plus récentes sont: «La manager et le philosophe» (avec Y. Martin, Ed. Le Passeur, 2014), «Voyage au cœur de l'impulsion d'achat» (Ed. L'Harmattan, 2015) et «La comédie de la vie au travail» (avec Y. Martin, Ed. Desclée de Brouwer, 2017).

Marc Bonnet est professeur de gestion à l'IAE de Lyon, Université Jean Moulin Lyon 3, et directeur adjoint du centre de recherche ISEOR (IAE de Lyon, Magellan, Université Jean Moulin Lyon 3). Il a réalisé de nombreuses recherches-interventions dans des entreprises et des organisations de tailles et de secteurs variés en France et à l'étranger. Ses recherches portent sur le management socio-économique et sur les conditions d'un capitalisme socialement responsable, thèmes sur lesquels il a publié plusieurs articles et ouvrages avec Henri Savall et Véronique Zardet. Il a également été président de l'Association Francophone de Gestion des Ressources Humaines

La Recherche-Intervention Dans les Entreprises et les Organisations, pages 309–312

(AGRH) et de la *Management Consulting Division* (MCD) de l'*Academy Of Management* (AOM).

Anthony F. Buono a obtenu un Ph.D du *Boston College* en sociologie organisationnelle et industrielle. Il est éditeur de la collection RMC chez Information Age Publishing, professeur de management et sociologie et fondateur de l'Alliance pour l'éthique et la responsabilité sociale à l'université Bentley de Boston qu'il a dirigée de 2003 à 2013. Il a été aussi directeur du département Management de l'université Bentley. Ses recherches portent sur le changement organisationnel, les stratégies inter-organisationnelles, le conseil en management, l'éthique et la responsabilité sociale des entreprises. Il a écrit ou dirigé 19 ouvrages dont *The Human Side of Mergers and Acquisitions* (Jossey-Bass, 1989, Beard Books, 2003), *A Primer on Organizational Behavior* (Wiley, 7th ed., 2008), et plus récemment *Consultation for Organizational Change Revisited* (Information Age Publishing, 2016). Il a écrit de nombreux articles dans des revues académiques comme *Academy of Management Learning & Education, Across the Board, Administrative Science Quarterly, Human Relations* et *Personnel Psychology*.

Laurent Cappelletti est diplômé de l'EDHEC Business School, Docteur en gestion Habilité à diriger des recherches. Il a d'abord été auditeur financier chez KPMG puis maître de conférences à l'IAE de Lyon. Depuis 2011, il est professeur titulaire de la chaire comptabilité et contrôle de gestion au CNAM ou il dirige le master comptabilité-contrôle-audit, chercheur au LIRSA, directeur de programmes de recherche-intervention à l'ISEOR et coordonnateur du réseau de recherche international Tétranormalisation. Il a réalisé 165 publications sur la base de recherches-interventions dont 11 ouvrages (notamment: *Le contrôle de gestion de l'immatériel*, Dunod, 2012 ; *Dynamique normative*, EMS, 2015) et 27 articles dans des revues académiques (notamment: *Comptabilité-Contrôle-Audit, Management Accounting Quarterly, Action Research*) primées à deux reprises d'un *best paper award* par *l'Academy of Management* (USA). Il est également rédacteur en chef adjoint de la revue *Management Sciences–Recherche en sciences de gestion–Ciencas de Gestion.*

Thierry Nobre est professeur agrégé des universités en sciences de gestion, Docteur en gestion et Habilité à diriger des recherches. Il conduit des recherches-interventions dans les PME et dans le secteur hospitalier dans le domaine de la conduite du changement, du management stratégique et du management de la performance. Il a été titulaire de la chaire de recherches en management hospitalier de l'Ecole des hautes études en santé publique (EHESP) et dirige actuellement l'Executive MBA en management hospitalier de l'EM Strasbourg. Il a récemment publié un ouvrage sur les innovations managériales à l'hôpital et est auteur d'une trentaine d'articles dans des revues académiques.

Florence Noguera est Professeur à l'Université Paul Valéry Montpellier. Elle est Docteur et agrégée es Sciences de Gestion spécialisée en GRH, Habilitée à diriger des Recherches de l'Université Panthéon-Assas, Paris 2. Elle exerce des responsabilités au sein de l'association académique de l'AGRH (Trésorière de l'AGRH) et des activités de conseil et de recherche-intervention auprès d'entreprises de services et d'organisations publiques. Elle dirige actuellement l'Executive MBA Leadership, gouvernance et performance des équipes et elle a créé et dirige un *Doctorate in Business Administration* (DBA) spécialisé en management des entreprises et des organisations à l'université Paul Valéry Montpellier. Elle a été professeur invité à Unitad de Estudios de Posgrado e Investigacion, UEPI au Mexique pour l'animation d'un cycle de conférence «Processus de changement et rôle de la gestion des ressources humaines». Ses travaux de recherches portent sur la mesure de la performance et la normalisation du management et de la GRH. Elle a réalisé plus d'une centaine de publications présentées dans des congrès en France et à l'international (*AGRH, Academy Of Management, IFSAM, AAA, ACFAS...*) dont *"Measuring and Developing Human Capital though Management Consulting: an Action Research Project"* primée en 2009 *best paper award* par *l'Academy of Management* (USA).

Jean-Michel Plane est professeur titulaire des universités de sciences de gestion. Docteur-HDR, il est directeur de l'unité de recherche CORHIS (EA 7400) et président d'honneur de l'AGRH. Il exerce des responsabilités d'expert et de conseil en Afrique subsaharienne et en Europe et travaille principalement sur la thématique du développement du leadership et des organisations. Responsable du Master recherche en sciences des organisations et des institutions, il est l'auteur de nombreuses publications dont «Management des organisations. Théories, concepts, performances» (Dunod, 2016) et «Théorie des organisations» (Dunod, 5ème édition, 2017) best seller vendu à plus de 60000 exemplaires à travers le monde francophone.

Henri Savall est professeur émérite à l'Institut d'Administration des Entreprises, Université Jean Moulin Lyon 3, où il a fondé et co-dirigé le centre Euginov (École Universitaire de Gestion Innovante) et le programme de Master management socio-économique. Il a fondé et préside le centre de recherche ISEOR. Le professeur Henri Savall a une formation disciplinaire, et ses champs d'intérêt intègrent le management, la comptabilité, la finance, la linguistique, les sciences politiques et économiques, ainsi que l'histoire économique. Ses recherches actuelles portent sur la théorie socio-économique, le management stratégique, la méthodologie qualimétrique (méthodes hybrides combinant le qualitatif et le quantitatif) et le nouveau programme sur la tétranormalisation. Il est auteur et co-auteur de 53 livres, 98 articles et 300 communications dans des congrès en français, anglais et espagnol. Ses principaux ouvrages sont: *Enrichir le travail humain,*

Reconstruire l'entreprise ; il a co-écrit avec Véronique Zardet des ouvrages fondamentaux, parmi lesquels *Maîtriser les coûts les personnes cachés, Ingénierie stratégique du roseau, Tétranormalisation* ainsi que *Le capitalisme socialement responsable existe,* en collaboration avec Michel Péron, Véronique Zardet et Marc Bonnet.

Son objectif majeur est d'explorer et de démontrer la compatibilité entre la performance sociale et économique des entreprises et des organisations. Sa méthodologie de recherche est celle de la recherche-intervention et de la qualimétrie. Il anime l'une des plus grandes équipes de recherches en management en France (125 chercheurs, jeunes et confirmés) et conduit une vingtaine de programmes de recherche-intervention chaque année, dans lesquels il s'investit directement au sein d'entreprises et d'organisations variées. Henri Savall a reçu, conjointement avec le professeur Véronique Zardet la Médaille du Prix Rossi de l'Académie des sciences morales et politiques (Institut de France, Paris), pour leurs travaux sur l'intégration des variables sociales dans les stratégies d'entreprise. La théorie socio-économique a aussi reçu une reconnaissance internationale, au travers d'une publication du Bureau International du Travail, Genève. Durant ces 40 dernières années, il a fondé et dirige une revue académique internationale en sciences de gestion: *Recherches en Sciences de Gestion—Management Sciences—Ciencias de Gestión.* Il possède un double doctorat en sciences économiques et en sciences de gestion de l'Université de Paris. En 2017, il a été nommé Chevalier de la Légion d'Honneur au titre du ministère de la recherche.

Véronique Zardet est professeure à l'Institut d'Administration des Entreprises, Université Jean Moulin Lyon 3, où elle dirige le centre Euginov (école universitaire de gestion innovante) et le programme de Master management socio-économique. Elle est directrice du centre de recherche ISEOR. Elle possède deux doctorats en sciences de gestion de l'université de Lyon. Ses recherches sont centrées sur la qualimétrie et la recherche-intervention, appliquées à la conduite du changement stratégique et à l'amélioration des performances socio-économiques dans des entreprises privées et des organisations publiques. Elle a reçu conjointement avec le Professeur Savall la médaille du Prix Rossi de l'Académie des Sciences Morales et Politiques (Institut de France, Paris) pour leurs travaux sur l'intégration des variables sociales dans les stratégies d'entreprise. Elle est rédacteur-adjoint de la série hispanophone de la revue *Recherches en Sciences de Gestion—Management Sciences—Ciencias de Gestión.*

Lightning Source UK Ltd.
Milton Keynes UK
UKHW032013260622
404986UK00003B/44

9 781641 132107